왠지 그의 영혼이 실크로드를 걷고 있을 것만 같은 둘째 형을 기리며...

해파랑길에서 길 찾기

Contents

- 책을 내며 ··· 8p
- 출발 전 [2021년 2월 18일 목요일] ································· 10p

해파랑길 1일차
[2021년 2월 19일 금요일]
고성군 현내면 대진항 - 고성군 죽왕면 공현진항 ················ 18p

해파랑길 2일차
[2021년 2월 20일 토요일]
고성군 죽왕면 공현진항 - 속초시 청호동 속초항 ················ 38p

해파랑길 3일차
[2021년 2월 21일 일요일]
속초시 청호동 속초항 - 양양군 손양면 수산항 ···················· 57p

해파랑길 4일차
[2021년 2월 22일 월요일]
양양군 손양면 수산항 - 양양군 현남면 남애항 ···················· 80p

해파랑길 5일차
[2021년 2월 23일 화요일]
양양군 현남면 남애항 - 강릉시 강문동 경포해변 ················ 101p

해파랑길 6일차
[2021년 2월 24일 수요일]
강릉시 강문동 경포해변 - 강릉시 강동면 정동진역 ············· 119p

해파랑길 7일차
[2021년 2월 25일 목요일]
강릉시 강동면 정동진역 - 동해시 발한동 묵호역 ················ 137p

해파랑길 8일차
[2021년 2월 26일 금요일]

동해시 발한동 묵호역 - 삼척시 성내동 죽서루 ·· 158p

해파랑길 9일차
[2021년 2월 27일 토요일]

삼척시 성내동 죽서루 - 삼척시 근덕면 장호항 ·· 177p

해파랑길 10일차
[2021년 2월 28일 일요일]

삼척시 근덕면 장호항 - 삼척시 원덕읍 호산버스정류장 ························· 195p

■ 휴식 [2021년 3월 1일 월요일 – 3월 7일 일요일]························· 206p

해파랑길 11일차
[2021년 3월 8일 월요일]

삼척시 원덕읍 호산버스정류장 - 울진군 울진읍 양정항 ······················· 211p

해파랑길 12일차
[2021년 3월 9일 화요일]

울진군 울진읍 양정항 - 울진군 기성면 기성망양해변 ··························· 228p

해파랑길 13일차
[2021년 3월 10일 수요일]

울진군 기성면 기성망양해변 - 울진군 후포면 후포항 ··························· 244p

해파랑길 14일차
[2021년 3월 11일 목요일]

울진군 후포면 후포항 - 영덕군 축산면 축산항 ·· 265p

해파랑길 15일차
[2021년 3월 12일 금요일]

영덕군 축산면 축산항 - 영덕군 강구면 강구항 ·· 286p

해파랑길 16일차
[2021년 3월 13일 토요일]

영덕군 강구면 강구항 - 포항시 북구 청하면 청진리 항구 ·················· 299p

해파랑길 17일차
[2021년 3월 14일 일요일]

포항시 북구 청하면 청진리 항구 - 포항시 남구 해도동 형산교차로 ······ 317p

해파랑길 18일차
[2021년 3월 15일 월요일]

포항시 남구 해도동 형산교차로 - 포항시 남구 호미곶면 호미곶 ·········· 335p

해파랑길 19일차
[2021년 3월 16일 화요일]

포항시 남구 호미곶면 호미곶 - 포항시 남구 구룡포읍 구룡포항 ·········· 353p

해파랑길 20일차
[2021년 3월 17일 수요일]

포항시 남구 구룡포읍 구룡포항 - 경주시 감포읍 감포항 ·················· 361p

해파랑길 21일차
[2021년 3월 18일 목요일]

경주시 감포읍 감포항 - 울산시 북구 정자항 ······························· 376p

해파랑길 22일차
[2021년 3월 19일 금요일]

울산시 북구 정자항 - 울산시 북구 염포삼거리 ····························· 392p

해파랑길 23일차
[2021년 3월 20일 토요일]

울산시 북구 염포삼거리 - 울산시 울주군 구 덕하역 ······················ 410p

해파랑길 24일차
[2021년 3월 21일 일요일]

울산시 울주군 구 덕하역 - 부산시 기장군 임랑해변·····················422p

해파랑길 25일차
[2021년 3월 22일 금요일]

부산시 기장군 임랑해변 - 부산시 해운대구 미포항·····················440p

해파랑길 26일차
[2021년 3월 23일 화요일]

부산시 해운대구 미포항 - 부산시 남구 오륙도 해맞이공원···············459p

- 후기 ·· 474p
- 참고문헌 ·· 479p

◆ 책을 내며

  코로나 바이러스 때문에 세상이 혼란스러우면서 사람들 사이에 모임이 급격히 줄어들고 있고, 대학에서는 학생들의 얼굴을 직접 마주할 수 없는 비대면 수업이 진행되고 있는 상황에서 퇴직 후 2년간 강의이외에 이렇다 할 직장이 없이 지내고 있는 나로서는 마음속에 뭔가 모르는 답답함이 계속 되고 있었다. 그래서 길을 걸으면서 나의 길을 생각해보겠다는 핑계를 대며, '놀면 뭐하냐!' 라는 심정으로 작년(2021년) 초에 동해 바다로 떠나서 동해안을 따라 해파랑길을 걸었다.
  정확하게는 작년 2월 19일 강원도 고성군의 대진항을 출발하여 중간의 휴식 일을 빼고 26일 동안 해파랑길을 걸어서 3월 23일에 최종 목적지인 부산광역시 남구의 오륙도 해맞이공원에 성공적으로 도착했다. 그리고 당시에 해파랑길을 걸으면서 지나갔던 길과 그 주변의 모습을 사진 찍고 떠오르는 생각들을 메모하였고, 매일 저녁에 그것들을 정리하여 여행기를 작성해서 개인 블로그에 올렸었다.
  그 걷기여행을 모두 마치고 나서 여행기를 책으로 내려고 하니, 지인들은 나에게 여행기보다는 금융에 관한 전문서적을 써 보라고 권유했다. 그러나 전문서적을 써 보려고 노트북을 켜면 자꾸만 해파랑길 관련 폴더를 열어서 여행기의 글을 다듬었다. 그리고 내가 해파랑길을 걸으면서 보고 듣고 느끼고 생각했던 모든 것들을 다른 사람들과 공유하고 싶은 마음이 더 많은 것도 사실이다. 그래서 이렇게 해파랑길 여행기를 책으로 내게 되었다.

  걸으면서 파랑처럼 떠올랐던 내 생각의 편린들인 블로그의 글을 이번에 책으로 꾸미면서 다시 읽어보니, 글 중에는 중언부언하기도 하고 두서가 없이 산만한 것도 많았다. 그래도 그것이 당시 내가 해파랑길을 걸을 때 머릿속에 나타났던 생각들이어서 크게 수정하지 않고 표현만 다듬었다. 그러니 글 중에는 해파랑길에 관한 내용과 동해안의 자연과 생활상에 관한 내용뿐만 아니라 나 자신에 대한 내용과 사회 전반에 대한 나의 생각이 많이 포함되어 있다.

당초에는 해파랑길을 걸으면서 시도 많이 써 보려고 했으나, 시를 많이 쓰지는 못하였고 동해안 지역과 관련된 가요나 유명한 시구만 자꾸 떠올랐다. 그래서 이 책에도 블로그에 포함했던 유명한 시와 글귀, 노래가사를 그대로 남기게 되었다.

그리고 해파랑길을 걸으면서 사진을 상당히 많이 찍었다. 그 많은 사진들 속의 항구, 해변, 바다, 길은 모두 각각 다르고 나에게는 소중한 모습이지만, 독자들에게는 사진들이 비슷한 모습으로 보일 것 같아서 살을 에는 심정으로 사진을 대폭 줄일 수밖에 없었다. 또 해파랑길의 사실 그대로의 모습을 독자들에게 보여주기 위하여 걷기에 좋지 않은 길의 사진도 포함하였다.

요즘은 동영상이 대세이어서 해파랑길의 사진들을 이어 붙이고 음악과 음성을 넣어서 동영상을 만들어 볼까 라는 생각도 잠시 해보았다. 그러나 동영상 편집기술이 부족한 나로서는 동영상보다는 책이 더 우선적이라는 생각이 들었다. 그래서 앞서 내가 썼던 책도 잘 안 팔리고 있고, 요즘에는 사람들이 책을 많이 안 읽는다고 하지만, 매일 쏟아져 나오는 수많은 책들 속에 이 책도 포함시키기로 한 것이다.

마지막으로, 이 책의 출판을 위해 편집해주고 도와준 도서출판 '시간의 물레'의 권호순 대표와 진현수 실장에게 감사의 말을 전한다. 그리고 길에서 뭘 찾아보겠다고 해파랑길을 떠돌아다니는 나를 도와주고 격려해 준 아내와 아들에게 감사의 말을 남긴다.

2022년 4월
저자 강 전(姜 銓) 배상

출발 전 (2021년 2월 18일 목요일)

해파랑길은 부산광역시 남구의 오륙도 해맞이공원부터 강원도 고성군의 통일전망대까지 한반도의 등줄기인 동해안을 따라 총 770㎞를 걷는 길이다. 문화체육부와 한국관광공사가 예전에 많은 사람들이 걸었던 동해안의 '7번 국도'를 중심으로 총 50개 코스의 해안길을 설정하고 해파랑길이라고 이름을 붙이고, 코스마다 안내판, 이정표, 스티커, 리본 등을 설치하였다. 그리고 걷기여행의 각종 정보를 제공하는 인터넷 앱(App)인 '트랭글(tranggle)'과 '두루누비' 등이 각 코스별로 인터넷 지도를 제공하고 있다.

나는 작년(2020년) 말에 해파랑길 걷기를 계획하였다. 금년 2월 중순에 시작하여 하루 평균 25㎞ 정도를 걸어서 중간에 휴식을 포함하여 3월 말까지 마치기로 계획한 것이다. 걷는 방향은 한국관광공사의 해파랑길 추천 방향과는 반대 방향인 강원도 고성군 통일전망대를 출발하여 남쪽으로 걸어서 부산광역시 오륙도 해맞이공원에 도착하는 것으로 정했다. 왠지 부산을 출발지보다는 도착지로 정하고 싶었다. 2019년 상반기에 충무공의 백의종군로(670㎞)와 수군재건로(477㎞) 걸었으니 2년 만에 또다시 장거리 걷기여행에 도전하는 것이다.

그래서 걷기 연습 차원에서 서울의 거리를 여러 차례 걸었고, '사단법인 한국의 길과 문화'에 연락하여 해파랑길 종이 지도를 확보했으며, 해파랑길 코스를 확인하면서 세부적인 일정을 잡았다. 그러면서 여러 가지 준비물도 하나씩 챙겼다.

그런데 사전 준비를 하면서 점차 걱정이 생겨났다. 해파랑길을 무사히 완보할 수 있을까? 그리고 동해안 지역을 탐방하면서 블로그에 여행기를 잘 쓸 수 있을까? 그동안 코로나 바이러스로 인하여 주로 집에서 인터넷 강의를 하며 지내다 보니 몸은 비대해지고 마음은 나태해졌다. 그러니 장기간의 걷기여행에 대한 자신감이 떨어진 것도 사실이었다.

주위의 염려와 부정적인 반응도 있었다. 어느 선배는 "그렇게 무리하게 걷다 보면, 체력적으로 많은 부담이 될 뿐만 아니라 지역에 대해 자세하게 알아보기 어려울 것이다."라고 걱정해주기도 하였다. 해파랑길의 완보와 탐방이라는 두 마리 토끼를 모두 잡기는 어려우니 솔직히 나에게는 완보가 우선이고 탐방은 부차적이라고 생각했다.

이러한 걱정과 염려를 뒤로하고 용기를 내어 또 새로운 걷기여행을 시작하기로 했다. 강원도 대진항으로 가는 고속버스 표를 예매하고, 대진항 부근의 민박집을 예약하기도 하였다. 그리고 준비물을 챙겨서 배낭을 싸면서 생각했다.

과연 길(路)에 길(道)이 있을까? 길을 걸으면서 보고 생각하며 무엇을 얻을 수 있을까? 나의 정신과 육체가 강하지 못하고, 행동과 생각이 깊지 못하며, 날씨와 주변 상황 또한 나에게 우호적이지 않을 것이다. 그래도 해파랑길을 걸으며 나의 길(道)을 찾아보고 싶다. 청마(靑馬) 유치환(柳致環)의 시 '생명의 서(書)'처럼, '나의 지식이 독한 회의(懷疑)를 구하지 못하고 내 또한 삶의 애증(愛憎)을 다 짐 지지 못하여 병든 나무처럼 생명이 부대낄 때 저 머나먼 아라비아의 사막으로 나는 가자…'의 심정으로 해파랑길을 걷고 싶었다.

그래서 아내가 깨끗하게 세탁해 준 배낭 안에 준비물을 하나하나 챙겨 넣었다. 그래, 이젠 해파랑길을 걷자!

심리학자 지그문트 프로이드(Sigmund Freud)는 '생각이라는 것은 무의식의 바다에서 떠오르는 포말(泡沫)과 같은 것'이라고 말했으며, 철학자 프리드리히 니체(Friedrich W. Nietzsche)는 '진정으로 위대한 모든 생각은 걷는 것으로부터 생겨난다.(All truly great thoughts are conceived by walking.)'고 말했다고 한다. 그들의 말을 믿고 싶다. 그래서 나는 해파랑길을 걸으면서 생각을 하고 싶다. 머릿속에 잠깐 나타났다가 사라지는 생각, 반복적으로 맴도는 생각, 떠올리고 싶지 않지만 결국 나타나는 생각. 이 모든 생각들을 잡아두고 싶다. 그리고 그러한 생각들을 글로 옮겨 놓고 싶다.

당초에 해파랑길의 출발일을 2월 17일로 정했다가, 갑작스러운 강추위로 이틀을 뒤로 미루어 출발일을 2월 19일로 연기하였다. 그래서 해파랑길의 출발 전날인 2월 18일에 강원도 고성군 대진항을 향해 집을 나섰다.

집을 나서기 전에 최종적으로 배낭의 무게를 재보니 10kg이 넘었다. 그래서 배낭 안에서 휴대폰 보조배터리와 옷가지 몇 개를 빼내어 배낭의 무게를 9kg 정도로 줄였다. 그 1kg의 차이가 나에게는 크다. 걸으면서 생수 1개를 포함할 것이니, 앞으로 매일 내 어깨가 부담해야 할 무게는 9.5kg 정도가 되는 것이다.

배낭을 다시 꾸리고 옷을 입고 나서 소파에 앉아 TV로 뉴스를 보는데, 뉴스는 계속 코로나 바이러스와 정치권에 관한 것이었다. 그래서 당초의 예정 시간보다 1시간 빠른 오전 10시 20분경에 마치 루비콘강을 건너는 심정으로 집을 나섰다.

밖으로 나오니 날씨는 맑았으나 기온은 영하 8도로 상당히 추웠다. 오후부터는 추위가 풀린다는 일기예보를 믿을 수밖에 없었다. 전철을 타고 오전 11시에 동서울터미널에 도착했다.

　대진항행 고속버스 표를 오후 1시 35분 출발에서 12시 출발로 바꾸었다. 왠지 나도 모르게 조급해졌다.

　터미널 안에서 간단하게 점심을 먹고 나서 터미널 안을 쭉 둘러보니 고속버스의 목적지 안내판에 섬 지역을 빼고는 전국의 지역 이름이 거의 다 있었다. 그리고 해파랑길을 계획하면서 지도상으로 익숙해진 도시와 항구의 이름도 그곳에 있었다. 터미널 안에는 휴가 나왔다가 복귀하는 군인들이 많았다. 그런데 군인들의 모습이 강인함, 군기, 기민함보다는 마치 대학생에게 그냥 군복을 입혀놓은 것처럼 보였다. 내가 탄 고속버스에도 군인들이 많이 탔다.

　고속버스는 양양고속도로로 가다가 동홍천IC에서 국도로 접어들어 인제, 원통을 지나갔다. 인제를 지난 뒤에 고속버스는 시내버스처럼 여러 정거장에서 정차를 하였다. 그리고 고속버스는 인제교차로에서 한계령 쪽으로 가지 않고 좌회전하여 미시령 쪽으로 가다가 황태 덕장이 많은 인제군 용대리를 지나자마자 또 좌회전하여 진부령으로 접어들었다. 꼬불꼬불한 진부령 고갯길을 고속버스가 이리저리 회전하며 넘어갔다. 진부령 고갯길에 눈이 쌓이지 않아서 천만다행이었다. 진부령을 넘으니 도로 이정표에는 고성과 간성 등 익숙한 지역 이름이 나타나기 시작했다. 진부령을 따라 흐르는 북천(北川)의 바위와 돌이 예전에 백담 계곡에서 본 것처럼 하얗게 빛났다.

　고속버스가 간성읍에 가까워지자 버스 안에 앉아있던 어느 군인이 큰 소리로 "아! 짜증 나!"라고 혼자 말을 하였다. 되돌아가야 할 군부대가 가까워지니 그런 모양이었다. 그제(16일) 새벽에 북한 민간인 한 명이 동해 바다를 헤엄쳐 군사분계선을 넘어왔다고 하니 군부대에는 비상이 걸리기도 했을 것이다. 휴가를 나왔다가 군부대 복귀하는 길이니 군인 입장에서는 짜증 날 수 있을 것 같았다. 나는 그 군인을 보고 속으로 '짜증이 나더라도 조금만 참아라. 누가 뭐래도 국방부 시계는 돌아간다.'라고 말했다. 그러한 군인들이 간성읍에서 모두 내렸다.

고속버스의 종착지인 대진버스터미널에서 버스를 내린 뒤에 고성군 현내면 대진항 근처에 있는 민박집까지 1.5km를 걸어갔다. 예약한 민박에 들어가서 민박 주인에게 내일 통일전망대에 갈 수 있는지 물어보니, 민박 주인은 북한 주민의 귀순으로 전방에 비상이 걸려서 통일전망대에 갈 수 없다고 말했다. 통일전망대에 전화를 해서 확인해 봤더니 역시 관람할 수 없었다. 그래서 내일 통일전망대로 가지 않고 바로 대진항에서 해파랑길을 출발하기로 하였다. 내일 통일전망대에서 대진항까지 줄어든 거리(약 10km)만큼 더 남쪽으로 걷기로 하고, 내일의 목적지도 거진항에서 더 아래쪽인 공현진항으로 변경하였다.

저녁을 먹기 전에 대진항 주위를 둘러보았다. 대진항은 우리나라에서 가장 북쪽에 있는 항구이다. 대진등대가 있는 곳으로 올라가니 등대는 31m로 매우 높았다. 대진등대 앞에서 대진항을 내려다보니 항구는 고요해 보였다. 그런데 바람은 심하게 불었다. 앞으로 해파랑길을 걸으면서 맞아야 할 바람이 바로 이런 바람일 것이라고 생각하니 걱정이 앞섰다. 그래도 대진항 입구의 가로등 기둥에 붙어 있는 해파랑길 스티커를 보니 내일부터 시작되는 해파랑길 걷기가 기다려졌다.

고성군 현내면 대진항의 대진등대

고성군 현내면 대진항

대진항 해상공원 입구

장기간의 걷기여행을 시작하기 전에는 항상 설렘과 두려움이 교차한다. 내가 걸어가는 길에 어떠한 명승지나 관광지가 나올지, 내가 건강하고 안전하게 완보할 수 있을지, 경로를 잃고 헤매지나 않을지, 나에게 어떤 생각들이 나타났다가 사라질지 모른다. 내 앞에 미지의 길이 놓여있기 때문이다.

〈또다시 출발〉

떨어진 낙엽들이 바람에 흩날리는데,
머언 그리움과 설렘을 감추지 못하여
바람을 따라 구름을 따라 동해 바다로 향하네.

대진항 입구의 해파랑길 안내 스티커

해파랑길 1일차
2021년 2월 19일 금요일

고성군 현내면 대진항 － 고성군 죽왕면 공현진항

오전 午前

　오늘은 해파랑길 걷기의 1일차이다. 그런데 간밤에 바람이 심하게 불었다. 바람은 날카로운 굉음을 내며 허름한 민박집의 창문을 마구 흔들어댔다. 아마 태초에 지구에서 불었던 바람이 그랬을 것 같았고, 바람 소리는 먼바다가 대지를 향해 부르짖는 함성과도 같았다. 원래 겨울에 동해안의 바닷바람이 그렇게 사나운지도 모르면서 무모하게 해파랑길을 걷겠다고 나선 것이 아닌가 하는 후회가 들기도 했다. 그러한 바람 소리와는 함께 잠을 이루기 어려워서 간밤에 자다가 깨기를 몇 번이나 했는지 모르겠다.

　오늘 아침에 대진항 부근의 식당에서 아침을 먹고 나서 해파랑길을 출발하려는 데에도 바람은 계속 불었다. 어젯밤보다는 약해졌지만, 왠지 앞으로 해파랑길을 걸으며 계속 그런 바람과 싸워야 될 것 같은 불길한 생각이 들기도 했다. 다만 따사로운 햇살이 나에게 위안이 되어 주었다.

대진항을 떠나기 전에 사람들이 분주하게 움직이는 항구의 어판장 안으로 들어가 보았다. 어판장 바닥에는 갓 잡은 대구, 청어, 임연수 등의 생선들이 바닥에 널브러져 있었고, 그 생선 주위에 많은 사람이 모여 있었다. 새벽에 그렇게 바람이 심하게 불었는데도, 어부들은 물고기를 잡으러 바다로 나갔던 모양이다. 어업이라는 직업이 바람과 파도에 목숨을 걸어야 하는 참으로 위험한 직업이라는 생각이 새삼 들었다.

고성군 현내면 대진항 어판장

대진항의 어판장을 나와 오전 8시에 해파랑길의 첫발을 내디뎠다. 해안도로인 대진항길을 따라 왼쪽의 바다를 보며 남쪽으로 한참 걸어가니 초도해변이 나왔다. 초도해변은 모래가 깨끗하고 길어서 여름에는 많은 피서객들로 복잡할 것 같아 보였다. 늦겨울의 초도해변에는 사람은 아무도 없고 높은 파도와 모래만 아침 햇살을 받아 빛나고 있었다. 대진항길은 초도해변의 바로 옆의 해안도로이어서 파도와 모래를 계속 보면서 걸을 수 있었다.

고성군 현내면 초도리의 초도해변

초도해변 옆이 초도항인데, 초도항은 대진항에 비해 아주 작은 항구였다. 개 한 마리가 짖으며 나를 맞아주었다. 초도항을 지나 더 남쪽으로 걸어가니 화진포해변의 입구가 나왔다. 해파랑길 코스는 화진포해변을 지나가는 것이 아니라 해변 안쪽에 있는 화진포호수 옆의 차도인 화진포길을 따라 걷는 것으로 되어 있다. 그래서 해파랑길 코스를 따라 화진포호수 옆의 화진포길을 걸었다.

화진포(花津浦)호수는 넓이가 72만 평이고 둘레가 16km인 동해안 최대의 석호(潟湖)이다. 호숫가에 해당화가 많이 피어서 꽃 화(花) 자를 넣어 화진포호수라고 불리게 되었다고 한다.

그런데 화진포에 관한 별도의 전설이 있다. 과거에 이화진(李花津)이라는 갑부가 살았는데, 어느 날 한 스님이 그의 집에 와서 시주를 청하였다. 그런데 이화진은 시주는커녕 스님에게 소똥을 한 삽 퍼주었다. 그 모습을 본 며느리가 시아버지 몰래 쌀을 퍼서 스님에게 주었다. 이에 스님은 며느리에게 "이곳에 있으면 화를 입을 것이니 나를 따라오라."라고 귀뜸해 주어서 며느리가 스님을 따라갔는데, 스님은 간데없고 자신이 살던 집은 물바다로 변해버리고 말았고, 그래서 며느리는 그곳에서 목을 매고 자살하고 말았다. 그래서 그녀의 넋은 고성 서낭리의 서낭신이 되었고, 그렇게 생긴 호수는 그 부자의 이름을 따서 화진포호수라고 부르게 되었다고 한다.

화진포호수는 상당히 넓었다. 하늘빛을 띠고 있는 호수 위에는 바람을 따라 수많은 파랑(波浪)들이 일어나고 있었다. 호수 주위에 해당화는 보이지 않고 바람에 흔들리는 갈대가 많았다. 아마 초여름이 되면 호수 주변에 해당화가 많이 필지도 모르겠다.

고성군 현내면 화진포호수

화진포호수를 따라 걸어서 금구교와 화진포교를 건너가니 이승만(李承晩) 대통령 별장 입구가 나왔다. 입구에서 입장료 3,000원을 내고 계단을 올라가니 호수가 보이는 야트막한 언덕 위에 이승만 대통령 별장이 있었다. 별장은 27평 규모로 아담한 한 채의 건물인데, 1954년에 지어진 이후 1960년까지 이승만 대통령이 별장으로 사용했다고 한다. 그 이후 방치되어 철거되었는데, 육군에서 새로 지어 관사로 사용하다가 1999년 7월에 육군에서 본래의 별장 모습으로 복원하였다. 그리고 별장의 뒤에는 2007년 8월에 개관한 이승만 대통령 화진포기념관이 있었다.

고성군 현내면 이승만 대통령 별장

고성군 현내면 이승만 대통령 화진포기념관

별장 안으로 들어가 보니 작은 침실과 집무실, 거실이 하나씩 있었고, 거실에는 이승만 대통령 부부의 실물 크기의 인형이 있었다. 별장과 기념관 안에는 이승만 대통령의 사진과 함께 그의 업적이 상세하게 기재되어 있었다. 그러나 이승만 대통령은 한국전쟁을 막지 못하였고 지나친 권력 욕심과 부정선거로 자신의 업적을 다 깎아 먹었다. 그래서 임기 중에 대통령직에서 물러나고 미국 하와이로 가서 생을 마감하였다.

이승만 대통령의 별장을 나와 화진포길을 따라 걸어서 화진포의 성으로 갔다. 이승만 대통령의 별장에서 입장료를 냈다고 해서 화진포의 성에서는 별도로 입장료를 받지 않았다.

화진포의 성은 1938년에 선교사 셔우드 홀(Sherwood Hall)이 독일 건축가 베버(H. Weber)에게 별장 건축을 부탁하여 지어진 건물이다. 독일에 있는 성을 그대로 본떠서 지었다고 해서 '화진포의 성'이라고 불린다. 건립 초기에는 예배당으로 사용되었고, 뒤에는 셔우드 홀 가족의 별장으로 사용되었다.

그런데 화진포의 성이 1945년부터 1950년까지 북한의 귀빈 휴양소(특각) 중의 하나로 사용되었는데, 1948년 8월에 김일성 일가가 다녀간 이후에는 김일성 별장이라고도 불리게 되었다. 화진포의 성으로 올라가는 계단에는 김정일과 김정희가 어릴 때 그 계단에서 찍었다는 사진과 그에 대한 설명이 함께 있는데, 나로서는 전혀 알고 싶지 않은 정보였다.

화진포의 성의 건물 안을 둘러보고 3층에서 발코니로 나가니 바로 화진포해변이 보였다. 화진포해변의 백사장은 수천 년 동안 조개껍질과 바위가 부서져서 만들어진 것으로 매우 부드럽고 하얗게 빛난다고 한다. 그리고 비바람이 몰아치면 모래밭에서 이상한 소리가 난다고 해서 명사십리(鳴沙十里)라고도 불린다고 한다.

괜히 이승만 대통령 별장에 다녀오느라 화진포해변의 모래를 직접 밟아보지 못한 것이 못내 아쉬웠지만, 그렇다고 화진포해변으로 되돌아가기도 싫었다. 아쉬운 마음으로 하얀 포말을 일으키는 파도와 긴 백사장의 모습을 멀리서 사진에 담았다.

고성군 거진읍 화포리의 화진포의 성

화진포의 성에서 본 화진포해변

　화진포의 성을 내려와서 바로 앞에 있는 이기붕 별장과 생태박물관에는 들르지 않았다. 오늘 걸어가야 할 거리도 많이 남아 있어서 화진포해변에도 가지 못하였는데, 그러한 곳까지 다 둘러볼 수는 없었다.

그래서 거진항을 향해 화진포호수 옆의 화진포길을 걸어 가는데, 바람이 아주 심하게 불었다. 어젯밤에 다 불지 못한 바람이 마저 부는 것 같았다. 주변에 바람을 막아 줄 것이 아무것도 없는 호수 옆을 모자를 꼭 잡고 고개를 푹 숙이고 걸을 수밖에 없었다.

호수에서 불어오는 바람을 모두 다 맞으며 화진포길을 걸은 뒤에 거진항으로 가는 삼거리에서 좌회전하여 차도인 거탄진로를 걸었다. 거탄진로를 따라 야트막한 고개를 넘으니 거탄진로는 바다 바로 옆의 해안도로가 되었다. 그곳에서 산길로도 거진항으로 갈 수 있었는데, 바다를 보며 걷고 싶어서 계속 해안도로인 거탄진로를 따라 걷기로 했다. 거탄진로를 따라 걸으면서 보니 화진포의 성에서 바로 해안을 따라 거진항으로 오지 못하고 화진포호수 옆을 따라 걸어왔던 이유가 해안에 공군부대가 있기 때문이라는 것을 알게 되었다.

고성군 거진읍의 거탄진로

해안도로인 거탄진로의 바로 옆 바다에는 파도가 심하게 몰아쳤다. 파도가 해안 바위에 거세게 부딪쳐서 도로에까지 넘어왔다. 해안 바위에는 하얗게 얼음이 붙어 있었고, 도로는 넘어온 바닷물이 얼어서 미끄럽기도 했다. 사람은 물론이고 자동차도 잘 다니지 않는 해안도로를 무서운 파도를 보며 계속 걸었다.

거탄진로의 해오름쉼터를 지나 계속 거진항을 향해 걸어가니 길가에 '커브길 월파주의'라는 표시가 있었다. '월파주의'라는 말이 생소하여 무슨 뜻일까 생각해보니, 한자로 '월파(越波)'여서 도로로 넘어오는 파도를 의미하는 것이었다.

그것을 보니 갑자기 예전에 인천 영종도에 갔을 때가 생각났다. 영종대교에는 바람이 많이 불고 겨울철에는 빙판도 있어서 영종대교 난간에 여러 가지 주의 문구가 붙어 있었다. 주의 문구 중에 '돌풍주의', '빙판주의'라는 문구를 보고 나는 터무니없게도 '왜 '민주주의'는 없지?'라는 우스운 생각이 들었었다.

거진항 직전에 백섬이라는 섬이 있었다. 그리고 백섬에는 전망대가 있는데, 그 전망대로 가는 길이 잘 만들어져 있었다. 백섬은 예전에 잔돌이 많아 '잔철'로 불리다가 그중 제일 큰 바위가 갈매기 배설물로 하얗게 보인다고 하여 백섬으로 불리게 되었다고 한다.

그런데 전망대로 가는 길 입구가 닫혀 있는데, 안내문에는 코로나 바이러스 때문이라고 되어 있었다. 건물 내부인 이승만 대통령 별장과 화진포의 성에도 들어갔는데, 건물이 아닌 바닷가의 백섬 전망대에 가지 못하는 것이 이상하게 생각되기도 하였다. 하여튼 요즘에는 뭐든지 코로나 바이러스를 핑계로 삼는 것 같아서 씁쓸하였다.

해안도로인 거진탄로를 조금 더 걸어서 오전 11시에 거진항(巨津港)에 도착했다. 거진항은 이름 그대로 매우 큰 항구였고 상가도 매우 많았다. 거진항 입구에는 명태 조각상이 있었다.

거진항 부근의 편의점에서 캔커피를 사서 마시며 거진항에 대해 검색해보았다. 예전에 거진항은 초가집 몇 채가 올망졸망 모여 있는 조그만 어촌이었다. 그런데 조선시대에 한양으로 과거를 보러 가던 어느 선비가 해안선이 활처럼 휘어 들어간 형세를 보고 마치 '클 거(巨)'자를 닮았으니 앞으로 큰 나루가 될 것이라고 말한 뒤부터 큰 나루라는 뜻의 '거진'이라고 부르기 시작하였고, 실제로도 거진항은 큰 항구가 되었다고 한다.

예전에는 거진항에서 명태가 많이 잡혔다고 하는데, 요즘에는 명태가 잡히지 않으니 어느 생선이 잘 잡힐까 하는 의문이 들었다. 이미 어선이 들어오는 시간이 지났고 어판장의 생선도 다 팔렸는지 거진항은 조용한 편이었다. 거진항 거리의 건어물 가게 앞에는 명태 코다리와 오징어가 말려지고 있었다. 요즘에 동해에서 명태가 잡히지 않고 있으니 그 명태 코다리는 아마 캄차카반도 부근에서 잡아서 얼린 동태를 다시 녹여서 말리는 것이 아닐까 하는 생각도 들었다.

고성군 거진항 입구의 명태 조각상

점심을 반암항으로 가서 먹기로 하고 반암항까지 3.8㎞를 더 걸어가기로 하였다. 해오름해변길이라는 이름의 해안도로를 걸어가다가 그 도로의 바로 옆에 있는 자전거길을 걸었다. '국토종주 동해안 자전거길'은 잘 만들어져 있었다. 그 자전거길을 걸어가면서 사람이 걷는 길도 그렇게 잘 만들어지면 좋겠다는 생각이 들었다.

사실 걷기여행자들이 자전거 여행자들에 비해 이동속도가 느리기 때문에 지역에서 숙박과 식사 등으로 소비를 더 많이 한다. 그러니 지역 경제의 측면에서는 걷기여행자들이 자전거 여행자들보다 더 나을 것이다. 그런데 걷는 길보다는 자전거길이 더 잘 만들어져 있는 경우가 많다.

일부 자전거길의 해안 쪽에 높은 철책이 세워져있는 것이 아쉬웠지만, 바다를 보면서 잘 만들어진 자전거길을 계속 걸었다. 바람은 좀 잦아들었지만 바다에 파도는 여전히 높았다.

고성군 거진읍의 자전거길

자전거길을 계속 걸어서 12시 10분에 반암항에 도착했다. 반암항은 아주 조그만 항구인데, 주변에 식당은 여럿 있었다. 마침 항구 마을 안쪽에 설렁탕 집이 있어서 점심으로 설렁탕을 먹었다. 앞으로 계속 해산물을 먹어야 할지 모르니 기회가 될 때 다른 음식을 먹는 것이 좋을 것 같았다. 오전에 총 13.1㎞를 걸었다.

오후 午後

점심을 먹고 나서 식당 앞 벤치에 앉아 쉬면서 땀에 젖은 양말을 갈아 신었다. 발바닥에 붙인 스포츠테이프도 땀에 젖어 있어서 바꿔 붙였다. 오랜만에 걸어서 그런지 다리가 뻐근하여 다리와 발을 주물러 주기도 하였다.

커피를 마시며 쉬었다가 1시 20분경에 다시 출발하였다. 오늘의 목적지인 공현진항까지는 10㎞ 정도를 더 걸어가야 한다. 해는 구름 속으로 들어가고 바람은 더 세졌다.

반암항 이후에는 차도인 자산천로를 따라 걷다가 차도 왼쪽에 있는 솔밭 옆길로 접어들었다. 솔밭 옆길은 예전에 차도였던 것으로 보이는데, 지금은 인터넷 지도에도 나오지 않는 한적한 길이었다. 그 솔밭 옆길이 해파랑길의 코스인 자산천로를 따라 걷는 것보다 훨씬 나았다. 바다를 직접 보지 못하는 아쉬움이 있지만, 왼쪽의 솔밭 너머로부터 파도 소리가 들리고 있었다. 계속 남쪽을 향해 솔향기를 맡으며 그 길을 걸었다. 가다 보니 개인 소유의 주택지 때문에 길이 막혀있어서 둘러서 가기도 하였다.

고성군 동호리의 솔밭 옆길

　해파랑길 코스를 만나 마산해안교를 건너니 북천(北川) 하류에 '송강정철정(松江鄭澈亭)'이라는 정자가 나왔다. 느닷없이 왜 '송강 정철'이라는 이름이 나오나 하여 주위를 둘러봐도 그 정자에 관한 아무런 설명이 없었다. 세운 지 얼마 되지 않은 정자로 보였고, 송강 정철과 관련이 없어 보였다. 아마 지자체에서 최근에 정자를 세우고, 그 정자에 관동지방을 여행하고 관동별곡(關東別曲)이라는 가사(歌辭)를 썼던 송강 정철의 이름을 붙인 것 같았다.

　북천 옆길을 따라 상류 방향으로 걸은 뒤에 북천철교(北川鐵橋)로 북천을 건넜다. 북천은 어제 고속버스가 진부령을 넘을 때 보았던 그 개천이어서 반가웠다. 물론 물은 어제 봤던 물이 아니지만, 왠지 어제 보았던 진부령의 물을 그곳에서 만난 것처럼 북천이 반가웠다.

　북천철교는 예전의 양양과 원산 사이의 철로인 동해북부선의 철교였다. 지금은 철교가 아니고 사람과 자전거만 이동하게 되어 있다. 북천철교의 안내문을 보니, 동해북부선은 1930년 일제가 강원도의 자원을 수탈할 목적으로 부설한 철도인데, 한국전쟁 때에 북한군의 군수물자 운반을 막기 위하여 아군이 함포사격으로 북천철교를 폭파시켰다고 한다. 그 이후 교각만 남아있던 것을 2011년에 고성군이 걷기와 자전거 전용으로 다시 세웠다고 한다. 우리나라 역사의 비극과 함께한 철교였던 것이다.

고성군 동호리의 송강정철정

고성군 동호리의 옛 북천철교

옛 북천철교로 북천을 건넌 뒤에 다시 북천 옆길을 따라 하류 방향으로 걸어가다가 최근에 만들어진 차도인 동호1길을 따라 걸었다. 가다 보니 바닷가 솔밭 옆에 또 예전의 도로가 있었다. 그래서 아무런 운치도 없는 동호1길을 벗어나, 동호1길과 나란히 있는 솔밭 옆길을 걸어갔다. 솔밭 옆길은 해안길은 아니었지만, 소나무 냄새를 맡으며 걸으니 기분이 괜찮았다.

오후가 되니 기온이 올라가고 햇살이 따사로웠다. 바람 끝도 덜 차가우니 봄이 성큼 다가오는 것 같은 기분이 들었다. 봄은 남쪽에서 올라오고 나는 북쪽에서 내려가니 계속 걸어가면 중간에서 봄을 만날 수 있을 것 같다. 봄을 어디서 만날까? 봄을 만나도 봄을 어떻게 알아보나? 하는 괜한 걱정도 하였다.

서둘러 봄을 맞이하고 싶어서 남쪽으로 발걸음을 재촉했다. 지난겨울 우리를 무겁게 눌렀던 추위를 물러가게 하고 꽃이 피고 만물이 생동하는 봄을 맞으러 가는 기분으로 걸었다.

그 솔밭 옆길을 한참 걸어가는데, 해파랑길을 걷는 어느 부부와 마주쳤다. 그들은 부산에서 걸어 올라온 것이었다. 그들과 간단히 인사하고 길을 재촉하여 오후 2시 40분경에 남천(南川) 하구에 있는 동호리 해변공원에 도착했다. 동호리 해변공원에는 동호리의 유래에 대한 안내문이 있었다.

동호리(東湖里)는 300여 년 전 마을을 개척할 때에는 갈대가 많아서 갈벌이라고 했는데, 1880년대 신선이 놀다 가는 마을이라는 의미로 선유리(仙遊里)로 개칭했다가, 1940년대 이후 동쪽에 호수가 있는 마을이라고 해서 동호리라고 정했다고 한다.

동호리 해변공원은 조그만 공원이지만, 파도를 상징하는 조형물도 있고 바닷가 백사장 바로 옆에 있어서 해파랑길을 걷는 사람들에게는 딱 좋은 쉼터였다. 그러하니 그 공원에서 바다를 보며 쉬지 않을 수 없었다.

고성군의 동호리 해변공원

고성군의 동호리 해변공원의 조형물

　바로 직전에 마주쳤던 해파랑길을 걷는 부부를 생각했다. 그들이 부산에서 출발했으니 해파랑길 코스를 거의 다 걸었다는 것이 부러웠고, 부부가 함께 걷는다는 것이 부러웠다. 부부가 함께 장기간의 걷기여행을 하기 위해서는 자녀들이 스스로 자기 앞가림을 할 수 있어야 가능하겠지만, 그렇다고 그리 쉬운 일만은 아닐 것이다.
　동호리 해변공원에서 휴식한 후 남천대교를 건넜다. 남천대교를 건너며 상류 방향을 바라보니 멀리 고성군청 소재지인 간성읍이 보였다.

왜 고성군청이 고성읍에 있지 않고 간성읍에 있나 하는 생각이 들어 검색해 보니, 고성읍과 간성읍의 관계는 역사적으로 상당히 복잡했다. 아무튼 예전에는 지금 고성군의 북쪽 지역(금강산 부근)은 고성현(高城縣)이었고, 남쪽 지역(현 간성읍)은 간성현(杆城縣)이었다. 두 현이 서로 합해졌다가 분리되었다가 하다가, 1914년 일제 때 행정구역 개편으로 간성현이 고성군에 편입되었다. 그런데 한국전쟁으로 인하여 고성군이 둘로 나누어지면서 북한(금강산 부근)의 고성읍에 있던 고성군청을 간성읍에 마련한 것이었다.

남천대교를 건넌 뒤에 다시 꼬불꼬불한 솔밭 옆길을 걸었다. 왼쪽의 솔밭에서는 향기로운 소나무 냄새가 났고, 흙길이어서 차도보다는 걷기에 훨씬 운치 있었다. 그러고 보니 오늘 오후에는 대부분 솔밭 옆길을 걷고 있다. 바다를 직접 보지 못하는 아쉬움은 있지만, 걸으면서 솔밭 옆에 바다가 있다는 것을 느낄 수 있었다. 그런데 솔밭 안에는 묘지들이 많이 있었다. 솔밭 너머는 바로 바다인데, 고성군에서는 산이 아니라 바다 바로 옆의 솔밭에 무덤을 많이 쓰는 것으로 보였다.

한참 동안 솔밭 옆길을 걸어가다가 차도인 가진해변길을 걸어서 조그만 가진해변에 들렀다가 가진항으로 갔다. 가진항은 거진항과 이름은 비슷하지만 거진항보다는 아주 작은 항구였다.

가진항을 지나 해안도로인 가진해변길로 공현진항을 향해 가는데, 맑은 날씨에 해가 비치는데도 갑자기 바람이 심하게 불었다. 바다엔 온통 파도뿐이었고, 바람은 마치 한여름의 태풍과도 같았다. 모자를 잡고 머리를 숙이고 바람에 실려 오는 파도의 물보라와 모래를 맞아가며 가진해변길을 걸었다. 내 몸이 바람에 날려갈 것만 같았다. 배낭이 무거운 것이 천만다행이라고 생각했다.

바다를 구경할 정신도 없이 바람을 맞아가며 해안도로를 계속 걸었다. 어젯밤처럼 바다의 바람이 무섭게 느껴졌다. 바람이 그렇게 무서운데도, 왜 나는 바람이 되고 싶다는 생각을 했었는지 모르겠다.

고성군 죽왕면 가진항

고성군 죽왕면 공현진리 가진해변길

　돌풍을 맞아가며 해안도로인 가진해변길을 걸어가다 보니 공현2리해변 끝 부근의 바다에 수뭇개바위가 있었다. 3개의 바위가 묶여 있다는 의미의 삼속도(三束島)라는 이름이 한글로 '셔뭇뒤'와 '스뭇대'를 거쳐 수뭇개로 변했다고 한다. 그리고 수뭇개바위 부근이 일출 명소라고 한다. 수뭇개바위 위에는 갈매기들이 신나게 바람을 타고 있었다.

수뭇개바위를 사진 찍고 나서 가진해변길을 더 걸어가니 항구의 이름이 사람 이름과 비슷한 공현진항이 나왔다. 오늘의 목적지에 도착한 것이었다. 공현진항은 상당히 큰 항구였다.
　이것으로 해파랑길 걷기의 첫날이자 1일차를 무사히 마칠 수 있었다. 시계를 보니 오후 4시 5분이었다. 왠지 하루 종일 바람을 맞은 것밖에 기억나지 않는다. 오전에 13.1㎞를 걸었고, 오후에 10.3㎞ 걸어서 오늘 총 23.4㎞를 걸었다.

고성군 공현진리의 수뭇개바위

고성군 죽왕면의 공현진항

공현진항 부근의 모텔을 잡고 나서 저녁을 먹으러 항구 바로 앞으로 가니 불 켜진 식당이 마침 하나 있었다. 다행이라고 생각하고 식당 안으로 들어갔는데, 식당 주인이 코로나 바이러스 때문에 오늘은 영업을 일찍 마쳤다고 말했다. 가운데 한 테이블에서는 사람들이 식사를 하고 있었는데, 그들은 모두 식당 주인의 식구들이라고 말했다. 내가 그곳이 아니면 저녁을 먹을 수 없다고 사정을 해도 식당 주인은 막무가내로 코로나 바이러스를 핑계 대었다.

　어쩔 수 없이 항구 안쪽의 마을로 들어가니 다행히 영업하는 식당이 있어서 저녁을 먹을 수 있었다. 요즘에 사람들 사이에서는 코로나 바이러스가 어떤 일이 하기 싫을 때 내세우는 핑곗거리가 되어 버렸다. 저녁을 먹으면서도 뭔가 모르게 씁쓸한 기분이 들었다.

　공현진항에 도착하여 오늘 하루 해파랑길을 잘 마쳤다는 즐거움이 앞서다 보니 항구의 모습을 사진 찍는 것을 깜박하였다. 그래서 저녁을 먹고 나서 공현진항을 사진 찍었다. 그러니 당연하게도 공현진항의 야경을 찍게 되었다.

해파랑길 2일차

2021년 2월 20일 토요일

고성군 죽왕면 공현진항   —   속초시 청호동 속초항

 오전 午前

  오늘은 해파랑길 걷기 2일차로 고성군 죽왕면 공현진항에서 속초시 속초항까지 걸어갈 예정이다. 아침에 기온이 올라가고 바람은 별로 불지 않았다. 어제 바람을 많이 맞아서 그런지, 오늘 아침에는 바람이 적다는 것만으로도 기분이 좋았다.

  어제 저녁을 먹었던 식당에서 아침을 먹고 공현진항으로 가 보았더니 조금 전에 떠오른 해가 바다와 세상을 비추고 있었다. 아침을 먹는 동안에 해가 떠올랐던 모양이었다. 시간을 맞추었으면 바로 해돋이를 볼 수 있었는데, 좀 아쉬웠다. 언젠가는 해파랑길을 걸으면서 시간을 잘 맞춰서 해가 바로 바다 위로 떠오르는 모습을 보아야겠다는 생각을 하였다. 그런데 해돋이를 보려면 시간뿐만 아니라 날씨의 협조가 무엇보다도 중요할 것 같다. 그리고 해안에 가까운 곳에서 숙박하는 것이 좋을 것 같다.

  오전 8시에 공현진항을 출발하였다. 공현진항에서 해안도로를 따라 바로 송지호해변으로 갈 수 있는데, 해파랑길 코스는 내륙으로 들어가 고성왕곡마을을 들렀다가 나오는 것으로 설정되어 있었다. 그래서 해파랑길 코스를 따라 7번 국도를 건넌 뒤에 차도인 송지호로에 접어들었다.

조용한 차도인 송지호로를 따라 걸어가니 최근에 조성한 듯한 왕곡마을 저잣거리가 있었다. 여러 채의 초가집들이 깨끗하게 마련되어 있었다. 왕곡마을 저잣거리를 지나 야트막한 고개를 넘으니 고성왕곡마을 입구가 나왔다. 왕곡마을 안으로 들어가니 마을이 상당히 크면서도 아늑한 분위기였다.

고성군 죽왕면 고성왕곡마을 전경

고성왕곡마을은 고려 말에 강릉 함(咸)씨가 들어와서 마을이 생긴 이후에 강릉 최(崔)씨도 들어와서 두 성씨의 집성촌이 되었다고 한다. 마을 뒤편의 오음산(五音山)의 5개 봉우리가 마을을 둘러싸고 있어서 지금도 '오봉리'로 불리고 있다. 왕곡마을 안에는 한옥들이 모여 있는데, 한옥들은 개천을 따라 동남향으로 배치되어 있었다. 그곳의 지형이 마치 유선형의 배가 동해로부터 송지호를 거쳐 마을로 들어오는 모습이라고 한다. 그래서 마을에 구멍을 뚫으면 배가 가라앉는다고 하여 마을 안에는 우물이 전혀 없다고 한다.

고성왕곡마을을 나와서 송지호 북쪽산책로를 걸었다. 해파랑길은 이정표 등이 잘 되어 있어서 길을 걷다가 헤맬 염려가 적다. 쇠말뚝을 세운 이정표뿐만 아니라 스티커와 리본도 군데군데 잘 붙어 있었다. 문화체육부와 한국관광공사가 해파랑길을 걷는 사람들이 헤매지 않도록 코스 안내에 여러모로 신경을 많이 쓴 것으로 보였다.

고성군 송지호 부근의 해파랑길 이정표

고성군 송지호 부근의 해파랑길 스티커

재작년에 충무공 이순신 장군의 백의종군로를 걸으면서 길에 대한 관리가 너무나도 미흡한 것에 대해 많은 실망을 했었다. 민간 체육단체가 백의종군로 경로를 설정하고 이정표를 만들어 놓았으나, 경로는 고증이 잘못된 곳이 많고, 이정표가 없는 곳이 많아서 길을 헤매기도 하였다.

백의종군로는 역사적으로 매우 의미 있는 테마길이니 중앙정부(문화체육부) 또는 한국관광공사가 직접 나서서 다시 고증을 철저히 해서 경로를 수정하고, 이정표도 잘 만들어 놓으면 좋겠다는 생각을 하였다. 그래서 사람들이 역사적인 의미를 되새기며 백의종군로를 걸으면 좋겠고, 백의종군로가 유럽의 산티아고(Santiago) 순례길과 같은 세계적인 테마길이 되면 좋겠다.

송지호 바로 옆의 산책로를 걸으니 소나무 사이로 보이는 송지호는 고요하였다. 물결이 잔잔해서 반대편 산의 모습도 호수에 비치고 있었다. 그리고 송지호 산책로에도 사람이 없이 한적하였다. 다만 바로 옆의 7번 국도를 신나게 달리는 자동차 소리가 조용한 분위기를 깨는 것이 아쉬웠다. 짙은 소나무 향기를 맡으며 송지호 옆의 소나무 산책로를 계속 걸었다. 군데군데 소나무에 솔잎혹파리 방제를 위해 나무주사를 놓았다는 표시가 있었다. 솔잎혹파리 때문에 전국적으로 많은 소나무가 죽는다고 하는데, 조속히 솔잎혹파리가 박멸되면 좋겠다.

고성군 죽왕면 오봉리의 송지호

고성군 죽왕면의 송지호 산책로

송지호 산책로를 걸어서 오전 9시경에 송지호 관망타워에 도착하여 입장료 1,000원을 내고 5층까지 올라가 보았다. 관망타워의 동쪽으로는 바다가 보이고 서쪽으로는 송지호가 보였는데, 전망이 그렇게 좋은 편은 아니었다.

화진포호수와 마찬가지로 송지호도 석호이다. 석호는 강물에 실려 온 모래가 바다에 부딪혀 강어귀에 쌓여 사구(砂丘)가 형성되고, 사구가 점차 길어지면서 바다와 강을 분리시켜 만들어진 호수이다. 동해에는 석호가 많으니 앞으로 석호를 많이 볼 것 같았다.

송지호(松池湖)는 둘레가 6.5㎞인데, 주위의 울창한 소나무 숲이 잘 어우러져있다. 바다와 연결되어 있어서 도미, 전어, 숭어 같은 바닷물고기와 잉어 같은 민물고기가 함께 서식하고 있고, 백조의 도래지라고 한다. 백조는 겨울 철새라고 하는데, 그 시간에 백조는 보이지 않았다.

송지호 관망타워에는 송지호의 전설이 적혀 있었다. 1,500여 년 전에 구두쇠 영감 정거재(鄭巨載)에게 문전옥답이 있었는데, 어느 날 노승이 시주를 청하였으나 그 영감이 응하지 않자, 화가 난 노승이 그 땅의 중앙부에 쇠로 된 절구를 던지고 사라졌다. 그런데 이 절구에서 물이 계속 솟아나서 송지호가 되었다고 한다.

　과학적으로 석호의 생성과정이 같아서 그런지, 송지호의 전설이 화진포호수와 비슷하였다. 절에 시주를 안 하는 구두쇠를 스님이 혼내주는 과정에서 호수가 생겼다고 하니, 전설이 절에 시주를 잘 하라는 의미인 것 같기도 하다. 마치 사실인 것처럼 구두쇠의 실명까지 등장하고 있다. 그렇다고 믿을 수는 없는 것이다. 전설은 전설이니까.

고성군 죽왕면 송지호 관망타워

　송지호 관망타워를 나온 뒤에 7번 국도를 아래의 토끼굴로 지나서 걸었다. 어젯밤에 공현진항에서 보았던 르네블루 호텔을 지나 송지호해변으로 갔다. 토요일이어서 그런지 송지호해변에는 늦겨울의 바다를 보려는 사람들이 있었다. 어제처럼 바람과 파도가 심할 때에는 바다를 볼 엄두도 나지 않았을 것인데, 오늘은 바람이 많이 불지 않으니 바다를 볼 맛이 날 것 같았다.

  송지호해변 앞에는 죽도(대섬)가 있는데, 죽도는 대나무가 많아서 지어진 이름이다. 죽도의 대나무는 질이 좋아서 예전에 그곳의 대나무로 활을 만들어 조정에 바쳤다고 한다.

고성군 죽왕면 송지호해변과 죽도

  송지호해변의 끝에 오호항이 있었다. 오호항의 편의점에서 커피를 마시며 쉬었다가 바로 옆에 있는 서낭바위 입구로 갔다. 서낭바위는 해파랑길 코스에 포함되지 않으나, 한번 가 보기로 하였다. 서낭바위 입구에서 나무계단으로 올라가서 바다 쪽으로 가니 바닷가에 신기한 모양의 서낭바위가 있었다. 그리고 서낭바위 맨 위에는 소나무 한 그루도 있었다.

  서낭바위는 오랜 기간 자연의 풍화작용과 침식작용에 의한 것으로 마치 중간에 시멘트로 바위를 올려놓은 것처럼 보였다. 그래서 촛대처럼 보이기도 하고, 향로처럼 보이기도 했다. 서낭바위라고 이름이 되어 있는 것으로 보아 마을 사람들이 서낭당처럼 신성하게 여기는 바위일 것으로 생각되었다.

  서낭바위를 보고 나서 뒤로 넘어가니 오호항이 나왔다. 오호항은 조그만 항구이다. 이번 해파랑길을 걸으면서 얼마나 많은 항구를 만날지 모르겠지만, 큰 항구이든 작은 항구이든 되도록 항구에 들러보기로 하였다. 그리고 해파랑길의 하루 일정도 항구가 출발지이고 종착지인 경우가 많으니 아무래도 앞으로 동해의 항구를 많이 볼 것 같았다.

고성군 죽왕면 오호리의 서낭바위

　오호항을 나가니 봉수대 오토캠핑장이 있었다. 오토캠핑장이 매우 넓고 깨끗해 보였다. 요즘에 관광지 숙박은 오토캠핑이 대세라고 하던데, 정말 그런 것 같았다.
　오토캠핑장을 지나 왼쪽으로 꺾어서 조그만 다리를 건너니 삼포해변이 나왔다. 삼포해변은 모래가 굵고, 중간에 소나무를 심어 놓아서 그리 좋은 해수욕장으로 보이지는 않았으나, 삼포해변을 본 순간 그곳이 예전에 내가 즐겨 불렀던 노래의 무대가 아닐까 하는 생각이 들었다.
　인터넷으로 검색을 해보니, 노래 '삼포로 가는 길'의 삼포는 그곳이 아니라 경상남도 창원시 진해구의 항구마을이었다. 노래 '삼포로 가는 길'의 무대가 그곳 삼포해변이 아니라서 서운했지만, 그 노래를 흥얼거리면서 삼포해변을 따라 걸었다.

〈삼포로 가는 길〉

작사·작곡: 이혜민, 노래: 강은철

바람 부는 저 들길 끝에는 삼포로 가는 길 있겠지
굽이굽이 산길을 걷다 보면 한발 두발 한숨만 나온다.
아 아 뜬구름 하나 삼포로 가거든
정든 님 소식 좀 전해주렴 나도 따라 삼포로 간다고
사랑도 이젠 소용없네 삼포로 나는 가야지

고성군 죽왕면 삼포해변

삼포해변을 지나니 바로 조그만 자작도해변이 나왔다. 그런데 다시 바람이 거세졌다. 바람은 돌풍이었다. 동해에 와서 며칠 계속 거센 바람을 만나니 바람이 달갑지 않아졌다. 해안도로인 자작도선사길을 모자를 눌러쓰고 외투의 지퍼를 올리고 걸었다. 아침에 공현진항의 식당 주인이 원래 그곳에는 4월이 되면 바람이 거센데, 올해는 센바람이 좀 일찍 시작되었다고 말해주었다.

백도항에 오전 11시경에 도착하였다. 백도항은 문암1리항이라고도 불리는 아담한 항구였다. 백도항을 지나니 두 개의 바위 사이에 차도가 관통하는 모습이 신기하였다. 차도를 내려고 바위를 깎은 것이 아니고, 두 바위 사이로 차도인 문암항길을 낸 것으로 보였다.

고성군 죽왕면 백도항

고성군 죽왕면 백도항 부근의 문암항길

차도인 백도해변길을 따라 걸어서 문암대교를 건넌 뒤에 좌회전해서 오전 11시 30분에 문암항에 도착하였다. 문암항도 조그맣고 아담한 항구인데, 그 부근에는 스쿠버 다이빙 동호인들이 많았다. 막 다이빙을 마친 다이버들이 추위에 떨면서 불을 쬐고 있었다. 지금의 바닷속은 많이 차가울 것 같았다.

그래도 그 스쿠버 다이버들이 부러웠다. 그리고 스쿠버 다이빙이 좋은 레저라는 생각도 들었다. 나는 스쿠버 다이빙을 한 번도 해보지 못하였다. 물론 내가 젊었을 때보다 요즘에 스쿠버 다이빙이 더 대중화되었지만, 새로운 스포츠나 레저에 대한 도전의식이 없이 줄곧 산에만 다녔었다. 아무래도 등산이 돈이 가장 적게 드는 스포츠였기 때문이었다.

문암항 이후에 길고 깨끗한 교암해변의 바로 옆 해안도로인 천학정길을 바람을 맞으며 걸어서 12시가 다 되어 교암해변 끝에 있는 교암항에 도착하였다. 교암항은 작은 항구이지만, 부근에 식당이 많았다. 바로 옆에 있는 천학정에는 점심을 먹은 뒤에 올라가 보기로 하였다.

바람 때문인지, 몸이 지쳐서인지, 걸음이 느려져서 오전에 걸었던 거리는 11.6㎞에 불과했다.

고성군 토성면 교암해변

 오후 午後

　교암항 부근의 식당에서 점심을 먹고 나서 바로 옆의 언덕에 있는 천학정(天鶴亭)으로 올라갔다. 천학정은 1931년에 이 지방의 유지인 한치응(韓致鷹) 등이 발의하여 지은 정자인데, 정면 2칸, 측면 2칸의 겹처마 팔각지붕의 단층으로 되어 있다. 천학정의 안내문이 두 개인데, 최근에 만들어진 안내문에는 천학정에 대한 좋은 말을 모두 써 놓았다.
　천학정을 사진 찍고 나서 바로 옆에 있는 바위 위에 걸터앉아 발바닥에 스포츠테이프를 바꿔 붙이고 양말을 갈아 신는 등 발을 정리하였다. 그리고 나서 커피를 마시며 넓고 깊은 동해바다의 모습을 한참 동안 바라보았다. 주위의 소나무 냄새를 맡으며 파도 소리와 갈매기의 소리를 들으며, 바다에 일렁이는 수많은 파랑(波浪)들을 바라보니 파랑들이 마치 내 머릿속에서 나타났다가 사라지는 수많은 생각의 흔적들처럼 보였다.
　불교에 '해인(海印)'이라는 말이 있다. 잔잔한 바다 위에 달이 뜨면 달빛이 큰 길처럼 비치는 것처럼 세상의 모든 중생과 사물이 바다 가운데 도장처럼 깊이 비춘다는 뜻인데, 큰 바다가 모든 세상의 흐름을 다 포섭한다는 말이기도 하다. 특히 화엄종에서는 깨달음의 세계를 의미한다. 지금 수많은 파랑들이 일렁이고 있는 천학정 앞의 동해바다가 내 모습도 비추고 있을까? 아니면 동해바다의 모습을 내 마음속 깊이 새겨 넣을 수 있을까?
　오후에 걷기 일정이 없다면 그렇게 폼 잡고 앉아서 오랫동안 바다를 바라보고 싶었다. 그러나 엉덩이를 털고 일어나 오후의 일정을 시작할 수밖에 없었다. 그래서 천학정을 내려와서 아야진해변의 잘 만들어진 나무 산책길을 따라 아야진항을 향해 걸었다. 해안의 나무 산책길은 바다 가까이에서 바다를 바라보고 걸을 수 있어서 좋았다.

고성군 토성면 천학정

아야진해변에는 사람들이 많았다. 모처럼 날씨 좋은 토요일 오후여서 그런 것 같았다. 가족, 연인, 친구와 함께 온 사람도 있고, 고독을 느끼며 혼자 온 사람도 보였다.

나는 이제 겨우 이틀 동안 바다를 보고 있지만, 오랫동안 바다에서 살아가는 사람들은 바다에 대해 어떻게 생각할까? 그리고 어릴 때부터 항구마을에서 태어나 계속 바다를 보고 자란 사람들은 바다를 어떻게 생각할까? 바다에서 자란 사람들은 머나먼 수평선을 바라보며 무한한 세상을 동경하였을까? 푸른 물결과 새하얀 모래를 보며 세상에 대한 희망과 순수함을 느꼈을까? 아니면, 가족들의 목숨을 집어삼킨 파도와 마을을 휩쓸었던 바람을 통해 세상의 무서움과 두려움을 느꼈을까?

그러한 생각을 하며 한참 동안 아야진해변의 산책길을 걸어서 아야진(我也津) 항으로 들어갔다. 항구 이름이 아야진으로 된 것에 대해서는 두 가지 설이 있다고 한다. 하나는 작은 항구라는 의미로 당초에 '애기미'였는데, '애'를 한자로 표현하면서 '아(我)'로 바뀌었고 근처 산의 형태가 '야(也)' 자처럼 생겼다고 해서 아야진이 되었다는 설이다. 다른 하나는 원래 대야진인데, 일제 강점기에 일제가 '큰 대(大)' 자를 쓰지 못하게 하여 아야진으로 바뀌게 되었다고 한다. 아야진해변과 아야진항의 주변 바다는 물이 맑고 바다 밑에 좋은 곳이 많아서 스쿠버 다이버들이 좋아하는 곳이라고 한다. 그래서 그런지 그곳에도 스쿠버 다이버들을 많았다.

고성군 토성면 아야진해변의 나무 산책길

고성군 토성면 아야진항

아야진항을 나온 뒤에 청간해변을 지나서 청간정(淸澗亭)을 보려고 계단을 올라갔다. 청간정은 정면 3칸, 측면 2칸의 팔작지붕 정자이다. 처음 건립된 연대는 정확하게 알 수 없으나, 1520년(중종 15년)에 간성군수 최청(崔淸)이 중수하였고, 1884년(고종 21년)에 불에 타고 없어져서 그대로 방치되었다가, 1928년 토성면장 김용집(金鎔集)의 발기로 재건되었다. 그리고 1981년 전면 해체하여 복원하였다고 한다.

청간정의 현판 글씨는 1953년 이승만 대통령이 쓴 것이라고 한다. 정자 안에는 양사언과 정철의 글씨가 있고 최규하 대통령의 글씨도 있다고 하는데, 코로나 바이러스 방역 때문에 통제되어 있어서 정자로 올라가지 못하였다. 아무튼 코로나 바이러스 때문에 들어가지 못하는 곳이 한두 곳이 아니다.

고성군 토성면 청간정

청관정은 정철의 관동별곡(關東別曲)에 나오는 관동팔경(關東八景) 중의 하나이다. 관동팔경은 통천(通川)의 총석정(叢石亭), 고성(高城)의 삼일포(三日浦), 간성(杆城)의 청간정(淸澗亭)과 양양(襄陽) 낙산사(洛山寺), 강릉(江陵)의 경포대(鏡浦臺), 삼척(三陟)의 죽서루(竹西樓), 울진(蔚珍)의 망양정(望洋亭)과 월송정(越松亭)이 그것이다. 이 중에서 총

석정, 삼일포는 북한에 있다. 나는 이번에 해파랑길을 걸으면서 남한에 있는 6개의 관동팔경을 보려고 하는데, 그중에서 오늘 처음으로 청간정을 보게 된 것이다.

청간정에서 동쪽으로는 바다가 서쪽으로는 설악산이 보였다. 공기가 좋지 않아 설악산이 희미하게 보이는 것이 아쉬웠다. 옛사람들의 좋은 위치를 선정하는 안목에 놀라울 따름이었다.

청간정을 내려와 천진해변으로 가는 바닷가에도 나뭇길이 있어서 좋았다. 그런데 태풍으로 훼손된 나뭇길이 방치되고 있어서 걸어가기에 조금은 위험했다.

천진해변을 따라 걸어가는데 해변이 매우 길었다. 천진해변을 지나서 사진을 찍었다. 천진해변을 지나니 주변에 상가가 많고 높은 아파트가 있는 번화가가 나와서 벌써 속초시에 들어선 줄 알았다. 그런데 지도를 보니, 그곳은 고성군 토성면의 면사무소가 있는 곳이었다. 속초시는 한참 더 가야 했다. 천진해변의 끝에 조그만 봉포항이 있었다.

봉포항 이후에는 캔싱턴해안을 따라 계속 걸었다. 아야진해변 이후에는 해변에 나무 산책로가 잘 만들어져 있어서 걷기에 좋았다. 오늘 오후에는 계속 바다를 보며 걸으니 해파랑길을 걷는 맛이 나는 것 같았다.

캔싱턴해변을 따라 걷다 보니 캔싱턴 리조트가 보였다. 오래전에 가족과 함께 묵었던 리조트인데, 해수탕이 기억에 남아 있다. 지금도 해수탕을 운영하는지 모르겠다. 그곳 해수탕에 잠시 몸을 담그면 내 몸의 피로가 확 풀릴 것 같았다.

고성군 토성면 천진해변

고성군 토성면 캔싱턴해변의 해안로

　해수탕에 들어가지 못하는 아쉬움을 뒤로하고 캔싱턴 리조트를 지나 자전거길을 따라 걸었다. 그리고 용촌교를 건넌 뒤에 차도인 중앙로를 따라 걸어서 야트막한 고개를 올라갔다.
　오후 3시가 지나니 몸의 피로가 증가하기 시작했다. 이제 겨우 이틀째인데, 앞으로 걸어갈 날이 많이 남았는데, 벌써부터 내 몸이 걱정되었다. 거기다가 중앙로의 오르막길을 만나니 더욱 힘들었다. 힘들게 오르막을 올라가니 그곳이 고성군과 속초시의 경계였다. 속초시의 이름 모르는 마스코트가 '어서 오세요'라며 나를 반겨 주었지만, 사실은 내가 더 반가웠다. 그것으로 이틀간 걸었던 고성군과는 작별하게 되었다.

고성군과 속초시의 경계

그 이후엔 내리막길이어서 그런지, 속초시에 도착했다는 기분이 들어서 그런지, 힘이 덜 드는 것 같았다. 계속 차도인 중앙로를 걸어서 장사항에 도착했다.

장사항을 지나니 차도의 이름이 영랑해안길로 바뀌었다. 영랑해안길에서 조금 안쪽으로 들어가면 영랑호(永郎湖)가 있고, 영랑호 주변에 산책로가 있다. 해파랑길 코스는 영랑호 주변의 산책로를 걷는 것으로 되어 있다. 오늘 아침에 해파랑길을 출발하면서 송지호의 산책로는 걷기로 하고, 영랑호의 산책로는 몸의 상태를 봐서 정하기로 했었다. 영랑호 입구에 도착하니 아무래도 하루에 호수 2개를 도는 것은 무리일 것 같았다. 그래서 영랑호에는 들르지 않기로 하였다.

괜히 영랑호에 미안한 마음이 들어서 영랑호에 대해 알아보았다. 영랑호는 둘레가 약 8km인 석호인데, 신라 때 화랑인 영랑(永郎)이 발견하였다고 해서 영랑호라고 불리었다고 한다. 그 후 영랑을 비롯한 4명의 화랑들이 구경하며 놀았고, 많은 도사들이 찾아와 수도를 하였으며, 이름난 궁사들이 궁술을 연마하기도 했다고 한다. 지금은 속초시민들이 좋아하는 산책코스라고 한다.

속초항으로 가는 해안도로인 영랑해안길에는 주차된 자동차들로 가득했고, 사람들도 많았다. 주변에 횟집, 카페, 모텔 등 먹고 마시고 잠을 자는 곳으로 가득했다. 아무래도 오늘이 토요일이다 보니 사람들이 많은 것 같았다. 요즘에는 교통의 발달로 인하여 속초는 서울에서 2시간 정도면 올 수 있는 곳이다.

영랑해안길을 계속 걸어서 오후 4시 15분에 속초항에 도착했다. 속초항은 매우 넓었고 큰 여객선이 많았다. 넓은 속초항의 모습을 얼른 사진 찍고 속초항을 나와서 부근의 모텔 방을 겨우 잡을 수 있었다. 토요일이어서 그런지 속초항 부근에도 사람들이 많았고, 방을 구하기 쉽지 않았다.

속초시 영랑동 영랑해안길

속초시 청호동 속초항

    그것으로 해파랑길 걷기 2일차를 마쳤다. 오전에 11.6㎞, 오후에 12.6㎞를 걸어서 오늘 총 24.2㎞를 걸었다.

해파랑길 3일차
2021년 2월 21일 일요일

속초시 청호동 속초항 — 양양군 손양면 수산항

오전 午前

오늘은 해파랑길 3일차로 속초항을 출발하여 양양 낙산사를 거쳐 수산항까지를 목표로 하고 있다. 중간에 낙산사를 관람하고 싶어서 오늘의 이동 거리를 20㎞ 정도로 평소보다 조금 짧게 잡았다.

아침에 날씨는 맑고 기온도 많이 올라갔다. 아침을 먹고 나서 해파랑길을 출발하기 전에 산책을 겸해서 속초항 바로 옆에 있는 영금정(靈琴亭)에 다녀왔다.

영금정은 파도가 정자 아래의 석벽에 부딪힐 때면 그 소리가 거문고 타는 소리와 같다고 해서 붙여진 이름이다. 그런데 영금정이 두 개였다. 돌산의 절벽 위에 세워진 것이 구 영금정이고, 바다에 다리 끝에 세워진 것이 신 영금정이다. 구 영금정은 설립 연대가 확실하지 않으나 1926년 이전으로 파악되고, 신 영금정은 1998년 설립되었다.

영금정은 속초시의 일출 명소 중의 하나이어서 오늘 아침에 일출을 보려고 했는데,

동쪽 수평선에 구름이 끼어 있어서 바다 바로 위로 떠오르는 해는 보지는 못하였다. 아쉬운 마음에 돌아서 나오는데, 수평선의 구름 위로 떠오르는 해를 볼 수 있었다. 그래서 얼른 사진을 찍었다. 그런대로 해돋이 모습이었다.

속초시 청호동의 신 영금정

속초시 청호동의 구 영금정

영금정에 다녀와서 정식으로 해파랑길을 출발하기 위해 속초항으로 갔다. 오늘의 출발지가 속초항이기 때문이다. 속초항에는 밤을 지새운 것 같은 여러 명의 강태공(姜太公)들이 바다에 낚싯대를 드리우고 물고기의 입질을 기다리고 있었다.

나는 낚시와 친하지 않다. 낚시를 안 해본 것은 아니지만, 제대로 물고기를 잡아본 적이 없다. 물고기를 잡을 때의 손맛이 어떤 느낌일지는 정확하게 모른다. 낚싯줄을 사이에 두고 낚싯바늘에서 벗어나려는 생명체의 몸부림을 느끼는 것이 손맛일까? 끈질기게 밤을 새워서라도 물고기의 입질을 기다리는 강태공들이 부럽기도 하고, 그렇게까지 하면서 물고기를 잡을 필요가 있을까 하는 생각도 든다.

낚시하는 사람의 별칭이 강태공(姜太公)이다. 강태공은 실존 인물로 원래 이름은 강상(姜尙)인데 중국 황하의 지류인 위수(渭水)에서 바늘 없이 낚시를 하며 세월을 보내며 지내다가, 주(周)나라 문왕(文王)을 만나서 주나라 통일의 일등공신이 되었다. 문왕이 그리던 사람을 만났다고 해서 그를 태망공(太望公)이라고 불러서 강태공이 된 것이다. 주나라 통일 이후에는 산동반도 부근인 제(齊)나라의 제후가 되었다. 강태공은 신농씨(神農氏)의 후손이며 우리 민족의 원류인 동이족(東夷族)으로 알려져 있다. 그 이후로 강태공이 낚시하는 사람의 별칭이 된 것이다.

많은 강태공들이 대물을 기다리고 있는 속초항을 지나 금강대교를 건너는데, 다리 위에 바람이 별로 불지 않아서 천만다행이었다. 금강대교를 지나며 속초시를 보니 예전의 속초시가 아니었다. 높은 건물이 많이 들어섰고 규모도 커져 보였다.

도시는 발전하여 커지기도 하지만, 쇠퇴하여 작아지기도 한다. 속초시는 발전하고 있는 도시로 보였다. 사람도 마찬가지인 것 같다. 육체적인 발달과 쇠퇴뿐만 아니라, 정신적으로도 생각이 커지는 사람이 있고 작아지는 사람이 있다. 나는 어떻게 변하고 있나?

그러한 생각을 하며 금강대교를 걷다가 뒤돌아서 속초항을 바라보았다. 어제 오후와 오늘 아침에 속초항 안에서는 항구 전체의 모습을 보기 어려웠는데, 속초항 밖인 금강대교에서 내려다보니 속초항의 모습을 한눈에 볼 수 있었다. 나 자신에 대해서도 밖에서 객관적인 시각으로 봐야 더 잘 보일 수 있을 것 같다는 생각이 들었다.

속초시 금강대교에서 본 속초항

금강대교를 건넌 뒤에 바로 설악대교를 건넜다. 금강대교와 설악대교는 모두 청초호와 바다 사이의 수로를 건너는 다리이다. 설악대교를 건너서 아바이마을에 도착했다. 설악대교 교각에 재미있게도 '이봅세~ 날래오기오! 아바이마을'이라고 써 놓았다. 그리고 그 부근의 갯배를 찾아서 사진을 찍었다.

갯배는 청초호에 운하가 개발되면서 떨어지게 된 속초 읍내와 아바이마을을 이어주던 배로 1955년부터 활동하였다. 지금은 금강대교와 설악대교가 생겨서 사람들이 갯배로 이동하지는 않고, 갯배는 관광용으로 운행되고 있다.

속초시 설악대교 교각의 아바이마을 안내

속초시 아바이마을의 갯배

　아바이마을은 한국전쟁 당시 이북에서 내려온 피난민들이 정착하면서 형성된 마을이다. '아바이'는 '아버지'의 함경도 사투리인데, 친근하고 나이가 지긋한 남자를 뜻하기도 한다. 그러한 아바이 피난민들은 고기잡이와 막일을 하며 고향으로 돌아가기만 기다렸을 것이다. 아바이마을에는 식당이 몇 곳 있었으나, 전체적으로 썰렁한 분위기였다.

아바이마을 바로 옆의 청초호 사진을 찍고 싶었으나, 포인트를 잡지 못하여 결국 사진을 찍지 못하였다. 그리고 청초호는 해파랑길 코스에 포함되지도 않았다.

청초호도 석호인데, 청초호가 지형적으로 선박들이 해풍을 피할 수 있는 곳이어서 조선시대에는 군사적인 요충지로 수군만호영(水軍萬戶營)이 있었고, 요즘에는 속초항의 내항의 역할을 담당하고 있다.

아바이마을을 가로지른 뒤에 청호해안길을 따라 걸었다. 속초해변 입구에는 남녀가 키스하는 장면의 조각상이 있었다. 조금 야하다는 느낌이 들었지만, 사실 요즘에 그 정도의 모습은 아무것도 아닌 것 같다.

속초해변 부근의 해파랑길 코스는 차도인 해오름로를 따라 걷는 것으로 되어 있는데, 해파랑길 코스 대신에 속초해변 바로 옆의 솔밭 산책길을 걸었다. 해파랑길을 걸으면서 소나무 냄새를 많이 맡을 줄은 생각도 못 했는데, 이른 아침의 바다 공기를 머금은 소나무 냄새는 너무 좋았다. 그래서 계속 해파랑길 코스보다는 속초해변의 솔밭 산책길과 해변 산책길로 이동했다.

속초시 조양동 속초해변의 조각상

속초시 조양동 속초해변의 산책길

    속초해변과 외옹치해변은 연이어져 있는데, 두 해변의 경계가 어디인지 모르겠다. 사실 자연적으로 모래로 연결되어 있는 해변을 우리 인간이 행정 편의상 구분하고 있는 것이다. 아무튼 속초해변과 외옹치해변을 지나서 외옹치항으로 가는데, 해파랑길 코스인 해오름로를 따라가지 않고 산책로를 따라 바닷가의 외옹치에 들렀다가 가기로 했다.

    그런데 외옹치에 산책로가 계속 연결되어 있는지가 확실하지 않았다. 외옹치 입구에 가니 일부 산책로가 지난해 태풍으로 폐쇄되었다는 안내가 있었다. 그래서 일단 갈 수 있는 데까지 외옹치 산책로를 따라 걸어가기로 했다. 외옹치 산책로를 걸으며 바다를 더 가까이에서 느낄 수 있었고 멀리 속초시가 한눈에 보이기도 했다. 그런데 일부 구간에는 보안상의 이유로 바다 쪽에 철책이 쳐져 있는 것이 못내 아쉬웠다.

    외옹치 산책로를 걷다가 산책로가 폐쇄된 곳에서 외옹치 언덕 위에 있는 롯데 리조트로 올라갈 수밖에 없었다. 그래서 롯데 리조트에서 다시 반대편 산책로를 따라 내려가서 외옹치항으로 갔다. 내려가는 나무계단 옆의 대나무 숲이 좋았다.

외옹치항은 아담한 항구였다. 그런데 어선보다도 횟집이 더 많았다. 아마 횟집의 주요 고객은 리조트 숙박객일 것 같았다.

걷기여행자에게 화장실은 매우 중요한 시설물이다. 걸어가다가 화장실이 없으면 곤란한 상황에 놓일 수 있기 때문이다. 그런데 해파랑길을 걸으면서 화장실에 대해 전혀 걱정을 하지 않고 있다. 화장실이 군데군데 잘 설치되어 있고, 화장실 안에도 대체로 청결하고 불편함이 없었다. 해파랑길을 걸어오며 깨끗하고 좋은 화장실이 많았지만, 외옹치항의 화장실의 외부 모습을 사진 찍었다. 내부의 모습을 사진 찍고 싶었지만, 왠지 내부 모습을 사진 찍으면 안 될 것 같았다.

추가적으로 공중화장실에 대해 말하자면, 다른 선진국들 보다 우리나라의 공중화장실이 더 깨끗하고 좋은 것 같다. 거기다가 돈도 받지 않는다. 다른 나라의 큰 도시를 여행하다 보면, 공원 같은 곳에 공중화장실이 없는 경우가 많고, 화장실이 있어도 돈을 내고 들어가야 할 뿐만 아니라 지저분한 경우도 많다. 공중화장실 면에서 우리나라는 선진국 수준이라고 자부한다. 계속 우리나라의 공중화장실이 깨끗하게 잘 운영되면 좋겠다.

속초시 대포동 외옹치 산책로

속초시 대포동 외옹치항 화장실

    외옹치항에서 방파제를 돌아서 대포항에 도착했다. 대포항은 이름 그대로 큰 항구였다. 대포항 주변에는 횟집이 많았다. 그냥 횟집이 많다기보다는 완전히 횟집 타운이라고 표현하는 것이 더 정확할 것이다. 나도 예전에 속초에 출장을 오거나 여행을 오면 주로 대포항에서 회를 먹으며 술을 마셨다. 그런데 항구는 예전보다 더 커지고 주변이 잘 정리되어 보였다.

    대포항이 많이 변해서 그런지, 내가 예전에 왔던 곳이 어디인지 잘 모르겠다. 하기야 예전에 차를 타고 와서는 술에 취해서 떠났으니 왔던 곳이 잘 기억나지 않는 게 당연할 것이다. 다만 대포항에서 오징어 회를 맛있게 먹었던 기억만 남아있다.

속초시 대포동 대포항

속초시 대포동 대포항

　대포항에서 점심을 먹으면 좋겠지만, 점심을 먹기에 이른 시간이니 7번 국도인 동해대로 옆의 인도를 따라 대포항을 떠났다. 조금 걸어가니 설악항이 나왔다. 항구 이름에 '설악(雪岳)'이 붙어서 설악항이 큰 항구일 것이라고 생각했는데, 설악항은 조그만 항구였다. 산과 항구의 크기는 다른가 보다.

　설악항 옆의 방파제로 가니 등대가 있는데, 등대 앞에는 평창올림픽을 기념하여 스키점프 타는 모습의 동상을 세워놓았다. 설악항 방파제에서 방금 전에 지나온 대포항 방향을 바라보니 해안가의 여러 가지 고급 숙박시설이 보였다. 전망 좋은 장소엔 호텔, 리조트, 콘도, 펜션, 모텔 등 숙박시설이 다 차지하고 있었다.

　설악항 이후에 쌍천교를 건너니 행정구역이 속초시에서 양양군 강현면으로 바뀌었다. 그리고 바로 물치해안공원과 물치항이 있었다. 물치해안공원에는 연어의 풍요를 기원하는 의미로 남대천을 거슬러 올라가는 황금연어 모습의 조각상이 세워져 있었다. 물치항엔 낚시꾼들만 있고 다소 썰렁하였다.

양양군 강현면 물치해안공원의 황금연어 상

물치항을 나와 물치교를 건너니 바로 바닷가 백사장에 나무 산책로가 잘 만들어져 있었다. 그러한 산책로를 따라 걸으니 뭔가 모르게 기분이 좋았다. 그러한 길이 바로 내가 서울에서 해파랑길을 계획하면서 기대했던 길이다. 걸으면서 뭔가 대접을 받는 느낌도 들었다.

　해파랑길의 전 구간을 그렇게 바로 바닷가에 나뭇길을 만들어 놓으면 좋겠다는 생각이 들었다. 그래서 고성군에서 부산시까지 계속 바다만 바라보며 걸을 수 있으면 얼마나 좋겠는가? 그래야 명실상부(名實相符)한 해파랑길이지 않겠는가? 해파랑길의 전 구간을 그러한 나뭇길로 만들려면 예산은 얼마나 들까? 내가 너무 많은 걸 바라나? 그러한 생각을 하다가, 만일 내가 결정권이 있다면 그렇게 만들어야지라고 생각해본다. 생각은 자유이니까.

　아무튼 그러한 좋은 해변 산책로는 끝없이 이어졌다. 안내문을 보니 그 해안 산책로는 '몽돌소리길'이었다. 바닷가에 작은 자갈인 몽돌(모나지 않고 둥글둥글한 돌)이 많았는데, 그래서 그 산책로에 그러한 이름을 붙인 모양이었다. 그러고 보니 파도가 몽돌에 부딪혔다가 또 몽돌 사이를 빠져나가며 소리를 냈다. 그 몽돌 소리를 들으면서 기분 좋게 몽돌소리길을 걸었다.

양양군 강현면 몽돌소리길

산책로 옆의 동해대로(7번 국도) 변에는 호텔 등 숙박시설이 많았는데, 어느 호텔 앞의 간판에 주중 일반실은 4만 5천 원이라고 써져 있었다. 지나오며 속초시 부근에서도 동일한 이름의 호텔 간판에는 주중 일반실은 5만 원이라고 써졌던 것이 기억이 났다. 시내에서 좀 멀어지니 숙박료가 5천 원 낮아진 것이다. 아마 시내에서 더 멀어지면 가격이 더 낮아지지나 않을까 하는 우스운 생각도 들었다.

걷기여행을 하면서 매일 잠을 자야 하니 숙박시설을 정하는 것이 중요한 문제이다. 여러 숙박시설을 돌아다니며 싸고 좋은 곳을 찾으면 좋겠지만, 현실적으로 쉽지 않다. 하루의 종착지에 도착하면, 이미 많이 걸어서 피곤한 상태인데, 이곳저곳 돌아다니며 숙박시설을 알아보는 것은 너무 힘들고 괴롭다. 그래서 나는 그날의 도착 예정지를 미리 정하고 그 부근의 모텔이나 펜션, 민박 등 숙박시설을 인터넷으로 파악하여 전화로 예약하는 방법을 사용한다. 걷기여행의 경험상으로 그러한 방법이 가장 괜찮았다.

그리고 모텔은 걷기여행자가 숙박하기에 괜찮은 곳이다. 모텔이라고 하면 왠지 이미지가 좋지 않지만, 가격이 1박에 4만 원 내외이고 혼자 숙박하기 좋은 모텔이 많다. 민박도 좋지만, 외풍이 심하고 온수가 잘 나오지 않는 경우가 많다. 그리고 민박의 숙박료가 싼 편이 아니다. 마음씨 좋은 할머니가 집밥을 해주는 그러한 인심 좋은 민박은 30~40년 전 이야기이다. 펜션은 조리시설이 있어서 모텔보다 비싼 편이다. 주말이나 주변이 관광지인 경우에는 1박에 10만을 훌쩍 넘기도 한다. 주변에 모텔이 없으면 펜션을 이용하기도 하는데 가격은 비싸면서 시설은 민박 수준인 경우도 많다. 그리고 숙박시설을 정할 때 주변에 식당이 있는지도 살펴본다. 식당이 없으면 식사를 할 수 없으니, 싸고 좋은 곳도 그림의 떡이다.

그러한 생각을 하며 몽돌소리길을 따라 정암해변 옆을 걸었다. 후진항과 설악해변을 지나니, 걷기 좋은 '몽돌소리길'은 설악해변과 함께 끝났다.

설악해변에서 오전의 목적지인 낙산사 입구까지는 해변으로 가는 길이 없었다. 그래서 해파랑길 코스를 따라 동해대로(7번 국도) 옆의 인도로 이동하였다.

동해대로를 걸어가는데, 머리 위로 소방헬기가 화재를 진압하러 날아가고 있었다. 양양군의 어느 산에 산불이 났다고 하던데, 그 산불을 진압하러 가는 것 같았다. 산불이 빨리 진압되면 좋겠다.

내 조카 중에 소방관이 있다. 그 조카의 어릴 때 꿈은 모르겠으나, 의무병으로 군대를 다녀오더니 소방관이 되고 싶다며 시험을 준비하였다. 조카가 한창 소방관 시험을 준비할 때 둘째 형수는 조카를 말려달라고 나에게 부탁하였다. 소방관이라는 것이 처우는 좋지 않은데 매우 위험한 직업이니까 그렇게 부탁한 것이다. 둘째 형이 돌아가신 뒤에 나는 평소에 조카들의 진로에 크게 관여하지 않았다. 가끔 조카들을 만나면, 뭐든지 자신이 하고 싶은 것을 열심히 하라고 말해 왔다. 사실 그것이 더 어려운 것이지만 말이다.

내가 생각하기에도 소방관이라는 직업이 너무 위험하다고 생각했고 형수의 부탁도 있어서 내가 조카에게 다른 직업을 찾아보라고 권유했었다. 그 조카는 소방관이 너무 하고 싶다며, 내가 만류하니까 마지막으로 시험을 한 번 더 보고 나서, 시험에 떨어지면 다른 직업을 찾아보겠다고 말했다. 그 이전에 두 번 정도 소방관 시험에 떨어졌었다. 그래서 나는 그렇게 하라고 말했다. 조카는 그 마지막 소방관 시험에 합격하였고, 지금은 소방관이 된지도 벌써 10년이 지나 어엿한 중견 소방관이다.

조카가 소방관이 된 이후에 조카에게 소방관 직업에 만족하냐고 물으니, 조카는 만족한다고 말했다. 자기 직업에 100% 만족하는 사람이 얼마나 되겠냐 마는 조카가 자신이 희망하던 소방관이 되었고 그 직업에 만족하고 있다는 말을 들으니 내가 기분이 좋았다.

소방관이 지방공무원에서 국가공무원이 되었다고 해도 처우는 그전과 마찬가지로 좋지 못한 모양이다. 양양 산불을 끄기 위해 날아가는 소방헬기를 보면서 국민의 생명과 재산을 보호하기 위하여 생명을 바쳐 일하는 소방관의 처우가 더 좋아지면 좋겠다는 생각을 하였다.

12시 조금 지나 서쪽의 낙산사 입구의 일주문에서 낙산사 안으로 들어가지 않고 돌아 걸어서 낙산사 주차장으로 갔다. 금강산도 식후경(食後景)이니, 점심을 먹고 나서 낙산사를 관람할 예정이다.

일단 낙산사 주차장 앞에서 오전 걷기를 종료하였다. 오전의 이동 거리는 총 13.1㎞이었다.

오후 午後

낙산사 입구 부근의 식당에서 점심을 먹고 나서 낙산사 주차장 부근의 벤치에 앉아 잠시 휴식한 뒤에 오후 1시 15분에 낙산사 안으로 들어갔다. 주차장에도 낙산사 일주문이 있었다. 해파랑길 코스는 낙산사 안으로 들어가지 않고 낙산사 입구에서 바로 낙산해변으로 가는 것으로 설정되어 있다. 그렇지만 나는 잠시 해파랑길 코스에서 벗어나서 낙산사를 관람하고 홍련암과 의상대까지 가 보려고 하였다.

나는 독실한 불교 신자는 아니지만, 누가 종교가 뭐냐고 굳이 물어보면 불교라고 대답한다. 딱히 정해 놓고 다니는 절은 없지만, 여행을 다닐 때 부근에 큰절이 있으면 들어가곤 했다. 이는 아마 어머니가 독실한 불교 신자이기 때문일 것이다. 몇 년 전까지만 해도 어머니는 초파일이 되면 절에 가서 자식들을 위해 등불에 달았었다. 그러니 오늘 낙산사 입구까지 와서 관동팔경의 하나인 낙산사 안으로 들어가지 않을 수 없는 것이다.

양양군 낙산사 주차장 부근의 일주문

양양군 낙산사 홍예문

　낙산사(洛山寺)는 통일신라시대 승려 의상(義湘)이 671년(문무왕 11년)에 창건한 사찰로 우리나라의 3대 관음기도도량 중의 하나이다. 낙산이라는 말은 관세음보살이 항상 머무르는 곳인 보타락가(補陀落伽, Potalaka)의 준말이라고 한다. 2005년 4월에 대형 산불이 낙산사로 번져서 동종(보물 제479호)과 원통보전 등 많은 전각들이 소실되었다. 지금은 그 이후 복원된 모습이다.

낙산사 안에는 생각보다 사람들이 많았다. 그러고 보니 오늘이 일요일이었다. 나에게는 매일이 휴일이니 요일에 대한 감각이 없다. 홍예문 앞에서 자동 발매기로 입장권을 4,000원에 구매했다. 기계가 인간의 고용을 박탈한 사례를 또 보았다. 요즘에는 영화관이나 식당 등에도 자동 발매기로 주문하는 경우가 많다. 기계가 점차 발달하여 차츰 인간의 직업을 빼앗아가고 있는데, 이러다가는 어느 직업까지 기계에게 빼앗길지 모르겠다.

양양군 낙산사 7층 석탑(보물 제499호)

홍예문을 지나 사천왕문, 빈일루, 대성문으로 들어가니 원통보전이 있었다. 원통보전 안에는 많은 사람들이 절 또는 기도를 하고 있었다. 낙산사가 관음기도도량이다 보니 그런 것 같았다. 원통보전 앞의 7층 석탑은 보물 499호다. 원통보전에서 해수관음보살상으로 가는 길에는 '꿈이 이루어지는 길'이라는 이름이 붙여졌다. 사람들이 그 길로 이동하고 있어서 나도 그 길로 걸어갔다.

양양군 낙산사의 '꿈이 이루어지는 길'

낙산사의 '꿈이 이루어지는 길'을 걸으면서 나의 꿈에 대해 생각해 보았다. 내가 지금까지 살아오면서 진정으로 되고 싶었던 꿈이 있었나? 꿈이 있었다면 무엇이었을까?

어릴 때 역사에 관심이 많았지만, 꿈에 대해서는 막연하게 생각했고 부모님께 말하지도 못했다. 중학교를 졸업하고 가정형편과 부모님의 권유에 따라 상업고등학교에 들어갔으나, 대학에 진학하고 싶어서 취업을 선호하는 교사들의 눈치를 보며 별도로 대학입시를 준비해서 운 좋게 대학에 들어갔다. 대학의 학과를 정할 때에도 상고를 나왔으니 당연히 경영학과를 가야 한다는 주위의 권고를 따랐다. 대학 다닐 때 사기업보다는 공적인 일을 하고 싶어서 행정고시를 준비했으나 합격하지 못하였다. 군대를 마치고 대학을 졸업한 후에는 금융공공기관에 31년 넘게 근무하였다. 그러면서 자연스럽게 어릴 때의 꿈은 잊혀졌다.

이제 60세를 바라보는 나이가 되어서 지난날을 생각하고 후회해도 아무런 소용이 없다. 하지만 이렇게 혼자 길을 걷다 보면, 내가 하고 싶었던 것을 주위에 말하지 못하고, 그것을 달성하기 위해 어떠한 준비나 실행도 하지 않았던 내 젊은 날에 대한 후회와 회한이 생각나는 것이다.

그래서 아들에게는 어떠한 직업을 강요하지 않고 있다. 아들이 진정으로 원하는 분야를 스스로 잘 선택하고 그것을 위해 젊은 시절의 소중한 시간을 낭비하지 않고 집중해서 자신의 꿈을 잘 이루기를 바라고 있다.

낙산사 해수관음보살상에 갔더니 그 앞에도 많은 사람들이 기도를 하고 있었다. 사람은 저마다의 바램, 소망, 염원이 있다. 건강, 재산, 취업, 자식 등을 위해 기도하는 것이다. 물론 꿈은 기도하는 것만으로 이루어지는 것은 아니다. 꿈을 달성하기 위해서는 노력하는 것이 그 무엇보다도 중요하다. 기도는 마음의 다짐이고 정성의 표현이라고 볼 수 있다. 나는 오늘 해수관음보살상 앞에서 아들의 꿈을 위해 기원했다. 아들이 자신의 꿈을 이루기 위해 노력하기를 기원했다. 그리고 내가 이 해파랑길을 무사하게 완보할 수 있기를 기원했다.

양양군 낙산사 해수관음보살상

해수관음보살상에서 의상대 방향으로 가는데, 길가에 매화나무에 매화가 핀 것을 보았다. 어제 농담 삼아 어디서 봄을 만날 수 있을까 생각했는데, 오늘 낙산사에서 매화를 보며 봄을 만난 것이다. 매화꽃 몇 송이로 완전히 봄이 왔다고 말하는 것은 아니지만, 나로서는 올해 첫 봄의 모습을 본 것이어서 반가웠다.

양양군 낙산사의 매화꽃

의상대(義湘臺)로 가서 정자 안으로 들어가 동해를 바라보았다. 희미하게 보이는 어선 몇 척 이외에는 확 트인 바다에는 아무것도 없었다. 하늘이 바다를 닮았는지 바다가 하늘을 닮았는지, 하늘과 바다는 같은 색으로 서로 잘 구분이 되지 않았다.

의상대는 의상대사가 낙산사를 창건할 때 머무르면서 좌선 수행했던 곳이었다고 한다. 그곳에 원래는 암자가 있었다고 하나, 1925년 정자를 짓고 의상대사의 이름을 따서 의상대라고 지었다고 한다.

홍련암(紅蓮庵)은 의상대에서 200m쯤 북쪽 바닷가에 있는 암자로 의상대사가 도(道)를 통했다는 곳이다. 의상대사가 좌선한 지 7일째 되는 날 바닷속에서 홍련이 솟아올랐는데, 홍련 속에서 관음보살이 나타나서 의상대사에게 법열(法悅)을 주었다고 한다.

홍련암은 마루 아래로 출렁이는 바닷물을 볼 수 있도록 절벽 위에 세워졌다. 그래서 의상대에서 홍련암으로 가는 길은 절벽 옆에 만든 계단 길이다. 그 계단길에는 많은 사람들이 나오고 들어가고 있었다. 계속 밀려들어오는 사람들 때문에 홍련암에 오래 있기도 어려웠다.

양양군 낙산사의 의상대

양양군 낙산사의 홍련암

   홍련암에서 다시 의상대 앞을 지나 뒤쪽 길로 낙산사를 나왔다. 그러니 그곳에 낙산해변이 있었다. 그래서 오후 2시 20분에 낙산해변 앞에서 오늘의 종착지인 수산항을 향해 오후의 해파랑길을 걷기 시작했다.

   낙산해변에도 걷기 좋은 나무 산책길이 있었다. 예전에 낙산해변에 와봤었는데, 그때도 낙산해변 이렇게 길었나 라는 의문이 들 정도로 해변의 끝은 희미하게 잘 보이지도 않았다. 낙산해변의 나뭇길이 잘 만들어져 있어서 그런지, 해변의 고운 모래를 봐서 그런지, 낙산사를 다녀와서 그런지 이런저런 생각을 하며 걸었다.

   바닷가의 모래가 만들어지는 데 어느 정도의 시간이 걸릴까? 아마 인간이 지구에 살았던 시간보다도 길게 걸릴 것이다. 수많은 시간 동안에 수많은 모래가 만들어지고 우리 인간은 짧은 시간 동안에 모래를 보고 느끼며 살아간다.

   나는 지금 나의 시간을 잘 활용하며 살아가고 있나 하는 생각이 들었다. 나는 나의 모래를 잘 만들고 있나 하는 생각이 드는 것이다. 이러한 걷기여행을 하는 것이 시간을 낭비하는 잘못된 비행(非行)인가, 아니면 나의 길을 못 찾아 헤매는 방황(彷徨)

인가, 그도 아니면 주변 사람들이 이해하지 못하는 기행(奇行)인가? 자유롭게 해파랑길 걷기여행을 하면서도 내가 지금 이 시간을 잘 보내고 있는지에 대해서는 자꾸 되새김질을 하고 있다.

  낙산해변의 끝에서 차도 옆을 잠깐 걸은 뒤에 2개의 조그만 다리를 건넜다. 그러고 나서 길고 긴 낙산대교를 통해 양양 남대천을 건넜다. 가을에 연어가 많이 올라온다는 양양 남대천은 조용히 흐르고 있었다. 낙산대교 이후에는 차도인 선사유적로를 따라 걸었다. 차도 옆에 인도가 잘 마련되어 있어서 걷기 좋았다.

양양군 강현면 낙산해변

양양군 강현면 낙산대교

계속 선사유적로를 걸으면서 송전해변은 입구 간판만 보고 통과하고, '해돋는 오산마을'도 입구에서 비석을 쳐다보고 통과하고, 도로 건너편의 오산리 선사유적 박물관도 멀리서 바라보고 통과하고, 멋있게 지어진 쏠비치 리조트도 그냥 앞으로 통과하고, 손양문화마을은 입구에서 잘 지어진 전원주택을 잠깐 바라보다 통과하면서 4㎞ 정도를 계속 걸어서 수산항 입구에 도착했다.

수산항 입구에서 수산2길을 따라 걸어가서 오후 4시에 오늘의 종착지 수산항에 도착했다. 수산항은 조용하고 아담한 항구였다. 항구 주변도 깨끗하였다. 그러나 그 부근에 숙박 시설은 모텔 하나밖에 없었다. 모텔 주인이 매우 불친절했지만, 그 모텔에서 숙박하는 것 이외에는 다른 선택의 여지가 없었다. 일단 오늘 숙박을 해결했다는 것에 만족했다.

이것으로 해파랑길 3일차를 마쳤고, 오전에 13.1㎞, 오후에 7㎞를 걸어서 총 20.1㎞를 걸었다. 참고로, 오후에 낙산사를 관람한 것은 해파랑길에 속하지 않으니 이동 거리에서 제외하였다.

양양군 손양면 선사유적로

양양군 손양면 수산항

나는 매일 해파랑길을 걷고 나서 저녁에 블로그에 여행기를 쓰고 있다. 그런데 피곤하기도 하고 사진과 글이 좀 많다 보니 여행기를 제때 쓰지 못하여 블로그 글이 밀리고 있다.

내 블로그에 글이 좀 많아서 그런지 인기가 많지 않다. 요즘에는 사람들이 글을 잘 읽으려고 하지 않고, 책도 잘 안 팔린다고 한다. 아무래도 동영상이 대세이다 보니 사람들이 글 또는 책을 잘 안 읽는다는 것이다. 그래도 나는 블로그에 사진 이외에 되도록 글을 많이 쓰고 있다.

다른 사람의 글을 읽는다는 것은 그 사람과 정신적으로 교감(交感)하는 것이라고 생각한다. 문예적인 글이든 전문적인 글이든 저자는 글을 통해 자신의 생각과 지식을 드러내는 것이다. 독자가 글을 읽고 나서 저자와의 교감에 성공하지 못한다고 해도 괜찮다. 일단 글을 읽어야 저자와의 교감을 시도해 보는 것이라고 생각한다.

해파랑길 4일차
2021년 2월 22일 월요일

양양군 손양면 수산항 – 양양군 현남면 남애항

🌀 오전 午前

간밤에 잠을 설쳤다. 수산항 부근에 모텔이 하나뿐이어서 그곳에 숙박할 수밖에 없었는데, 새벽 3시경에 추워서 잠을 깬 뒤에 잠을 이루지 못하였다. 새벽에 프런트로 전화하기도 그렇고 해서 그냥 잠을 자려고 했는데, 잠을 자다가 깨다가 해서 깊은 잠을 자지 못하였다. 해파랑길을 걸으려면 밤에 잠을 잘 자야 하는데, 지난밤에는 그것이 잘 안된 것이다.

오늘은 해파랑길 4일차로 수산항에서 남애항까지 걸을 예정이다. 평소보다 좀 이르게 오전 7시 30분에 출발하였다. 그것도 모텔 주인이 아침에 방을 빨리 빼달라고 해서 그렇게 한 것이다. 어디를 가든지 독점의 횡포는 있는 것 같다.

날씨는 흐렸고 좀 쌀쌀하였다. 일기예보에 따르면 내일부터 3일간 추워진다고 해서 좀 걱정되었다.

수산항을 나와 어제 오후에 걸었던 차도인 선사유적로를 따라 동호해변 방향으로 걸었다. 이른 시간이어서 그런지 도로에는 자동차가 별로 다니지 않았다. 걸어가다 보니 도로 표지판에 적힌 '강릉'이라는 단어를 보니 반가웠다. 아마 내일에는 강릉시에 들어갈 수 있을 것이다. 고무적인 것은 내 몸이 점차 남쪽으로 가고 있다는 것이다.

아침에 발과 다리가 좀 아팠다. 걷기여행에는 발과 다리가 중요해서 수시로 주물러 주고 테이핑도 하지만, 며칠 동안 계속 걷는다는 것은 발과 다리에는 힘들고 피곤한 일이다.

내가 해파랑길을 꼭 걸어야 하는 것도 아니다. 그렇지만 일단 시작했으니 마무리를 짓고 싶다. 아직 가야 할 길이 많이 남아있다. 나 자신과의 약속이고, 식구와의 다짐 때문이라도 이 해파랑길을 꼭 완보하고 싶다.

양양군 손양면 선사유적로

자동차도 별로 다니지 않고 사람도 없는 선사유적로를 나 혼자 전세 낸 듯이 걸은 뒤에 동호리 입구에서 동호해변의 해안길로 접어들었다. 동호해변 입구에는 피리 부는 여자의 조각상이 있었다. 이른 아침의 넓은 동호해변은 파도 소리만 낼뿐 고요했다. 동호해변의 오른쪽에는 양양국제공항이 있는데도 비행기 소리가 나지 않았다.

양양군 손양면 동호해변

동호해변 끝에는 해안길이 없어져서 솔밭 사이를 빠져나갔다. 해파랑길 이정표가 없었으나, 소나무 냄새를 맡으며 모래 위의 솔잎을 밟으며 기분 좋게 걸었다. 조용한 솔밭 길을 걸어가는데, 어느 집 앞에 묶여 있는 개가 나를 보고 사납게 짖어대며 자신의 방법으로 시끄럽게 나를 환영했다.

개 짖는 소리를 들으니, 재작년에 충무공의 백의종군로를 걸을 때가 생각이 났다. 그때 개 짖는 소리를 많이 들어서 책에 개 짖는 소리에 관한 글을 적었는데, 그 부분을 여기에 소개한다.

> 짖는 개의 양태도 가지각색이다.
> 저 멀리서 내가 보이지 않는데도 짖는 개,
> 가만히 있다가 다른 개가 짖으니 따라서 짖는 개,
> 나를 보다가 오히려 숨어 들어가서 짖는 개,
> 목줄이 없어서 나를 따라오면서 짖는 개,
> 목줄이 있음에도 나에게 달려들려고 하면서 짖는 개,
> 처음에는 안 짖다가 내가 지나간 다음에 짖는 개,
> 지나간 지 한참 되었는데도 계속 짖는 개.
> 개소리에는 개 무시가 상책이다.
>
> — '충무공의 백의종군로를 걷다'에서 발췌

 솔밭 길을 벗어나 다시 차도인 선사유적로 옆의 인도를 걸었다. 어제 오후부터 걷고 있는 선사유적로의 옆에는 별도의 인도가 있어서 걷기에 편했다. 그런데 조그만 다리인 동호교를 건너니 선사유적로의 상황이 완전히 바뀌었다. 차도 옆에 별도의 인도가 없을뿐더러 갓길도 없었다. 어디서 큰 공사를 하는지 대형 덤프트럭이 자주 다녀서 덤프트럭을 피하며 걸어야 했다. 지금까지 해파랑길 걸으면서 가장 위험한 길이었다.
 갓길이 없는 차도를 걸을 때에는 자동차를 조심하며 걸어야 한다. 당연하게도 도로의 왼쪽과 오른쪽 중에서 갓길이 넓은 쪽으로 걷는 것이 바람직하다. 그러나 양쪽 모두 갓길이 없거나 좁으면, 차가 오는 방향인 도로의 왼쪽으로 걷는 것이 바람직하다. 그래야 걸으면서 차가 달려오는 것을 볼 수 있고, 급박한 상황에서는 몸을 피할 수 있기 때문이다. 갓길이 없는 길에서 오른쪽으로 걸으면 등 뒤에서 자동차가 달려오는 것을 못 보게 된다. 대부분의 대형사고는 도로의 오른쪽을 걷다가 발생한다.

갓길 없는 도로를 걸을 때, 오른쪽으로 걸어야 한다고 주장하는 사람도 있다. 사람의 보행기준이 종전의 왼쪽에서 오른쪽으로 바뀌었으니 갓길이 없는 차도에서도 사람은 반드시 오른쪽으로 걸어가야 한다는 것이다. 다른 사람들이 도로의 왼쪽으로 걷는 것이 안전하다고 말해도 그 사람은 계속 오른쪽 보행을 주장했다.

사람들 중에는 자신의 고집으로 살아가는 사람이 있다. 자신의 고집을 내세울수록 다른 사람과는 소통하지 못하는 것이다. 다른 사람과 의견의 차이를 인정하는 것이 아니라, 자신의 생각이 옳다고만 주장하고 자신의 고정관념 속에서 벗어나지를 못하는 것이다.

자신의 고정관념을 넘어서기 위한 노력과 용기가 필요하다. 자신과 다른 생각을 들어 보고 이해하려는 노력이 필요하다. 그래서 자신의 생각 중에서 잘못되거나 바꿀 필요가 있는 것에 대해서는 스스로 용기를 내어 바꿀 수 있어야 한다. 고정관념을 바꾸는 것이 자신의 지난 시간을 부정하거나 후회하는 것이 아니다. 고정관념을 바꾼다고 해서 자신의 과거 인생이 무너지는 것이 아니니까 말이다.

오전에 갓길이 없는 도로를 1㎞ 정도 걸으며 위험하게도 다른 생각을 하며 걸었다.

양양군 손양면의 갓길 없는 선사유적로

손양면 여운포리를 지나가니 걷는 길이 좋아졌다. 그 도로는 동해대로(7번 국도) 옆의 도로인데, 갓길이 없지만 자동차가 다니지 않으니 걷기에 좋은 산책길인 것이다. 가로수로 소나무도 있고 감나무도 있었다. 바닥은 아스팔트나 콘크리트여서 어제 걸었던 '몽돌소리길'보다는 못하였지만, 그래도 걷기에 좋았다. 지도를 검색해 보았는데도 길 이름이 없었다.

양양군 손양면의 걷기 좋은 산책길

나는 해파랑길을 걸으면서 길에 대해 평가를 하고 있다. 길을 평가하기 위해서 해파랑길을 걷는 것이 아니지만, 그래도 길을 걸으면서 걷기에 좋은지 안 좋은지 그대로 평가하려고 한다. 길을 평가하다 보면 다른 생각을 할 여유가 줄어드는 아쉬움이 있지만, 그래야 해파랑길이 더 걷기 좋은 길이 되고, 많은 사람들이 걷는데 도움이 될 수 있다고 생각한다.

그런데 무엇을 평가한다는 것은 쉬운 일이 아니다. 주관적인 요소가 들어가기 때문이다. 학교와 직장에서 우리는 사람을 평가하고 평가받고 지내왔다. 특히 직장생활에서 직원들을 평가할 때에는 주관적인 편견으로 평가하지 않으려고 노력했다. 평가결과에 따라 평가 대상자의 직장생활에 큰 영향을 미치기 때문이다. 나도 평가를 받는 입장이기도 했다.

아주 오래전에 직장에서 책임자 연수를 받을 때에 부하직원을 모의 평가하는 연수 프로그램이 있었다. 직원의 여러 유형에 대해 모의로 평가하는 것인데, 신기하게도 연수자 모두 '실력이 있는데 성실하지 않은 직원'보다 '실력은 조금 부족하지만, 성실한 직원'에 대해 더 좋게 평가했었다. 그때 강사가 다른 연수팀에서도 같은 결과가 나왔다고 말했다. 그때 함께 연수받은 책임자들이 실제로도 그렇게 부하직원들을 평가하며 지냈을지는 모르겠지만, 사람의 평가기준은 비슷한 것 같다.

걷기 좋은 동해대로(7번 국도) 옆의 산책길을 계속 걸어서 하조대를 1.5㎞ 남은 지점에서 좌회전하여 중광정해변 앞으로 갔다. 그런데 중광정해변에 사람이 들어가지 못하게 입구가 막혀 있었다. 입구가 멋있게 만들어진 중광진해변을 철망너머로 바라보니 모래가 좋아 보이지 않았다. 들어가지 못하는 중광정해변 옆의 차가 별로 다니지 않는 하조대해안길을 걸었다.

하조대해안길을 걸어서 하조대해변 앞에 도착했다. 오전에 계속 걸었더니 다리가 뻐근해서 하조대해변의 편의점에서 커피를 마시고 쉬면서 괜히 중광정해변의 출입금지에 대해 시비(是非)를 걸어봤다.

중광정해변 안으로 들어가지 못하게 막은 이유가 무엇일까? 요즘에 대표적인 핑곗거리인 코로나 때문일까? 피서철이 아니기 때문일까? 간첩의 상륙을 막기 위한 안보상의 이유 때문일까? 높은 파도로부터 사람의 생명을 보호하려는 이유 때문일까? 나는 그 해변으로 들어가고 싶지 않았고, 이유도 궁금하지 않았지만, 계속 그러한 의문문들이 떠올랐다. 바로 옆에 있는 하조대해변은 출입이 가능한데 중광정해변은 출입금지라니 더 궁금했던 것이다.

하조대해변에 들어가 보려고 하다가, 오전에 가야 할 길이 많이 남아있으니 바로 하조대해변 입구에서 하륜교를 건너 하조대 전망대로 올라갔다. 하조대 전망대는 하조대 정자와는 떨어져 있었다. 하조대 전망대에 올라가니 하조대해변이 잘 보였다. 하조대해변뿐만 아니라 멀리 중광정해변까지도 보였다. 해변이 길어서 피서철에 사람들이 많이 올 것 같았다.

양양군 현북면 중광정해변 입구

양양군 현북면 하조대해변 입구

하조대 전망대에서 본 하조대해변

하조대 전망대를 올라가던 길의 반대편으로 내려가서 군부대 철책을 지나 하조대 정자의 진입로인 조준로가 나왔다. 조준로를 따라 걸으니 하조대 등대와 정자가 따로 있었다. 그래서 등대에 들렀다가 하조대 정자로 갔다.

하조대(河趙臺) 정자는 처음에 조선 정종 때 세워졌으나, 그 뒤에 없어져서 근래(1955년)에 육각정으로 다시 건립했다고 한다.

양양군 현북면 하조대 정자

하조대와 관해서는 두 개의 전설이 있다. 하나는 고려 말 그 부근에서 은둔하던 하륜(河崙)과 조준(趙浚)이 그곳에서 만나 새로운 왕조(조선왕조)를 세우려는 혁명을 모의하였다고 해서 후에 그들의 성을 따서 하조대라고 불린다는 것이고, 다른 하나는 하(河)씨 집안의 총각과 조(趙)씨 집안의 처녀 사이에 이루어질 수 없는 사랑때문에 하조대라고 불린다. 주변에 하륜과 조준의 이름을 딴 도로도 있고 다리도 있으니 지자체는 앞의 전설을 믿는 것으로 보였다.

하조대 정자를 나오면서 정자 앞의 바닷가에 홀로 서 있는 바위가 생각났다. 오랜 시간 동안 온갖 풍상을 겪으며 서 있는 그 바위를 예전에 하륜과 조준도 보았을 것 같다. 그들은 만나서 역성혁명을 모의했지만, 그곳의  바다뿐만 아니라 그 바위를 보려고 그곳에서 만났을지도 모르겠다. 아무튼 하조대 정자 앞의 바위는 유치환(柳致環)의 시 '바위'를 생각나게 하는 그런 바위였다.

〈바위〉

유치환 작

내 죽으면 한 개 바위가 되리라
아예 애련(愛憐)에 물들지 않고
희로(喜怒)에 움직이지 않고
비와 바람에 깎이는 대로
억년(億年) 비정(非情)의 함묵(緘黙)에
안으로 안으로만 채찍질하여
흐르는 구름
머언 원뢰(遠雷)
꿈꾸어도 노래하지 않고
두 쪽으로 깨뜨려져도
소리 하지 않는 바위가 되리라.

하조대의 옆 해안에는 군의 유격훈련소가 있었다. 그 훈련소가 아니면 하조대 정자에서 바로 해안으로 기사문항에 갈 수 있을 텐데, 그러지 못하는 것이 아쉬웠다. 다시 하조대 정자의 입구까지 되돌아 나와 오전의 종착지인 기사문항으로 가기 위해서 차도인 하조대길로 걸어서 동해대로(7번 국도) 옆의 인도를 걸었다.

동해대로의 인도를 따라 야트막한 고개인 만세고개를 넘어가니 도로 표지판에 '주문진 17㎞, 강릉 36㎞, 동해 74㎞'라고 적혀 있었다. 그 거리는 차도를 기준으로 한 것이지만, 내가 앞으로 갈 도시의 이름을 보니 반가웠다. 내일은 주문진항을 거쳐 강릉시에 갈 수 있고, 3일 뒤에는 동해시까지 갈 수 있을 것이라고 생각하니 마음이 들뜨기도 하였다.

동해대로 건너편에 3.1만세운동 유적비가 있는데, 횡단보도가 없어서 그곳으로 가지 못하고 고개를 내려가니 멀리 기사문항이 보였다. 계속 동해대로를 따라 걸어서 11시 40분에 오전의 목적지 기사문항에 도착하였다. 기사문항도 조그맣고 조용한 항구였다. 오늘 오전 12.6㎞를 걸었다.

양양군 현북면 만세고개의 동해대로

양양군 현북면 기사문항

🌀 오후 午後

기사문항 부근의 산나물 식당에서 점심을 먹었다. 어촌인데 산나물 식당이 있다는 것이 신기하기도 하고, 오늘 점심은 나물을 먹는 것도 좋겠다는 생각이 들었다. 산채 정식을 맛있게 먹고 나서 식당에서 파는 곤드레, 취나물, 고사리 등 나물 몇 가지를 사서 서울 집으로 보냈다. 식당 주인에게 택배비까지 주고 집으로 보내달라고 부탁하였다. 장기간 집을 비우는 나의 미안함을 식구들에게 산나물을 보내는 것으로 나타내고 싶었다.

점심을 먹고 오후 1시에 해파랑길을 출발하였다. 기사문항 바로 옆의 해변에는 추운 날씨에도 파도타기를 하는 사람이 있었다. 그리고 주변에는 파도타기 용품을 빌려주는 곳도 많았다. 순간적으로 나도 한번 파도타기를 해볼까 하는 생각이 들었으나, 시간도 없고 날씨가 춥다는 것을 핑계 삼아 파도타기를 포기하고 길을 재촉했다.

기사문항에서 조금 더 가니 38휴게소와 38선 표지석이 있었다. 그리고 해변의 이름도 38해변이었다. 그러니 그곳이 위도상으로 38도인 것이다. 그리고 내가 지난 4일간 걸어왔던 곳이 모두 해방 이후부터 한국전쟁 이전까지는 북한 땅이었다.
　38선 표지석은 1988년 10월에 세워졌는데, 당시에는 지금 장소보다 15m 북쪽인 38휴게소의 광장에 있었으나, 그 표지석에 차량 접촉사고가 나고 휴게소 부근이 복잡하여 표지석을 2001년 10월에 지금 장소로 옮겼다고 한다.

양양군 현북면
38휴게소

양양군 현북면
38선 표지석

　38휴게소 이후 동산항으로 가는 해파랑길 코스는 해변길이 아니라 산을 끼고 내륙으로 도는 것으로 되어 있다. 바다 가까이 동해대로(7번 국도)가 지나고 있으니 해변을 따라서도 걸을 수 있을 것 같았다. 그래서 산길인 해파랑길 코스와 다르게 걷기로 하였다.

38휴게소를 나온 뒤에 길을 헤매지 않기 위해 정신을 차리고 가야 한다는 생각으로 걸었다. 육교로 동해대로를 위로 건너고 나서 걷기 좋은 자전거길로 걸어갔다. 한적한 소나무 숲 가운데 자전거길을 걷다 보니 해파랑길 코스인 산길이 나왔다. 그 산길로 가지 않고 잠시 동해대로 갓길로 걷다가 다시 자전거길을 찾아서 걸었다. 가다 보니 어느 곳에서는 개인 주택으로 길이 막혀 있기도 했다. 그래도 산길로 우회하지 않고 동해대로 갓길을 걸어서 해파랑길 코스를 만나는 북분삼거리에 잘 도착하였다. 산길로 우회하지 않아서 3.3㎞를 줄여 이동할 수 있었다.

양양군 38휴게소 이후 자전거길

북분삼거리 이후로는 해파랑길 안내를 따라 걸었다. 토끼굴로 동해대로를 아래로 건넌 뒤에 북분리해변의 해안길을 걸었다. 그 길도 예전에 7번 국도가 아니었을까 하는 생각이 들었다. 그 옆에 있는 더 넓고 직선으로 된 동해대로(7번 국도)가 만들어지기 이전에 해안길로 유명했던 7번 국도일 것 같았다.

국도였던 예전에는 자동차가 많이 다녔겠지만, 지금은 자동차들이 거의 다니지 않고 있다. 더 곧고 넓고 새로운 도로에 '국도'라는 이름을 넘겨주고, 이제는 아스팔트는 갈라지고 차선은 희미해졌으며, 도로 주변엔 모래가 쌓이고 잡풀들이 자라고 있다.

만일 도로에도 감정이 있다면, 그 도로의 지금 기분은 어떨까? 자동차가 별로 다니지 않으니 편안함을 느낄까? 아니면, 잘 정비되어서 자동차가 많이 다니는 도로로 바뀌기를 원할까? 내가 지금 그 도로를 열심히 걸어주고 그 기분을 알아주니 도로는 슬프지 않을 것 같았다.

북분리해변과 연이어져 있는 동산해변을 북분해안길을 따라 계속 걸은 뒤에 동산항 교차로에서 차도인 동산큰길을 따라 들어가서 오후 2시경에 동산항에 도착했다.

양양군 현남면
북분해안길

양군 현남면
동산항

동산항 부근에 마땅히 쉴 곳이 없어서 나오니 바로 옆이 죽도해변이었다. 죽도해변의 산책로를 걷는데, 죽도해변도 상당히 길었다. 죽도해변에서도 파도타기를 즐기는 사람들이 있었다. 어부들은 바람을 싫어하지만, 파도타기를 하는 사람들은 오늘처럼 바람 부는 날씨를 좋아할 것 같았다.

사람마다 직업이나 기호에 따라 좋아하는 날씨도 다르다. 그래도 맑고 따스한 날씨를 싫어하는 사람은 별로 없는 것 같다. 나 같은 걷기여행자에게는 비 오거나 춥지만 않으면, 맑은 날씨보다는 눈부심이 적은 약간 흐린 날씨가 걷기에 더 나은 편이다.

죽도해변 끝에 죽도정으로 올라가는 계단이 나왔다. 계단마다 계단 걷기가 건강에 좋다는 설명이 있다. 오랫동안 걸어온 나로서는 계단을 올라가는 것이 내키지 않았다. 평지를 걸을 때 사용되는 근육과 계단을 올라갈 때 사용되는 근육이 다르니 말이다. 실제로 그 계단을 올라가기가 많이 힘들었다.

죽도정에 도착하니 관리하는 사람이 죽도정 지붕을 청소하고 있었다. 죽도정(竹島亭)은 해발 53m의 양양군 인구리 죽도에 있는 정자이다. 죽도는 소나무와 대나무가 사철 울창해서 죽도라고 불린다. 고성군에서도 죽도를 보았는데, 양양군에도 죽도가 있었다. 죽도는 예전에는 섬이었으나, 지금은 육지와 연결되어 있다. 죽도정은 1965년 현남면의 부호들이 주축이 되어 건립한 정자라고 하니 아주 오래된 정자는 아니었다.

죽도정을 사진 찍고 반대편 바다쪽 계단으로 내려갔다. 죽도정 아래 바닷가에는 부채바위, 신선바위, 선녀탕이 있었다. 선녀탕은 오목한 바위에 바닷물이 고인 곳인데, 바닷가의 신선바위 아래에 있어서 선녀탕에 가는 것이 조금 위험했다. 선녀탕에 지금 선녀가 있지도 않은데, 선녀탕에 가려고 목숨을 걸 필요까지 없어서 그냥 부채모양의 부채바위와 신선들이 놀았다는 신선바위를 보고 돌아서 내려오니 바로 인구항이었다.

양양군 현남면 죽도정

양양군 현남면 죽도정 부채바위

양양군 현남면 죽도정 신선바위

인구항도 조그만 항구이어서 바로 오늘의 종착지인 남애항을 향해 걸었다. 인구항 바로 옆의 인구해변에서도 파도타기를 하는 사람이 있는데, 파도를 타는 모습이 즐거워 보였다. 그 부근도 파도타기의 명소인 모양이었다.

　사람들은 저마다 자신만의 레저를 하고 있다. 다른 사람에게 피해를 끼치지 않으면서 자신이 즐겁게 할 수 있으면 좋은 레저라고 할 수 있을 것이다. 잘 이해하지 못하는 사람도 많겠지만, 이러한 걷기여행도 어찌 보면 나에게는 하나의 레저이다.

　인구해변을 지나 7번 국도인 동해대로는 강릉을 안내하였다. 나는 오늘 강릉까지 걸어갈 것은 아니지만, 강릉을 안내하는 7번 국도를 따라 걸었다. 그 부근의 7번 국도 옆에는 별도의 인도가 있어서 걷기에 괜찮았다. 가다 보니 왼쪽으로 휴휴암(休休庵)으로 들어가는 길이 나왔다. 휴휴함 입구에는 큰 안내 돌비석이 있었다. 해파랑길 코스이기도 하고, 암자의 이름이 쉬고 또 쉬는 암자라고 하니 잠시 들러서 쉬어가지 않을 수 없었다.

　암자라고 해서 작은 줄 알았는데, 들어가 보니 바닷가에 있는 매우 큰 절이었다. 밀법당 안에는 부처님의 진신사리가 있었고, 바다 쪽 마당에는 지혜관세음보살상도 있었다. 넓은 바위가 바다에 맞닿아 있는 방생터도 있어서 방생하는 사람들이 많이 찾는 절인 것 같았다.

양양군 현남면 휴휴암 입구

양양군 현남면 휴휴암의 방생터

휴휴암을 나와 다시 7번 국도 옆의 나무로 된 인도를 따라 걸었다. 지금까지 해파랑길을 걸어보니, 해파랑길이 '충무공의 백의종군로' 보다 훨씬 걷기에 좋았다. 중앙정부나 지자체가 돈을 들여서 백의종군로도 해파랑길처럼 걷기 좋은 길로 만들면 좋겠다는 생각이 또 들었다.

길을 걷다 보면, 갑자기 멍해지는 때가 있다. 특히 오후에 그렇다. 발은 관성에 따라 계속 앞으로 나가고 있지만, 내가 왜 이 길을 걷는지도 생각나지 않는 경우가 있다. 길에 누워서 나와 함께 걷는 그림자 친구에게 묻기도 한다. "넌 왜 걷는 거니?" 그 친구는 아무런 대답 없이 그냥 나를 따라 걷는다. 특히 좋은 길을 걸을 때 길에 대한 불평이나 긴장이 없어지고 아무 생각 없이 걷게 되는 것 같다. 그게 좋은 것이라고 여기고 싶다.

7번 국도 옆의 인도를 계속 걸어가는데, 맞은편에서 두 남자가 뛰어와서 나를 스쳐 지나갔다. 그들의 나이는 20~30대 정도로 보이는데, 뒷사람은 배낭을 메고 있었다. 빠르게 뛰는 것이 아니라 조깅하는 속도였는데, 뛰면서 스쳐 지나가는 그들에게서 액체형 멘소래담의 냄새가 확 풍겨왔다. 나는 순간 뒤돌아서 뛰어가는 그들을 쳐다봤다.

빠르게 스쳐 지나가는데도 냄새가 많이 나는 것으로 보아 그들은 온몸에 맨소래담을 도배하다시피 발랐을 것으로 추측되었다. 내 배낭에도 비상용으로 멘소래담이 들어 있으니 나는 그 냄새를 잘 안다. 도대체 그들은 어디부터 뛰어와서 어디까지 뛰어갈 것인가? 혹시 해파랑길을 따라 부산에서 계속 뛰어온 것은 아닐까? 내가 괜히 걱정이 되었다.

양양군 현남면
동해대로 옆 인도

남애해변 입구의 큰 아치형 간판은 나를 격렬하게 반겨주었다. 그런데 남애해변으로 가니 흐린 날씨에 바람만 불어대고 있었다. 파도치는 바다에 사람이라고는 나밖에 없으니 넓은 해변이 쓸쓸하기 그지없었다.

그러한 남애해변을 따라 계속 걸어서 오후 4시 15분에 오늘의 종착지인 남애항에 도착하였다. 남애항은 상당히 큰 항구이다. 그리고 남애항은 강릉의 심곡항, 삼척의 초곡항과 함께 '강원도의 3대 미항(美港)' 중의 하나라고 한다. 피곤한 몸으로 항구 안에서 항구를 바라보니, 솔직히 남애항이 어떤 면에서 미항인지는 잘 모르겠다. 배를 타고 바다에서 보거나 높은 곳에서 보아야 항구의 전체 모습을 볼 수 있을 것이고, 그래야 항구가 얼마나 아름다운지 알 수 있을 것 같았다. 일단 항구 안을 보니 남애항이 깨끗한 것을 알 수 있었다. 오늘은 남애항에서 걷기를 마쳤다. 오전에 12.6㎞, 오후에 10.1㎞를 걸어서 오늘 총 22.7㎞ 걸었다.

양양군 현남면 남애해변

양양군 현남면 남애항

해파랑길 5일차
2021년 2월 23일 화요일

양양군 현남면 남애항 - 강릉시 강문동 경포해변

 오전 午前

　이른 아침에 식당이 문을 여는 시간을 기다리면서 남애항의 어판장에 들어가 보았다. 어판장은 넓지 않고 바닥이 물로 흥건하였지만, 어부들에게 잡힌 생선들은 경매를 기다리며 누워있었다. 해가 떠오르는 고요한 아침에 어판장 안에는 사람들과 생선들로 붐볐다. 삶의 현장의 한가운데 있는 기분이 들었다. 저마다 바쁘게 살아가는 사람들의 모습이었다.

　오전 8시에 조용하면서도 분주한 남애항을 뒤로하고, 나의 해파랑길 5일차를 출발했다. 남애항 앞바다에 아침 인사를 하고 파도 소리 너머 따스한 아침 해를 느끼면서 걸었다. 오늘은 강릉시의 경포해변에 가는 것을 목표로 하고 있다. 기온이 내려가 쌀쌀해졌지만, 바람이 불지 않아 다행이었다.

　매바위길로 남애항을 돌아나가니 남애1리해변이 나왔다. 해안도로인 화상해안길을 따라 상당히 긴 해변의 바로 옆을 걸었다. 바람은 없는데도 파도는 높은 편이었다.

양양군 현남면 남애항의 어판장

파도의 포말과 물보라를 보면서 매우 긴 해안도로인 화상해안길을 따라 계속 걸었다. 남애1리해변 다음에는 원포해변, 지경리해변, 향호해변, 주문진해변으로 해변이 경계도 없이 계속 이어져서 있었다.

바다 위에 아침 해를 맞아 빛나는 파랑들을 보고, 거센 파도 소리를 들으니 갑자기 육당(六堂) 최남선(崔南善)의 '해(海)에게서 소년(少年)에게'라는 시가 생각났다. 최남선은 춘원(春園) 이광수(李光洙), 벽초(碧初) 홍명희(洪命憙)와 함께 당대의 3대 천재로 불렸다고 한다. 최남선은 젊을 때 3·1운동의 독립선언서(獨立宣言書)를 작성하는 등 독립운동에 적극 참여했으나, 나이 들어 친일파로 변절하였다.

만해(萬海) 한용운(韓龍雲)은 친일파가 된 최남선을 일컬어 "똑똑함과 의(義)로움은 다르다. 내가 아는 최남선은 이미 죽은 지 오래다."라고 말했다. 똑똑한 사람이 국가와 국민을 위하기보다는 자기 자신을 위해 살아가는 것만큼 국가와 국민에게 슬픈 일은 없다.

최남선이 친일파가 되었지만, 100여 년 전에 쓴 시 '해(海)에게서 소년(少年)에게'는 바위에 부딪치는 파도의 모습을 통해 새로운 시대의 소년의 강인함을 잘 표현했다.

〈해(海)에게서 소년(少年)에게〉

최남선 작

철...ㄹ썩, 철...ㄹ썩, 척, 쏴...아
따린다, 부순다, 무너 바린다.
태산 같은 높은 뫼, 집채 같은 바윗돌이나.
요것이 무어야, 요게 무어야.
나의 큰 힘 아나냐, 모르나냐, 호통까지 하면서
따린다, 부순다, 무너 바린다.
철...ㄹ썩, 철...ㄹ썩, 척, 투르릉, 콱.
(이하 생략)

양양군 현남면의 화상해상길

향호해변부터 행정구역상 강릉시 주문진읍에 속하는데, 나는 언제부터 강릉시에 들어왔는지 모르고 들어와 버렸다. 하긴 자연은 원래 구분이 없다.

지나가는 사람이 거의 없고, 모래에서 모래로 이어진 길고 긴 해안도로를 걷고 또 걸어서 오전 9시 40분에 아들바위 공원에 도착했다. 나무 계단으로 된 '소돌해안 일주 산책로'를 돌아서 아들바위를 보았는데, 그 바위의 어떤 모습이 아들과 유사한 것인지 잘 모르겠어서 자세히 살펴보니, 바위의 오른쪽의 엄마와 왼쪽의 아들이 서로 마주 보는 모습인 것 같았다. 바로 옆에서 그 바위를 보던 사람들이 내 의견에 동조하였다. 모자(母子)바위라고 부르는 것이 더 어울릴 것 같았다.

아들바위 공원을 지나니 바로 옆의 소돌항이었다. 소돌항은 이름대로 조그맣고 아담한 항구였다. 동해안에는 큰 항구도 있지만 조그만 항구도 많다. 마을마다 방파제를 쌓아 파도를 막아서 항구의 모습을 갖추고 있다.

소돌항에서 도로 이름이 해안로인 해안도로를 따라서 20분 정도 더 걸어서 주문진항에 도착하였다. 주문진항이 하도 커서 항구의 모습을 하나의 화면에 담으려고 해도 잘 잡히지 않았다. 방파제에 올라가서 사진을 찍었으나, 그래도 항구의 일부만 겨우 사진에 담을 수 있었다.

강릉시 주문진읍 아들바위

강릉시 주문진읍 주문진항

　주문진항에도 예전에 여러 번 왔는데, 언제 왔는지도 항구 중의 어디에 갔는지도 잘 기억나지 않았다. 예전에 주문진항에 와서도 술을 마시기에 바빴었기 때문이다. 주문진항은 지금까지 해파랑길을 걸어오면서 보았던 항구 중에서 가장 큰 항구였다. 항구 안쪽의 상가들을 보니 예전에 많았던 오징어 파는 식당은 잘 보이지 않고, 대게와 홍게를 파는 식당이 더 많았다.

　나는 요즘에 술을 마시지 않고 있다. 금년부터 마시지 않았으니 술을 안 마신 지가 2개월 가까이 되었다.

　나는 대학에 입학하여 선배들로부터 술을 배웠다. 처음에는 술을 마신 뒤에 토하기도 했으나, 마시다 보니 선배나 친구들보다 내가 술에 더 세다는 것을 느꼈다. 술을 마시며 나누는 대화가 즐거웠고 분위기가 좋았다. 가끔은 과음하여 다음날 후회를 한 적도 있었지만, 내 몸과 마음은 점차 술에 동화되어 갔다.

　직장에 들어가서도 술은 따라 다녔다. 동료들 간에 사무실에서 못다 한 이야기를 술집에서 하였고, 상사를 안주 삼기도 하고 세상의 불합리에 침을 튀기기도 하며 퇴근 후에 자주 술을 마셨다. 그래서 나름대로 음주의 기준을 세웠다. '매일 마시지 않기, 낮에 마시지 않기, 혼자 마시지 않기'가 그것이었다. 그동안 이 기준을 지키면서도 많은 술을 마셨다.

그러다가 작년부터는 코로나 바이러스 때문에 외부모임이 확 줄어들게 되자 음주의 기준을 어기고 집에서 혼자 술을 마신 적도 많았다. 어떤 때에는 잠을 자려고 술을 마시기도 했다.

술을 마시며 생각했었다. 40년 가까이 마셨던 그 많은 술은 나에게 어떤 의미였을까? 그동안 술을 마시면서 생각하고 논의하고 배운 것도 많지만, 습관적이고 의존적으로 마셨던 술 때문에 잃어버린 시간과 정열, 체력이 많이 아쉬웠다.

재작년 초에 충무공의 백의종군로와 수군재건로를 걸었던 3개월 동안에 술을 전혀 마시지 않았었고, 이번에 해파랑길을 걸으면서도 술을 마시지 않으려고 하고 있다. 장기간의 걷기여행을 하면서 술을 마시면 아무래도 걷기에 지장이 많기 때문이다. 아마 계속 집에 있었으면, 연일 매스컴을 통해 코로나 바이러스와 정치권에 관한 뉴스를 들으며 술을 마시지 않고는 배겨내지 못하였을 것이다.

술을 마시지 않으려고 걷기여행을 하는 것인지, 걷기여행을 하려고 술을 마시지 않는지는 중요하지 않다. 중요한 것은 요즘에는 술을 마시지 않는다는 것이고, 매일 걷고 있다는 것이다. 지금까지는 해파랑길을 걸으며 술을 마시지 않고 있으니 성공적이다. 남은 기간도 잘 지키려고 하고 있다.

술에 관한 이런저런 생각을 하며 주문진항을 벗어나 신리하교로 신리천을 건너서 왼쪽에 주문진해변을 보면서 계속 해안도로인 해안로를 걸었다. 오늘 오전에는 계속 해변과 항구를 따라 걷고 있다.

따사로운 햇살을 받으며, 파도 소리를 들으며, 눈부신 파랑과 모래를 바라보며, 남쪽을 향해 한발 한발 내디디니, 나도 모르게 발걸음이 가벼워지는 느낌이 들었다.

강릉시 주문진읍 주문진해변의 해안로

강릉시 주문진읍 주문진해변

나는 이번 해파랑길을 걸으며 휴대폰으로 사진을 찍고 있는데, 명승지보다는 길을 많이 찍고 있다. 명승지는 멀리서 본 것이지만, 길은 내 발이 직접 지나간 곳이기 때문이다. 그런데 길의 사진은 비슷해 보인다. 왼쪽에는 바다 또는 모래이고, 오른쪽에는 건물이나 산의 모습이다. 나에게는 각각 다른 길인데도 길마다의 특성을 사진에 나타내기가 쉽지 않다.

사진과 관련된 용어 중에 '프레임'이라는 것이 있다. 원래는 사진의 틀이나 액자, 테두리를 의미하는데, 요즘에는 언론뿐만 아니라 사람들 사이에 널리 쓰이는 용어가 되었다. 사람들 사이에는 다른 사람에 대해서 어떤 특정한 '프레임'을 씌우고 그것을 통해 평가하는 경향이 있다. 그러니 사람마다 다양한 성격과 성과에 관심이 없고 알아보려고도 하지 않는다. 나아가 어떤 사람에 대해 프레임을 씌워놓고 '내 편이 아니면, 적이다.'라는 대결구도를 형성한다. 그러다 보니 세상이 이분법(二分法)적으로 단순해져 간다.

길고 긴 주문진해변을 이런저런 생각을 하며 걸어서 오전 11시 반경에 영진항에 도착하였다. 영진항도 소돌항처럼 작고 아담한 항구였다. 영진항에서 오전 걷기를 마치고 이른 점심을 먹기로 했다. 오전에 11.2㎞를 걸었다.

영진항 부근에서 식당을 찾다가 항구 바로 앞에 있는 카페로 들어갔다. 그곳에는 커피뿐만 아니라 빵도 팔고 있었다. 그래서 오늘 점심엔 빵과 커피를 먹으면서 밀린 블로그를 작성하기로 했다. 카페 주인은 빵의 모양을 재료에 맞추어서 만들어 놓았다. 그중에서 감자빵, 고구마빵, 밤빵을 샀는데, 실제로 그 빵들을 먹어보니 각각 재료의 맛이 났다.

아무도 없는 카페 2층에 앉아서 바다와 항구를 보면서 빵과 커피로 점심을 때우며 인터넷으로 블로그를 작성하고 있으니 내가 뭔가 폼이 좀 나는 것 같았다.

강릉시 연곡면 영진항

강릉시 영진항 부근의 카페

강릉시 영진항 부근 카페의 점심식사

오후 午後

 카페에서 2시간 가까이 쉬면서 블로그를 작성하고 있으니 밖으로 나가기 싫어졌다. 더 쉬고 싶었으나, 길이 스스로 움직여주는 것이 아니고, 누가 나 대신 걸어주는 것도 아니다. 오후의 걷기 일정도 남아있으니 배낭을 챙기고 몸을 일으켜서 카페를 나왔다. 오후 1시 15분에 오늘의 종착지인 강릉시 경포해변을 향해 출발하였다.
 연곡천을 영진교로 건너 좌회전하여 연곡해변의 솔향기 캠핑장으로 들어갔다. 캠핑장 안은 꽤 넓었다. 캠핑장이 솔밭이어서 이름 그대로 솔향기가 나는 캠핑장이었다. 평일인데도 여러 개의 텐트가 쳐있었고, 차박도 여러 곳에서 하고 있었다. 하기야 휴일보다도 평일이 캠핑하기에 한적하고 더 좋을 것 같았다. 요즘에는 차박 캠핑이 대세라고 한다. 나는 아주 예전에 등산할 때 산에서 캠핑을 해 보기는 했지만, 바닷가에서 한적하게 캠핑을 해본 적은 없다. 그래서 그런지 캠핑하는 사람들이 부러웠다.
 캠핑장에서 남쪽을 향해 걷다가 도로 쪽으로 나와서 자전거길과 해안로 옆의 인도를 걸었다. 자전거길과 해안로 옆 인도는 나무 또는 우레탄으로 되어 있어서 걷기에 좋았다.

강릉시 연곡면 연곡해변의 솔향기 캠핑장

강릉시 사천면 해안로 옆 산책로

  해안로 옆 산책로를 걸어가 보니 강릉원주대 부설 해양과학교육원이 있는데, 강릉원주대라는 글자를 보니 황 교수가 생각났다. 따져보니 황 교수를 못 만난 지도 8년 정도 된 것 같다. 2013년 초에 내가 춘천시에 근무할 때 업무 때문에 강릉시에 잠깐 출장 온 적이 있었는데, 그때 황 교수를 만나서 함께 술을 마셨던 기억이 났다.

  황 교수를 맨 처음 만났던 때가 생각났다. 1990년대 말에 내가 직장연수로 대학원 석사과정에 들어가니 나는 다른 학생들보다 10살 정도 많았다. 그중에 나이가 나보다 5살 정도 적은 학생이 4~5명이 있었는데, 황 교수가 그들 중에 한 명이었다. 10살 정도 적은 학생들은 나를 좀 어려워했지만, 5살 정도 적은 그들은 나를 형이라고 부르면서 친하게 지냈다.

  당시에 IMF 시기여서 그들은 취업 걱정을 많이 했었다. 직장생활의 경험자인 나는 그들에게 취업에 관한 조언을 많이 해주었다. 그들 덕분에 나는 나이 들어 공부하면서도 무료하지 않을 수 있었다. 그리고 나와 황 교수는 공부를 더하여 박사학위를 취득하였는데, 나는 직장으로 복귀하였고 황 교수는 강릉원주대 교수가 되었다.

그 이후 나는 서울에 살고 황 교수는 강릉시에서 교편을 잡고 있으니 지리적으로 떨어지고 생활영역도 달라서 자주 만나지 못했다. 오늘 경포해변에 도착하니 황 교수를 한번 만나보고 싶었다.

해안로에서 해안도로인 진리해변길로 접어들어 하평해변으로 가니 백사장에서는 금속탐지기를 들고 돌아다니는 사람이 있었다. 아마 백사장에 떨어진 동전, 반지 등 금속을 찾는 것 같았다. 요즘에는 백사장뿐만 아니라 오래된 길에서도 골동품이 될 쇠붙이를 찾는 그런 사람들이 많다고 한다.

하평해변 바로 옆에 있는 사천진해변에는 바위섬이 있었다. 젊은이들이 바위섬을 올라가고 있어서 나도 가보았다. 파도를 피해가며 바위섬에 들어갔다. 젊은이들은 바위섬 위로 올라가는데, 나는 그냥 사진만 찍고 얼른 나왔다. 바위섬 위가 좁은데 나까지 올라가면 그들의 분위기를 망칠 것 같았다.

강릉시 사천면 사천진해변의 바위섬

파도를 보며 즐거워하고 바위섬으로 올라가는 젊은이들을 보니, "좋을 때다."라는 말이 저절로 나왔고, '청춘! 이는 듣기만 하여도 가슴이 설레는 말이다.'로 시작되는 민태원(閔泰瑗)의 수필 청춘예찬(靑春禮讚)이 생각났다.

나는 왜 그 좋은 시절에 괜히 심각하고 고민하며 지냈는지 모르겠다. 지금 생각하면, 그렇게 심각하지 않아도 될 것이었는데…. 그리고 당시에 다른 한편으로는 청춘의 시기와 젊음이 부담스러울 때가 있었다. 그래서 그 시간이 빨리 지나가길 바라기도 했었다. 아무래도 젊은 시절에는 여러 가지로 부족함이 많다 보니, 뭔가 모르게 쫓기며 살아온 것 같다. 지금 해파랑길을 걷고 있으니, 오히려 '내가 지금 이 좋을 때다.'라고 생각하자.

진리해변길을 계속 걸어서 사천진항에 도착했다. 사천진항에서 잠시 쉬면서 물 한 모금 마신 뒤에 황 교수에게 연락했다. 갑자기 연락해서 황 교수가 좀 놀래기는 했지만, 다행히 황 교수가 시간이 되었다. 황 교수와 경포해변 부근에서 오후 6시에 만나기로 약속하고 나서 계속 경포해변을 향해 걸었다.

잘 만들어진 사천해변의 산책로를 걸은 뒤에 다시 차도인 해안로를 따라 걸어서 경포해변으로 가까이 다가가자 상당히 익숙한 느낌이 들었다. 예전에 동해안 도시 중에서 강릉시에 가장 많이 왔었다. 그리고 강릉에 오면 항상 경포해변 주변에서 보냈다.

사천진항에서 경포해변 사이의 거리가 그렇게 길었나 하는 생각을 하며 계속 해안로를 걸어서 오후 4시경에 경포해변에 도착했다. 일단 주변의 모텔을 잡고 나서, 황 교수를 만날 시간이 2시간 정도 남았으니, 그 시간에 경포호를 한 바퀴 돌기로 했다. 경포호를 한 바퀴 도는 산책로도 해파랑길 코스이다.

강릉시 강문동 경포해변

사실 그전에 강릉시에 여러 번 와봤어도 경포호 산책로를 걸어서 한 바퀴 도는 것은 오늘이 처음이었다. 경포호는 물이 맑고 깨끗했으며 주변 산책로도 잘 정비되어 있었다.

경포호는 강릉 시내 북동쪽에 있는 둘레 4.35㎞의 석호이다. 관동팔경 중의 하나인데, 송강 정철은 경포호의 보름달에 반해서 경포호를 관동팔경 중의 으뜸으로 꼽았다. 호수 서쪽에는 경포대를 비롯하여 여러 개의 정자가 있고, 중앙에는 조암(鳥巖)이라는 바위섬이 있으며, 북쪽에는 사랑의 이야기를 지닌 홍장암(紅粧岩)이 있다.

그런데 경포호와 관련된 전설도 이상하게 화진포호수와 송지호처럼 스님의 시주와 관련되어 있다. 강원도의 여러 석호의 전설은 모두 절에서 만든 모양이다.

경포호의 동쪽인 경포해변 쪽에서 출발하여 경포호의 남쪽 산책로를 따라 걸어가면서 시간 관계상 허균·난설헌 기념공원을 들르지 않고 통과했다. 그곳에는 허난설헌 생가 터, 허균과 허난설헌 기념관, 전통차 체험관이 있다고 한다.

강릉시 초당동 경포호수 산책로

산책로를 계속 걸어서 호수 반대편에 있는 3.1운동 기념탑에 들렀다가 경포대(鏡浦臺) 정자로 갔다. 경포대 정자에 올라가 보았다.

경포대 정자는 정면 5칸, 측면 5칸의 팔작지붕 건물로 보물 제2046호로 지정되어 있다. 경포대의 역사를 보니 좀 복잡했다. 고려시대에 처음 지어진 이후 조선시대에 여러 사람들에 의해 옮겨지고 중수되고 다시 지어졌다. 건물 안에 第一江山(제일강산)이라 쓴 현판이 걸려있다.

경포대 정자 안에서 경포호를 보는 것에 대해 옛사람(누구인지는 정확히 모름)이 '해 뜨는 이른 아침이나 달 밝은 가을밤에 경포대에 올라 경포호를 굽어보거나 호수 너머 동해의 푸른 바다를 바라보면 속세(俗世)는 간데없고 온통 선경(仙境)이다.' 라는 말을 했다고 한다.

나도 경포대 정자 안의 난간에 폼 잡고 앉아 경포호를 바라보니 선인들의 풍류(風流)와 호연지기(浩然之氣)에 다가가는 느낌이 들었다.

강릉시 저동 경포대 정자

경포대 정자 안의 제일강산 현판

경포대에서 바라본 경포호

경포대에서 바라보는 풍광을 경포팔경(鏡浦八景)이라고 한다. 그 8경은 다음을 말한다.

- 녹두일출(綠豆日出, 녹두정에서 보는 해돋이 풍경),
- 죽도명월(竹島明月, 죽도 너머에서 대나무 숲 사이로 호수에 비치는 달빛),
- 강문어화(江門漁火, 강문 앞바다에 고깃배들의 등불),
- 초당취연(草堂炊煙, 호수 남쪽 초가집 마을의 저녁밥 짓는 연기),
- 증봉낙조(甑峰落照, 서북쪽 중봉으로 해가 넘어갈 때 경포호에 비친 낙조),
- 환선취적(喚仙吹笛, 고요한 밤에 바람결에 들려오는 신선들의 피리 소리),
- 한송모종(寒松暮鐘, 한송사에서 들려오는 저녁 종소리),
- 홍장야우(紅粧夜雨, 홍잠암의 밤비 내리는 풍경)이다.

경포대 정자를 나와 경포호의 북쪽 산책로를 한참 걸어가니 호숫가에 홍장암(紅粧岩)이라는 작은 바위가 있다. 그 부근에는 박신과 홍장의 동상이 있고, 안내문에는 이들의 이야기가 적혀 있었다.

고려 말 강원도 안찰사 박신(朴信)이 강릉을 순찰하던 중 기녀 홍장(紅粧)을 사랑하게 되었다. 박신은 다른 지역을 순찰하고 강릉으로 돌아와 홍장을 찾았으나, 강릉부사 조운흘이 "홍장이 밤낮 그대를 생각하다 죽었다."라고 장난으로 거짓말을 하여 박신은 몸져눕게 되었다. 그래서 조 부사가 "경포대에 달이 뜨면 선녀들이 내려오니 그때 홍장도 내려올지 모른다."라고 말하며 박신을 경포호수로 데려가는 한편, 홍장이 배를 타고 신비스러운 운무 속에 선녀처럼 나타나게 하여 두 사람을 극적으로 재회시켜 주었다는 것이다. 홍장암은 기녀 홍장이 박신을 기다릴 때 경포호에 오면 그 바위 위에서 놀았다고 해서 홍장암이라고 불리게 되었다고 한다.

경포호 산책로를 걸으며 사진을 찍었다. 그러면서 강릉시민들이 부러워졌다. 역사적인 스토리가 많은 좋은 경포호와 산책로를 가졌으니 말이다. 계속 걸어서 경포해변 입구에서 도착하니 해가 지고 있었다. 경포호의 해지는 풍경인 증봉낙조(甑峰落照)가 경포8경 중의 하나라고 하니 그 모습을 사진 찍지 않을 수 없었다.

강릉시 저동 경포호의 홍장암

경포호의 박신과 홍장 동상

강릉시 경포호의 낙조

　마침 오후 6시가 다 되어 경포호수 산책로 걷기를 마쳤고, 오늘의 해파랑길 걷기도 마쳤다. 오전에 11.2㎞를 걸었고, 오후에 경포호 산책로를 포함하여 14.4 ㎞를 걸어서 오늘 총 25.6㎞를 걸었다.

　저녁에 경포해변 부근의 식당에서 황 교수를 오랜만에 만나 함께 저녁을 먹으면서 오랫동안 못 했던 이야기를 나누었다. 모처럼 즐거운 저녁 식사였다.

해파랑길 6일차

2021년 2월 24일 수요일

강릉시 강문동 경포해변 — 강릉시 강동면 정동진역

 **오전** 午前

　아침 일찍 해돋이를 보려고 경포해변으로 나갔는데, 바다에 구름이 약간 끼어 있어서 해돋이를 볼 수 없었다. 그야말로 좋은 해돋이 장면을 보기가 어렵다. 아쉬운 마음을 뒤로하고 아침을 먹고 나서 오전 7시 50분에 오늘의 해파랑길 6일차 걷기를 시작하였다. 오늘의 목표는 정동진역까지이다. 정동진역이 바로 바닷가이니 해돋이 모습은 내일 아침을 기약했다.

　어제 강릉에 왔을 때에는 오늘 하루는 강릉에서 쉬면서 밀린 블로그를 작성하는 것이 좋겠다는 생각을 했었다. 5일간 연속으로 걸었더니 몸도 많이 피곤하였다. 그렇게 생각했다가, 경포해변에서 신선한 아침 공기를 쐬고 나니 몸이 조금 괜찮은 것도 같았다. 그래서 오늘 쉬지 않기로 하고 힘을 내어 계속 해파랑길을 걷기로 하였다. 하루의 휴가를 아껴 둔 것이다. 그 휴가를 언제 비가 올 때에 사용하기로 하였다.

경포해변을 따라 걷다가 강문솟대다리를 건너니 또 해변이 나왔다. 강문해변과 송정해변, 안목해변이 연이어져 있는데, 그 해변 바로 옆의 솔밭길을 걸었다. 해파랑길 코스인 그 솔밭길은 매우 길고 걷기에 좋았다. 아침에 소나무 냄새를 맡으며 모래 위의 솔잎을 밟으니 무거웠던 발걸음이 가벼워지고 그동안의 피로도 좀 풀리는 것 같았다. 오늘 쉬지 않고 걷기를 잘한 것 같았다.

강릉시 강문동 강문솟대다리

어제 경포호 산책로를 걸으면서도 느꼈는데, 또다시 강릉시민이 부러워졌다. 경포해변 같은 멋진 해변이 있는 것은 둘째 치고, 경포호라는 걷기 좋은 산책로가 있고, 강문해변과 송정해변, 안목해변에 걸쳐 아주 긴 솔밭 산책로가 있으니 말이다. 어제저녁에 만났던 황 교수에 의하면, 강릉시민들은 해변으로 잘 나오지 않는 편이라고 한다. 그 이유는 바다가 단조롭고 해변에 외지 사람들이 많이 오기 때문이라고 말하였다. 그래도 해변의 솔밭 산책로는 강릉시민들이 좋아할 것 같다. 그러한 해변의 산책로가 계속 부산까지 이어지면 좋겠다. 지난번 양양군의 몽돌소리길도 좋았지만, 오늘 아침에 걷는 솔밭 산책로도 정말 좋았다.

내 발은 내 의지와 관계없이 계속 움직이고 내 몸도 앞으로 나아가고 있었다. 사실 내 몸이라고 해도 내 의지대로 움직이는 부분은 많지 않다. 팔과 다리, 그리고 얼굴에 있는 일부 기관이 내 마음대로 움직일 수 있는 것의 전부이다. 몸속의 장기뿐만 아니라 혈액, 호르몬, 신경 등은 내 의지와 상관없이 자기들 마음대로 움직인다. 어떤 때에는 뇌세포도 제 맘대로 작동하며 나를 명령할 때가 있다. 그러니 어찌 보면 내 몸은 나의 것이 아니라는 생각도 든다.

걷기 좋은 해변의 솔밭 산책로를 발이 움직이는 대로 아무 생각 없이 한참 동안 걸어가다가 송정해변 입구에서 현수막을 보았다. 그 부근에 숙박시설이 들어오는 것에 반대하는 현수막이었다. 아마 어느 개발회사가 송정해변의 솔밭에 숙박시설을 지으려는 모양이다.

어디를 가나 경치 좋은 곳에는 개발과 보호가 서로 충돌하기 마련이다. 그러나 해안의 솔밭은 해풍을 막아주는 방풍림이고, 솔밭길은 많은 사람들이 파도 소리를 들으며 걸을 수 있는 좋은 산책로이다. 경포해변에 숙박시설이 많으니, 그 좋은 솔밭에까지 숙박시설을 짓는 것은 바람직하지 않은 것 같다. 그곳의 걷기 좋은 솔밭 산책로가 잘 유지되면 좋겠다.

강릉시 송정동 송정해변의 솔밭 산책로

송정해변의 건축 반대 현수막

해변의 솔밭 산책로는 중간에 잠깐 끊겨 있기도 했지만, 3개의 해변에 걸쳐 4㎞ 정도 계속되었다. 그 산책로를 기분 좋게 계속 걸어서 오전 9시를 지나 강릉항에 도착하였다. 강릉항은 크지 않으나, 요트 선착장이 있었다.

요트 선착장엔 요트가 많이 정박해 있었다. 나는 요트가 없을 뿐만 아니라 요트를 타본 적이 한 번도 없고 탈 줄도 모른다. 그런데도 괜히 오늘같이 봄바람이 살살 부는 날에는 요트를 타고 바다로 나가면 좋을 것 같았다. 바람을 따라 물결을 가르고 망망대해로 나가면 좋겠다는 생각이 들었다. 가곡 '사공의 노래'를 부르며 아쉬운 그 마음을 대신했다.

〈사공의 노래〉

작사: 함효영, 작곡: 홍난파

두둥실 두리둥실 배 떠나간다
물 맑은 봄 바다에 배 떠나간다
이 배는 달 맞으러 강릉 가는 배
어기야 디여라차 노를 저어라

강릉항 뒤에도 죽도봉이 있었다. 그러고 보니 동해안에는 죽도 또는 죽도봉이 여러 곳이다. 강릉항 뒤의 죽도봉 위에는 전망대가 있으나, 해파랑길 코스가 아니기도 해서 올라가지 않았다. 해파랑길을 걷다가 시간 관계상 주위의 모든 곳에 다 둘러볼 수는 없다. 기분 좋게 솔밭 산책로를 걸은 뒤에 계단을 올라가기 싫은 면도 있었다. 그리고 해파랑길 주위의 모든 곳을 다 가보려면, 해파랑길을 걷는 일정을 지금보다 두 배 이상 잡아야 한다. 그러니 취사선택할 수밖에 없다.

　강릉항 지나니 그 이름도 멋있는 솔바람다리가 있었다. 다리를 건너기 전에 사진을 찍으려는데 역광이어서 화면이 좋지 않아서 다리를 건넌 뒤에 사진을 찍었다. 솔바람다리를 건너면서 남대천의 상류 방향을 보니 멀리 강릉 시내가 보였다.

강릉시 견소동 강릉항

강릉시 남항진동 솔바람다리

솔바람다리를 건너서 조그만 남향진해변에 도착했다. 남향진해변 이후에는 공군부대가 해안을 차지하고 있어서 해안으로 계속 걸어갈 수가 없다. 그래서 공군부대가 있는 불화산을 빙 둘러서 걸어야 한다. 그런데 해파랑길 코스는 더 크게 돌아서 강릉시 학산리에 있는 '오독떼기 전수회관'까지 갔다가 안인항으로 가는 것으로 되어 있다. 나는 공군부대가 있는 불화산을 최소한으로 돌아서 안인항으로 가기로 했다. 어차피 공군부대가 있어서 내륙으로 돌아가는 것인데, 최소한으로 돌아가는 것이 내 몸을 위해서도 좋고 해파랑길의 취지에도 맞을 것 같았다.

남향진해변을 나와서 차도인 공항길을 걸으니 비행기 소리가 자주 났다. 성덕로를 접어들어 골프연습장 앞을 지나 학동마을 입구에 이르렀다. 학동마을 입구에는 마을의 상징인 학의 조형물이 있었다. 그 옆에는 홍매화 나무가 있는데, 홍매화가 만개하지는 않았지만, 그런대로 봄을 느끼게 해 주었다. 이제 강릉에서 봄을 만났다고 말할 수 있을 것 같았다.

강릉시 학동마을 입구의 학 조형물

강릉시 학동마을 입구의 홍매화

　성덕로로 걷다가 왼쪽의 청량학동길로 접어들었다. 그곳까지는 해파랑길 코스이다. 주변에 소나무와 대나무가 많은 청량학동길은 야산을 가로지르는 차도이다. 아스팔트 포장이 되어 있지만, 자동차는 거의 다니지 않았다. 해파랑길 스티커가 가리키는 방향을 따라 걸었다.
　내가 지나가니 이름 모르는 새 두 마리가 나뭇가지에서 화들짝 놀라며 날아갔다. 그 새들은 앞쪽의 다른 나뭇가지에 함께 앉았다가 내가 더 다가가자 함께 멀리 날아가 버렸다. 내가 새들의 중요한 시간을 방해한 것 같았다.
　청량학동길을 걸으니 파도 소리는 들을 수 없고, 부근의 공군 비행장에 뜨고 내리는 전투기 소리가 자주 들렸다. 산 중턱을 오르락내리락하며 기분 좋게 걸었다. 그러다가 사거리를 만났는데, 그 사거리에서 해파랑길 코스를 따라 직진하면 성덕초교를 거쳐 오독떼기 전수회관으로 갈 수 있다. 그런데 나는 그곳에서 예정했던 대로 해파랑길 코스를 이탈하여 왼쪽의 마을길인 유다리길로 접어들었다.
　유다리길은 과수원과 밭 사이의 한가하고 전형적인 시골길이었다. 그리고 주변은 농가가 많았다. 그런데 걸어가다가 전투기 소리에 깜짝 놀라기도 했다. 시커먼 전투기 두 대가 소리보다 빠르게 내 머리 위를 지나갔다. 물 좋고 정자 좋은 곳이 많지 않은가 보다. 가다 보니 공군비행장이 보였다.

마을을 내려와 논과 밭을 지나 월호평길을 한참 걸으니 도로 끝 부근에 '공군 제18전투비행단' 정문이 나왔다. 그 공군비행단이 해파랑길 코스를 내륙으로 돌게 만든 범인이고, 나를 깜짝 놀라게 했던 전투기 소리의 발원지이고, 빨간 마후라의 고향이었다.

강릉시 청량동 청량학동길

강릉시 제18전투비행단 입구의 조형물

공군비행단 옆의 공사하는 도로를 걸은 뒤에 풍호길을 만나니 해파랑길 리본이 보였다. 그곳에서 오독떼기 전수회관을 들렸다가 온 해파랑길 코스를 만난 것이다. 그 뒤에는 염전길로 접어들어 계속 걸었다. 그러니 오른쪽에 골프장이 나오고 골프장에 딸린 호텔도 나왔다. 골프장 주차장에는 평일인데도 승용차로 가득했다.

코로나 바이러스 때문에 사람들이 요즘에는 해외로 골프여행을 가지 못하니 국내 골프장이 성황이라는 말을 들었다. 코로나 때문에 피해를 입은 자영업자들이 많은데, 영업이 잘 되는 곳도 있는 모양이다.

남향진해변 이후 중간에 쉴 만한 곳이 없어서 2시간 넘게 쉬지도 못하고 계속 걸었다. 결과적으로 공군비행장 때문에 해변으로 바로 가면 1㎞ 정도의 거리를 내륙으로 10㎞ 정도를 우회하여 걸었다. 공군비행장 옆의 해안에 사람이 걸을 수 있는 길을 만들어 주면 좋겠다는 생각을 해봤다. 골프장을 지나서 바다를 보니 반가웠다. 그곳이 염전해변이었다.

염전해변의 바다에는 배 접안시설 공사를 하고 있었는데, 알고 보니 화력 발전소를 위해 석탄 실은 배가 정박할 수 있는 접안시설을 공사하는 것이었다. 염전해변 가까이 가니 기존 화력 발전소가 있는데, 그 옆에 추가로 화력 발전소 2개를 신설하는 공사하고 있었다.

전기를 생산하는 방식은 여러 가지이다. 전기생산 방식마다 장점과 단점을 가지고 있다. 어느 방식은 되고, 어느 방식은 안 된다고 하는 것은 바람직하지 않다. 따라서 발전시설을 계획할 때에 각각의 전기생산 방식이 가지는 효율성과 단점을 종합적으로 고려해야 할 것이다. 그리고 정부는 각 전기생산 방식이 가지고 있는 단점을 없애거나 최소화시키는 것에 중점을 두는 것이 바람직하다고 생각한다.

화력 발전은 상당히 오래된 전기생산 방식이다. 화력 발전의 최대 단점은 탄소 배출일 것이다. 그러니 화력 발전소는 매연 또는 탄소를 저감 시키거나 없애는 방법과 시설을 강구해야 하는 것이 무엇보다도 중요하다. 원자력 발전의 경우에는 방사능 오염이 가장 큰 단점이니, 정부와 원자력 발전소는 방사능이 유출되지 않도록 하는 방법과 시설에 중점을 두어야 할 것이다. 그리고 태양광 발전은 패널이 차지하는 면적에 비하여 효율성이 높지 않다. 그러니 산을 깎거나 호수를 뒤덮어서 자연을 훼손하면서까지 태양광 패널을 설치하는 것은 바람직하지 않은 것 같다.

향후 우리 경제의 규모가 더 확대될수록 전기 수요는 계속 증가할 것이다. 그 증가에 맞추어 장기 발전(發電) 계획을 수립하는 것이 바람직하다.

강릉시 강동면 염전해변

강릉시 강동면 염전해변의 화력 발전소

염전해변에서 오전의 목적지인 안인항까지 가려면 1.5㎞ 정도를 더 걸어가야 한다. 남향진해변 이후에 쉬지도 못하고 계속 걸어서 힘이 들었고, 염전해변 주변의 식당을 보자 배고픔도 느꼈다. 그래서 안인항까지 가지 않은 채 염전해변에서 점심을 먹기로 하고 오전 걷기를 마쳤다. 염전해변 주변의 식당에 들어가 시계를 보니 12시 40분이었다. 오전에만 17.2㎞나 걸었다.

오후 午後

  염전해변 부근의 식당에서 물회를 맛있게 먹고 바로 오후 1시 10분에 출발하였다. 염전해변의 식당 주변은 화력 발전소 공사를 하고 있어서 매우 분주해 보였다. 내가 쉴만한 공간은 없었다.

  해안의 얕은 봉화산을 옆으로 돌아 오후 1시 25분에 안인항에 도착했다. 염전해변에서 15분밖에 걸리지 않았다. 오전에 그 짧은 거리를 다 걷지 못하였던 것이다.

강릉시 강동면 안인항

안인항 주변 정자에 앉아 양말을 갈아 신고 한참 쉬었다가 오후 1시 45분에 오늘의 종착지인 정동진역을 향해 출발했다. 안인항을 지나 육교로 철길을 건너 차도인 율곡로를 따라 걸었다. 지금까지 해파랑길을 걸으면서 철로를 한 번도 보지 못했는데 오늘 처음 철로를 보았다. 남쪽에서 올라오는 철로인 동해선이 그곳부터는 내륙으로 꺾어 들어가는 것이다.

율곡로는 왼쪽의 바다와 철로와 함께 계속되는 차도인데, 율곡로 옆에는 인도가 없었고 갓길도 좁았다. 율곡(栗谷) 이이(李珥) 선생이 강릉에서 출생해서 그 도로의 이름을 율곡로라고 붙인 모양인데, 걷기에 좋지 않다는 것을 이이 선생이 알면 기분이 안 좋을 것 같았다.

그래서 나는 율곡로의 좁고 위험한 갓길을 계속 걸을 수밖에 없었다. 가끔은 조금 넓은 갓길이 나오기도 했지만, 갓길은 대체로 좁았다. 걷다 보니 철로는 터널을 지나 율곡로의 오른쪽으로 바뀌었지만, 율곡로의 갓길은 여전히 좁았다. 정동진까지 계속 그러한 길로 걸어야 하나 걱정이 되었다.

강릉시 강동면의 동해선 철로와 율곡로

율곡로와 나란히 가고 있는 동해선 철로를 보니, 그 동해선의 열차를 타면 동해 바다에 대한 전망이 좋을 것 같았다. 기차여행의 좋은 점 중에는 철로변의 경치를 바라보는 것도 있다.

예전에 광주광역시에 잠깐 근무했을 때, 주말에 서울과 광주 사이를 KTX를 타고 다녔다. 그런데 철로 변에 좋지 않은 모습을 자주 봤었다. 쓰레기 더미, 폐건물, 폐공장, 적재물 등이 많았다. 외국인들도 KTX를 많이 타는데, 차창 밖으로 그러한 모습을 보면 기분이 좋지 않을 것 같다. 철도공사가 지자체와 협의하여 철로변의 그런 것들을 깨끗하게 정리하면 좋겠다는 생각을 했었다.

1시간 넘게 계속 율곡로를 따라 걸으니 도로 옆에 강릉통일공원 함정전시관이 있었다. 그곳에는 전북함(퇴역 전함), 북한 주민 탈출선(목선), 북한 잠수함이 전시되고 있어서 입장료 1,500원을 내고 들어갔다.

먼저 전북함에 올라갔는데, 전함에 직접 올라가 보는 것은 처음이었다. 전함은 생각보다 컸고 내부에 여러 개의 방이 많았다. 방과 복도의 천정이 낮아 해군에는 키가 작은 병사가 유리할 것 같았다. 전북함은 1944년 미국에서 건조된 전함으로 우리나라에서는 1972년부터 1999년까지 사용되었고, 지금은 안보 관광용으로 전시되고 있다.

북한 주민의 탈출선에 대해서는 상세한 설명이 없는데, 아마 2009년 동해안으로 귀순했던 북한 주민이 타고 내려왔던 목선으로 추측되었다. 그리고 북한 잠수함에도 들어가 보았는데, 내부가 너무 좁아서 잘 들어갈 수도 없었다. 잠수함에 근무하는 북한 병사는 더 작아야 할 것 같았다. 북한 잠수함은 1996년 9월에 무장간첩과 승무원 26명을 태우고 동해바다로 내려오다가 기관 고장으로 좌초된 것을 지나가던 택시 운전기사가 신고하여 나포된 것이었다. 그 잠수함은 지금 전시된 그 부근의 해안에 좌초되었다고 한다.

강릉시 강동면 함정전시관의 전북함

함정전시관의 북한 주민 탈출선

함정전시관의 북한 잠수함

함정전시관을 나와서 나뭇길로 올라가니 걷기 좋은 길이 나왔다. 자전거를 위해 만든 길 같은데, 그래도 안전하게 잘 걸어갈 수 있어서 좋았다. 나뭇길을 내려오니 다시 율곡로의 좁은 갓길이었다.

강릉시 강동면 율곡로의 자전거길

오늘 오후엔 배낭이 더 무겁게 느껴졌다. 배낭 안에 더 넣은 것도 없는데, 내 어깨가 더 지친 모양이다. 배낭과 내 삶의 무게를 비교하면, 어느 것이 더 무거울까? 아무리 생각해도 모르겠다. 어찌 보면, 그동안 힘들지 않게 살아온 것 같기도 하고, 또 어찌 보면, 힘들게 살아온 것 같기도 하다. 아무튼 지금 내 어깨에 걸린 배낭의 무게는 이번 해파랑길을 걷는 동안에 내가 짊어져야 할 물리적인 무게이다.

율곡로를 따라 계속 걷다가 왼쪽에 숙박시설이 많아서 정동진역에 다 온 줄 알았는데, 그곳은 동명해변이었다. 지도를 보니 정동진역은 그곳에서 2㎞를 더 걸어가야 했다. 힘이 빠지는 것 같았다. 또 가다가 해안으로 나가는 길이 있어서 자세히 보니, 그곳은 레일바이크를 타는 곳으로 정동진역으로 가는 길이 아니었다. 내 마음이 점차 조급해지고 있었다.

나는 지금 무엇을 위해 걷고 있는가? 돈을 위해서는 아니다. 오히려 돈을 쓰면서 걷고 있다. 건강을 위해서도 아니다. 이렇게 걸으면 오히려 건강을 해칠 것 같다. 해파랑길을 홍보하기 위해서도 아니다. 해파랑길 코스에 대해 칭찬보다는 비판을 더 많이 하는 것 같다.

당초 이 길을 걷는 목적은 우리나라의 동해안 지방을 두루 살펴보고 나 자신에 대해 생각할 기회를 갖기 위해서였다. 그리고 어차피 지나가야 할 시간을 때우기 위한 것도 있다.

지금까지 전체 해파랑길 코스 중에서 1/4 정도 걸었는데, 내가 당초의 목적대로 걷지 못하는 것 같다. 동해안의 각 지방에 대해서는 잘 알아보지도 못하면서 '수박 겉핥기식'으로 쓰윽 지나가고 있다. 갓길이 좁은 차도에서 자동차의 위험을 무릅쓰고 걸어야 하고, 산길을 걸으며 코스를 헤매지 않으려고 하다 보니 한가하게 다른 생각을 할 여유가 별로 없다. 또 매일 식당이나 숙박 장소를 알아보아야 한다. 아침 일찍 영업하는 식당을 찾기 어려워서 아침 식사는 제대로 하기 어렵다.

그래도 해파랑길 걷기를 일단 시작하였으니, 최대한 당초 목적에 부합되도록 갈 수 있는 데까지 가보자. 가다가 못 가면 쉬었다가 가면 된다. '그래, 걷자 걷자 계속 걷자! 몸이 아프고 힘이 들어도 정동진역을 향해 좀 더 힘을 내자. 그곳에서 나를 반겨줄 사람은 없어도 걸어가 보자. 이 해파랑길의 끝인 부산을 향해 계속 걸어가 보자.'라며 스스로 최면을 걸으면서 걸었다.

그렇게 율곡로를 계속 걸어서 오후 4시가 다 되어 오늘의 종착지인 정동진역에 도착할 수 있었다. 정동진(正東津)이라는 것이 한양의 경복궁의 정동(正東) 쪽에 있는 바닷가라는 뜻이다. 그 정동진에 철도역이 있어서 KTX뿐만 아니라 무궁화호, 바다 열차를 탈 수 있다. 그러니 서울에서도 기차를 타고 올 수 있는 곳이다.

나는 피곤하고 지친 상황에서 정동진역에 도착하자마자 반가운 마음에 바로 역사 안으로 들어갔다. 그러다 보니 정동진역의 역사(驛舍)의 모습을 사진 찍는 것을 깜박한 것이다. 정신이 없었는지 역사를 나와서도 사진을 찍지 못했다.

정동진역 안에는 젊은 연인들이 사진을 찍고 있었다. 역 플랫폼에는 강릉 출신의 극작가 신봉승의 '정동진 시비'도 있었다. 그리고 역 플랫폼 너머가 바로 해변인데, 정동진역은 세계적으로 바다와 가장 가까운 역이라고 한다.

정동진역에는 예전에도 몇 번 와 봤었다. 올 때마다 느끼는 것인데, 정동진역은 아무래도 '모래시계'를 비롯한 여러 드라마의 촬영 장소이다 보니 유명세를 더 많이 탄 것 같다.

강릉시 강동면 정동진역 비석

강릉시 강동면 정동진역의 열차 이정표

정동진역 내의 정동진 시비

　이로써 오늘은 오전에 17.2㎞, 오후에 7.0㎞를 걸어서 총 24.2㎞를 걸었다. 거리는 길지 않은데, 왠지 더 힘든 날이었다.

　오전에 공군비행장 때문에 내륙으로 우회할 때에 최소한으로 우회하여 해파랑길 코스보다 짧게 걸었다. 앞으로도 해파랑길을 걸으면서 군부대, 공장, 해안절벽 등으로 불가피하게 내륙길로 우회할 경우에 최소한으로 우회하려고 한다.

해파랑길 7일차

2021년 2월 25일 목요일

강릉시 강동면 정동진역 — 동해시 발한동 묵호역

 오전 午前

　아침 일찍 정동진해변으로 갔다. 일기예보에 따르면 오늘 아침에 맑을 것이라고 해서 해돋이를 보려고 간 것이다. 정동진해변에는 여러 사람들이 해돋이를 기다리고 있었다. 나도 그들처럼 해가 뜨기를 기다렸다.

　마침 동해에서 붉은 해가 동그랗게 떠올랐다. 지난번에 속초항에서 본 모습보다 훨씬 더 좋은 모습이었다. 사실 나는 바다에서 직접 해돋이를 보는 것이 처음이었다. 해는 금방 솟아올랐다. 사람들이 술렁거리기 시작했다. 사람들은 해돋이를 보며 마음의 다짐을 하거나 기원을 하는 것 같았다. 막 떠오르는 해를 보면서 나는 가족의 건강을 기원하고 해파랑길 완보를 다짐했다.

강릉시 강동면 정동진해변의 해돋이

　해는 지구 생명체의 에너지 원천이다. 인간을 비롯하여 대부분의 동물들이 먹고 있는 식물을 자라게 하고, 오래전에 해가 키웠던 식물이 땅속에서 석유와 가스가 되었다. 지금은 태양광으로 전기도 생산하고 있다. 우리가 살고 있는 지구도 해에 소속된 하나의 행성에 불과하다. 그러니 결국 우리는 해에 소속되어 있는 것이다.
　해를 숭배하던 종교도 있고, 지금도 해를 숭배하는 민족이나 사람이 있다. 해를 찬송하는 글이나 노래도 많다. 나도 평소에는 해를 좋아하는 편이다. 내가 해파랑길을 걷는 동안에 해가 언제까지 나에게 우호적일지 모르겠고, 몇 날 며칠을 계속 뜨거운 햇볕 아래를 걷다 보면 해를 좋아하는 내 마음이 변할지도 모르겠지만, 아직까지는 해가 나에게 따스함을 주고 있으니 해파랑길을 걸을 동안만이라도 해를 숭배하고 싶다.

〈해〉

박두진 작

해야 솟아라. 해야 솟아라.
말갛게 씻은 얼굴 고운 해야 솟아라.
산 너머 산 너머서 어둠을 살라 먹고,
산 너머서 밤새도록 어둠을 살라 먹고,
이글이글 앳된 얼굴 고운 해야 솟아라.

(이하 생략)

 해돋이를 본 뒤에 아침을 먹고 오전 7시 50분에 해파랑길 7일차를 출발했다. 오늘은 동해시 묵호역까지 가려고 한다.
 정동진역에서 해안 산책로를 따라 모래시계공원으로 가니 해시계와 시간박물관, 밀레니엄 모래시계가 있었다. 해시계의 화살표는 정확하게 북극성을 가리킨다고 하고, 밀레니엄 모래시계는 2000년 1월 1일에 새천년을 기원하며 세웠다고 한다. 그리고 시간박물관은 오래된 열차 안에 마련된 것인데, 오전 9시에 문을 연다고 하여 안으로 들어가지 못했다. 시간박물관에는 어떠한 것이 전시되어 있나 궁금했지만, 그곳에 들어가기 위하여 1시간을 기다릴 수는 없었다.

강릉시 강동면 모래시계공원의 해시계

강릉시 강동면 모래시계공원의 시간박물관

강릉시 강동면 모래시계공원의 밀레니엄 모래시계

우주를 다른 말로 '시간과 공간(time and space)'이라고 표현한다. 우주의 무한한 공간과 마찬가지로 시간도 언제 시작됐고 언제 끝날지 모른다. 그렇지만 우리 인간은 지구가 해의 둘레를 한 바퀴 도는 기간을 1년으로 정하고, 지구가 스스로 한 바퀴 도는 기간을 1일로 정하였다. 그리고 시간을 시(時)와 분(分), 초(秒)까지 세분화하여 살아가고 있다. 인간은 시간 속에 살아가면서 나이를 먹고 늙어간다. 지나간 시간은 과거가 되고, 다가올 시간은 미래가 된다.

내가 지금까지 살아온 시간은 어떠한 의미를 가지고 있나? 그리고 내가 태어나기 이전의 수많은 시간은 나에게 어떠한 의미였을까? 또 내가 죽은 이후의 수많은 시간에 나는 어떠한 의미로 남을까? 우주의 무한한 시간 동안에 나의 의미라는 것 자체가 의미 없을지 몰라도, 나의 존재가 우주의 시작도 없고 끝도 없는 시간 속에 하나의 의미로 남으면 좋겠다. 그리고 나의 이번 해파랑길 걷기여행도 내 인생의 어떠한 의미가 되면 좋겠다.

　모래시계공원 부근의 상가를 보니 그곳의 상권이 정동진역 부근보다 더 크게 형성되어 있다. 썬크루즈 리조트는 바닷가 동산 위에 엄청난 규모로 지어져 있는데, 그 형태가 마치 큰 배가 바다를 향해 나가는 모습이어서 독창적이고 신선한 느낌이었다.

　썬크루즈 리조트 아래의 주차장 길을 돌아 정동진항으로 갔다. 정동진항은 해파랑길 코스가 아니다. 해파랑길 코스는 썬크루즈 리조트 입구에서 잠깐 헌화로를 걷다가 속동산 산길을 통해 심곡항으로 가게 되어 있다. 지도상으로 정동진항에서 심곡항으로 가는 해안길은 없어 보이지만, 혹시 해안길이 있지 않을까 하여 정동진항으로 가본 것이었다.

　그런데 정동진항은 너무 작은 항구였다. 지금까지 해파랑길을 걸으며 봤던 항구 중에 아마 가장 작은 항구인 것 같다. 고기잡이를 나갔는지 항구에는 어선은 하나도 없고, 몇 척의 어선은 육지에 올라와 있었다.

강릉시 강동면 썬크루즈 리조트

예상한 대로 정동진항 이후에는 해안으로 갈 수 없었다. 그래서 다시 썬크루즈 리조트 입구로 나와 차도인 헌화로를 따라 걸었다. 그러다가 산길을 안내하는 해파랑길 코스 입구에서 산길로 가지 않고 계속 헌화로를 따라 걷기로 했다. 차도인 헌화로를 따라 걸어도 심곡항으로 갈 수 있는데, 내륙 산길로 우회할 필요가 없어 보였다. 그리고 갓길이 있는 헌화로를 두고 해파랑길 코스가 내륙 산길로 설정된 것이 이해가 되지 않았다.

나는 예전에 등산을 좋아했었다. 그러나 해파랑길을 걸으면서 등산을 하고 싶지는 않다. 차도와 산길 사이에 선악(善惡)은 없다. 각자 기호와 선택에 따라 다른 길로 걷는 것이다. 나는 해파랑길을 걸으며 산길을 빙 둘러 걷고 싶지 않을 뿐이다.

헌화로를 따라 고개를 올라가다 보니, '정동심곡 바다부채길'의 입구가 있었다. 입구에는 '정동심곡 바다부채길'은 썬크루즈 리조트에서 심곡항까지 2.8㎞의 해안 나뭇길이어서 해안 절벽과 바다 사이를 걸을 수 있는 길이라고 안내되어 있었다.

그런데 '정동심곡 바다부채길'은 공사 중이어서 심곡항까지는 걸어갈 수 없고, 중간의 부채바위까지 갔다가 다시 입구로 되돌아와야 한다고 되어 있었다. 나는 심곡항까지 가야 하는데 말이다. 그래서 별수 없이 바다부채길로 내려가지 않고, 계속 차도인 헌화로를 따라 걸어서 심곡항까지 가기로 했다.

헌화로에는 옆에 자전거길이 있는 곳도 있었고 없는 곳도 있었다. 자동차가 별로 다니지 않는 헌화로 고개를 넘어서 심곡항에 도착했다. 심곡항은 조그맣고 아담한 항구인데, 강원도의 3대 미항 중의 하나라고 한다. 심곡항 벤치에서 물 한 모금 마시며 잠시 쉬었다가 다음의 항구인 금진항을 향해 엉덩이를 들었다.

강릉시 강동면 심곡항으로 가는 헌화로

강릉시 강동면 심곡항

 심곡항 이후의 헌화로는 바다 바로 옆의 해안도로였다. 오른쪽의 해안절벽과 왼쪽의 바다 사이를 걸었다. 바다를 보며 걸으니 힘이 덜 들고 기분이 좋아졌다. 그리고 해파랑길을 걷다 보니 언제부터인지 바다 냄새가 좋아졌다. 내륙에서 태어나 서울에서 자랐는데, 이상하게도 바다 냄새를 맡으면 머리가 맑아지고 힘이 난다. 내가 바다에 익숙해지는 것인지, 아니면 바다가 나에게 익숙해지는 것인지는 모르겠다.

헌화로를 따라 걷다 보니 도로 옆에 헌화가(獻花歌)가 새겨진 돌이 있었다. 헌화가는 삼국유사에 나오는 이야기이다.

신라 성덕왕 때 순정공(純貞公)이라는 관리가 수로부인(水路夫人)을 데리고 강릉태수로 부임해 가던 중 바위가 병풍처럼 둘러쳐진 바닷가에서 수로부인이 사람들에게 해안절벽에 핀 철쭉꽃을 꺾어달라고 말했다. 절벽이 위험하여 아무도 나서지 않는데, 암소를 끌고 지나가던 한 노인이 그 꽃을 꺾어 와서 시도 지어 함께 부인에게 바쳤는데, 그 시가 헌화가이다.

그런데 삼국유사에는 그 장소가 기록되어 있지 않다. 강릉시는 심곡항과 금진항 사이의 해안절벽의 해안길이 헌화가의 무대일 것이라고 추정하는 모양이다. 그래서 도로의 이름도 헌화로이고, 도로 옆에 큰 돌로 헌화가를 새겨 놓았다. 만약 그곳이 헌화가의 무대가 맞는다면, 신라시대에도 해안 절벽 옆에 길이 있었다는 것이다.

헌화가는 해석마다 약간씩 다른데, 내가 봤던 책(김원중 번역의 삼국유사)에 있는 헌화가를 여기에 옮긴다.

〈헌화가〉

삼국유사

자줏빛 바위 가에
암소 잡은 손 놓게 하시고,
나를 아니 부끄러워 하시면
꽃을 꺾어 바치겠나이다.

강릉시 옥계면 금진리의 헌화로와 바다

헌화로의 헌화가 비석

　헌화로를 따라 조금 더 가니 합궁(合宮)골이 있는데, 자연적으로 남근석과 여근석이 마주하는 모습이었다. 그 모습을 사진 찍기도 민망하였다. 안내문을 보니, 부부가 함께 오면 금슬이 좋아지고, 기다리던 아이가 생긴다고 한다. 그런데 끔찍하게도 남근석 앞의 동그란 바위 2개는 다른 곳에서 가져다 놓은 것 같았다.

계속 헌화로를 따라 걸어서 오전 10시에 금진항에 도착하였다. 부근의 편의점에서 커피를 마시며 잠시 쉬었다. 금진항은 공사 중이어서 복잡하였고, 금진항부터 금진해변까지의 헌화로는 인도가 별도로 없고 갓길도 매우 좁았다. 그래서 나는 위험한 헌화로를 걸어 금진해변에 도착하여 사진만 찍고 바로 오전의 목적지인 옥계역으로 향했다.

인터넷 지도를 보니 행정구역상으로 금진항과 금진해변도 강릉시에 속하였다. 오전의 목적지 옥계역뿐만 아니라 오후에 지나갈 도직해변까지 강릉시에 속하였다. 강릉시가 동해안으로 꽤 넓은 지역이었다.

그런데 요즘의 강릉시 인구가 20만 명이 안 된다고 하니 인구 면에서 서울시의 하나의 구(區) 인구의 절반도 되지 않는다. 내가 춘천시에 근무할 때인 2013년경에 강릉시의 인구가 23만 명이라고 들었는데, 그동안 3만 명 이상 줄었다는 것이다.

그저께 경포해변에서 만났던 황 교수의 말에 따르면, 젊은이들은 수도권으로 돈 벌러 가고 나이 든 사람들은 점차 사망하니 강릉시의 인구가 점차 줄어든다고 한다. 그리고 교통의 발달에 따라 수도권으로 이주하는 현상이 더 심해지고 있다고 한다. 강릉시에 살면서 수도권에 출퇴근하기보다는 수도권에 살면서 강릉 친지를 방문하는 것으로 바뀌고 있다고 한다.

지방 도시에도 해당 지역에 맞는 산업이 발달해야 한다. 그래야 젊은이들이 그곳에서 직업을 가질 수 있다. 공공기관을 여러 혁신도시로 이전하였지만, 그것으로는 한계가 있는 것 같다. 중앙 정부가 지방의 실정도 모르면서 나서기보다는 해당 지자체 또는 기업이 지역에 맞는 산업을 찾아 육성하고 중앙 정부는 그것을 지원하는 것이 바람직하다.

그리고 사람들이 지방을 떠나는 요인으로 교육문제와 의료문제도 있다. 지방의 교육 시설과 의료시설은 수익성이 약하니 민간이 참여하기 어렵다. 그러니 중앙 정부가 직접 나서야 하고 경제적 측면보다는 공익적 측면으로 접근해야 한다. 지방

사람들이 돈을 벌기 위해서 수도권으로 이주하기도 하지만, 아이들의 교육을 위해서나 부모님의 의료혜택을 위해서 수도권으로 이전하는 경우도 많기 때문이다.

멀리 옥계역 부근의 한라시멘트 공장을 보면서 해안도로인 헌화로를 따라 걷다가 금진해변의 솔밭길로 바꾸어 걸었다. 금진해변의 솔밭길은 걷기에 좋았으나, 주변이 온통 공동묘지였다. 솔밭이어서 무덤이 많은 것인지, 무덤이 많아서 솔밭이 보존된 것인지 모르겠다.

강릉시 옥계면의 금진해변 솔밭길

한국여성수련원 앞을 지나서 옥계해변에는 들르지 않고, 조그만 광포교와 가로등이 멋진 옥천대교를 건너 오전 11시 30분경에 옥계역에 도착했다. 옥계역 주변에 한라시멘트 공장 이외에 큰 공장이 몇 개 더 있지만, 분위기는 전체적으로 썰렁했다. 옥계역은 영동선의 철도역으로 여객용이 아니라 시멘트 수송용 역이다.

▲ 강릉시 옥계면 옥천대교

◀ 강릉시 옥계면 옥계역

　옥계역 부근에서 점심을 먹기로 하고 오전의 걷기를 마쳤다. 오전에 12.2㎞를 걸었다.

　마침 옥계역 바로 앞에 식당이 있어 들어갔다. 옥계역 부근에 민둥산이 많아서 식당 주인에게 물어보니 재작년에 산불이 크게 나서 그렇다고 한다. 그리고 옥계역 부근에 새로 공장을 많이 짓고 있어서 3월이 되면 그 부근이 공사 인부들로 활기차게 될 것이라는 것도 말해주었다.

오후 午後

　옥계역 앞에서 점심을 먹고 나서 쉴만한 곳이 없어서 12시에 바로 오늘의 종착지 묵호역을 향해 출발했다. 오후가 되니 바람이 심해진 것도 출발을 서두른 이유였다.
　해파랑길을 걸으며 휴식했다가 자리를 떠날 때 뒤돌아보는 습관이 생겼다. 점심을 먹고 식당을 나설 때도 그렇고, 숙박시설을 떠날 때에도 그렇다. 그때 떠나면 다시는 되돌아오기 어려우니까 두고 가는 물건이 있나 해서 뒤돌아보는 것이다.
　옥계역을 벗어나 도직항을 향하면서 옥계항의 위치가 궁금했는데, 마침 승용차를 타고 가던 노부부가 차를 세우고 나에게 옥계항의 위치를 물었다. 나는 그 부근인 것 같은데 어딘지 모르겠다고 대답했다. 그러고 나서 동해대로(7번 국도)를 따라 걷다가 어느 공장 앞에서 경비원에게 옥계항의 위치를 물어보았다. 그 경비원은 바로 그곳이 옥계항인데, 옥계항은 어항이 아니라 산업항이어서 들어갈 수 없다는 것이다. 사진도 찍을 수 없다고 말했다.
　동해대로의 고가를 따라 걷다 보니 고가도로의 아래에 있는 도직항을 지나쳐 버렸다. 고가 위에서 보니 아주 작은 도직항도 산업항으로 보였다. 동해바다, 도직해변의 백사장, 철로(영동선)를 보며 즐거운 마음으로 동해대로를 따라 계속 걸었다.

강릉시 옥계면의 동해대로 옆 자전거길

나는 지금 해파랑길을 혼자서 걷고 있는데, 혼자 걸으면 외롭고 심심한 측면이 있다. 그리고 사실 걷기여행은 재미가 별로 없다. 어떤 사람은 걷기여행을 하는 나에게 '참으로 재미없는 운동을 한다.'는 말을 하기도 했다. 아마 운동 중에서 걷기 운동이 가장 재미없을 것이다. 그래도 음악을 듣거나 동료와 이야기하며 걸으면 좀 낫다. 아니면 주변의 경치가 좋거나 예기치 않은 일이 생겨도 괜찮다. 그런 것 없이 단조로운 마을과 길을 계속 걸어가면 재미도 없고 심심하기 그지없다.

혼자 걸으면 외롭고 심심한 측면이 있는 반면에, 휴식, 식당, 숙박 등을 결정하는데 내 마음대로 자유롭게 정할 수 있다. 힘들고 어려운 길을 마음에 맞는 사람과 함께 걸으면 좋겠지만, 그럴 수 없다면 혼자 걸을 수밖에 없다. 무쏘의 뿔처럼 말이다. 외로움을 견디고 자유를 누리자.

혼자 걸으며 시도 쓰고 싶다. 그런데 시구(詩句)가 생각나지 않는다. 그전에 썼던 시구만 자꾸 떠오른다. 시에 재능이 없는 것인지, 감성이 부족한 것인지, 새로운 시를 쓰지 못하고 있다. 그래도 짧게 시를 하나 써 보았다.

나는 홀로 걷는다.
지나온 길을 묻지 마라.
이미 지나갔으니.
앞으로 갈 길도 묻지 마라.
그건 나도 모르니.

동해대로를 걷다가 동해시 표지판을 보았다. 드디어 동해시로 들어선 것이었다. 잘 있거라 강릉시, 반갑다 동해시!

지금까지 해파랑길을 걸으며, 고성군, 속초시, 양양군, 강릉시를 지났다. 앞으로 동해시와 삼척시를 지나면 강원도의 해파랑길을 마치는 것이다. 그러면 서울 집에 가서 쉬었다가 다시 경상도의 해파랑길을 걸으려고 한다.

그런데 행정구역의 지명이 강릉시 옥계면 도직리에서 동해시 망상동으로 바뀌었다. 그전부터 궁금하던 것이 지방의 행정구역 명칭에서 리(里)와 동(洞)의 차이이다. 시(市) 안에 리(里)도 있고 동(洞)도 있는데, 그 차이를 모르겠다. 그리고 리(里) 안에 여러 개의 마을이 있는데, 한자 리(里)의 뜻이 바로 마을이다. 또 마을과 구의 차이에 대해서도 모르겠다. 어느 지역에 가면 '00마을'이라고 하지 않고 '00구'라고 되어 있다. 아무튼 지방의 행정구역 명칭이 좀 복잡한 것 같다. 그리고 요즘에는 도로명 주소를 쓰고 있어서 행정구역의 명칭이 복잡하기 이를 데가 없다.

동해대로는 국도인데도 도로가 직선이면서 꽤 넓어서 웬만한 고속도로보다도 나은 것 같았다. 그리고 동해대로 옆에는 별도로 인도 또는 자전거길이 잘 마련되어 있는데, 아마 도로를 설계할 때부터 인도 또는 자전거길을 준비한 모양이었다. 전국의 다른 국도나 지방도로도 보수하거나 신설할 때 그 부근의 동해대로처럼 사람이 걸을 수 있는 길을 마련해주면 좋겠다.

동해대로로 계속 걸어가도 좋지만, 해파랑길 코스를 따라 석두골 교차로에서 횡단보도를 건너 동해대로를 오른쪽으로 나간 뒤에 토끼굴로 동해대로를 아래로 지나 망상해변의 해안도로를 걸었다. 망상해변 옆에는 별도의 산책로가 있기도 했다.

그곳이 서울에서 농담 삼아 말하던 망상해변이었다. 상대방이 좀 허황된 계획을 말하면, '그건 동해안 망상에 가서 알아봐.'라고 말하던 그곳 말이다.

실제로 망상 해변을 보니 해변이 넓고 길었다. 모래가 곱고 주변도 깨끗하여 여름철에는 피서객들이 많이 찾을 것 같았다. 망상해변에는 잘 지어진 집도 있었다.

그런 집을 보니, 집값은 얼마일까, 살기에 좋을까 궁금하였다. 그리고 나는 더 나이가 들면 어디에서 살아야 하는 생각도 들었다. 계속 서울에서 살까, 아니면 고향으로 갈까, 그도 아니면 동해의 좋은 해변으로 올까? 나이 들수록 병원과 사람이 많은 대도시에서 사는 것이 좋다는 말이 있지만, 복잡한 대도시를 떠나 한적한 곳에서 사는 것도 좋을 것 같다. 망상해변에서 쉬면서 이런저런 망상을 하였다.

동해시 망상동 망상해변

동해시 망상동 망상역

망상해변 이후에는 망상역을 지나서 해안도로인 일출로를 따라 걸어서 대진항에 도착했다. 나의 해파랑길 출발지가 고성군의 대진항이었는데, 동해시에도 같은 이름의 대진항이 있었다. 한자까지 같은지는 모르겠는데, 동해시의 대진항은 고성군의 대진항보다 크지 않았다.

그런데 대진항 옆에는 그곳이 경복궁에서 정동(正東) 쪽이라고 하는 안내 비석이 있었다. 정동진도 경복궁에서 정동 쪽이라고 하는데, 강릉시 정동진과 동해시 대진항의 둘 중에서 어디가 맞는지 모르겠다. 보는 사람이 혼동되니 강릉시와 동해시가 측량을 다시 해보고 서로 논의하여 정하면 좋겠다.

동해시 대진동 대진항

동해시 대진항의 정동방 비석

대진항을 지나서도 계속 일출로를 걸어갔다. 어달해변 부근에는 상가가 많았다. 그런데 어달해변에서 한 마리의 갈매기가 바위 위에 앉아 있었다. 내가 다가가도 날아가지 않았다. 마치 나에게 사진을 찍어달라고 포즈를 취하는 것처럼 보였다. 나는 갈매기의 요청에 부응하여 사진을 찍어주었다.

▲ 동해시 어달해변 부근의 일출로

◀ 동해시 어달해변 부근의 갈매기

 계속 일출로를 걸어서 조그만 항구인 어달항에 도착했는데, 어달항은 조그만 항구인데다 어판장 공사가 한창이었다.

 일출로를 더 걸어서 까막바위 부근에 이르니 큰 횟집 건물이 여럿이 있었고, 멀리 동해시의 아파트가 보였다. 까막바위 바로 옆에는 까막바위가 서울 남대문으로부터 정동 쪽이라고 하는 안내 비석이 있다. 대진항 옆에는 경복궁의 정동이라는 비석이 있었는데, 대진항에서 까막바위까지의 거리가 서울의 경복궁에서 남대문 사이의 거리보다 훨씬 더 길어 보였다. 뭐가 뭔지 잘 모르겠다.

동해시 묵호진동의 까막바위

동해시 묵호진동의 까막바위 비석

　재작년에 충무공의 백의종군로와 수군재건로를 걸으면서 아프기도 하고 고생을 많이 했었는데, 올해 또 해파랑길을 걷겠다고 나선 이유가 뭘까? 나름대로 여러 가지 이유를 갖다 붙이고 있지만, 솔직히 진정한 이유는 나 자신도 잘 모르겠다. 일출로에 길게 누워서 나와 함께 걷고 있는 그림자 친구도 대답이 없었다.

내가 그림자와 함께 걷는 것이 부러워 보였는지 조그만 떠돌이 개 한 마리가 따라왔다. 도로의 반대편에서 내 눈치를 보며 계속 따라왔다. 그림자와는 함께 걸을 수 있지만, 개와는 함께 걸을 수 없었다. "멍멍아, 나를 따라오지 말고 너의 갈 길을 가라."라고 속으로 말하며 개를 무시하며 걸었다. 개는 한참 동안 따라오다가 포기했는지 더 이상 보이지 않았다.

일출로를 따라가다 보니 도로 건너편에 묵호등대로 올라가는 계단이 보였다. 묵호등대가 유명한 등대인 모양인데, 다리도 아프고 계단이 많아서 묵호등대로 올라가지 않았다.

계속 일출로를 따라 걸어서 오후 3시 15분에 묵호항에 도착했다. 묵호항은 큰 항구이고 어시장에는 대게가 많았다. 묵호항 이후에 시내 길인 일출로를 1.4㎞ 더 걸어서 오후 4시가 다 되어 묵호역에 도착하였다.

그래서 묵호역에서 오늘 해파랑길 걷기를 마칠 수 있었다. 오늘은 오전에 12.2㎞, 오후에 13.3㎞로 총 25.5㎞를 걸었다.

동해시 묵호등대로 가는 전망대

동해시 묵호항 ▲

동해시 묵호역 ▶

  동해시는 1980년에 명주군 묵호읍과 삼척군 북평읍이 하나로 합해진 도시이다. 시민들의 마음속에는 아직도 묵호읍과 북평읍으로 나누어져 있다고 한다. 묵호항이 예전 묵호읍의 중심지이고, 동해항이 예전 북평읍의 중심지이다.

  오늘은 예전의 묵호읍에 도착하였고, 내일은 예전의 북평읍에 갈 것이다. 점차 내 몸엔 피로가 쌓이고 있지만, 내일은 삼척시에 들어갈 수 있을 것이다. 그리고 3일 정도만 더 걸어가면, 그 이후에는 집에 가서 쉴 수 있다는 것을 기대하며 힘을 더 내기로 했다.

해파랑길 8일차

2021년 2월 26일 금요일

동해시 발한동 묵호역 – 삼척시 성내동 죽서루

 오전 午前

　오늘은 해파랑길 8일차이다. 아침에 묵호역 주변에 영업하는 식당이 없어서 해파랑길 코스를 따라 걸어가다가 식당을 찾아 아침을 먹으려고 하였다. 묵호역 뒤편의 향로봉길을 걸어가니 향로시장 옆의 허름한 식당에서 아침 식사를 할 수 있었다. 마음씨 좋은 식당 아주머니는 오늘이 정월대보름이라며 오곡밥과 나물을 주었다. 객지에서 대보름 음식을 맛있게 먹었다.

　아침 식사를 마치고 오전 7시 40분에 정식으로 오늘의 해파랑길 출발을 하였다. 향로봉길을 따라 조금 가다 보니 화물전용 묵호항역이 있는데, 역 안에는 석탄 수송 열차가 세워져 있고, 역 앞에는 폐가가 많고 썰렁하였다.

　알고 보니 묵호항역이 예전에 묵호역이었다. 역 이름을 지금의 묵호역에 내어주고 화물전용인 묵호항역으로 바꾸고 나서 역 앞의 마을이 쇠퇴하였다고 한다.

동해시 부곡동 묵호항역

    묵호항역을 지나 철로를 아래로 통과하여 하평해변을 옆에 끼고 철로 옆길을 걸었다. 멀리 바다에 대형 화물선들이 떠 있는 곳이 동해항 부근으로 보였다. 가다 보니 갈림길에 해파랑길 변경 안내문이 있었다. 왼쪽의 해안길이 해파랑길 코스인데 태풍으로 나뭇길이 훼손되었다고 해서 오른쪽의 철길을 건넌 뒤에 차도인 해안로 옆의 산책길로 가라고 안내하는 것이었다.

    해파랑길 변경 안내를 따라 시내 도로인 해안로의 옆에 조성되어 있는 산책로를 걸었다. 산책로는 긴 공원길인데, 매화꽃이 많이 피어 있었다. 낙산사에서 처음으로 봄을 만난 이후 오늘 동해시에서 대규모로 봄을 만난 것이다. 이제 완연하게 봄에 들어선 모양이다.

동해시 하평해변 부근의 해파랑길 변경 안내

동해시 천곡동 해안로 옆 산책로

　산책로는 중간에 끊기기도 했지만 매우 길었다. 산책로에는 소나무, 향나무, 매화나무, 배롱나무, 단풍나무, 산수유나무, 무궁화나무 등 여러 종류의 나무가 많았다. 다른 나무도 많은데, 내가 이름을 아는 나무가 그 정도였다. 가다 보니 멀리 골프장이 보였는데, 골프장 안에는 골프를 치는 사람들이 점점이 움직이고 있었다.

　골프는 참으로 어렵고 힘들고 돈이 많이 드는 스포츠이다. 나도 예전에 골프를 조금 쳤다가 10년 정도 골프를 치지 않고 있다. 그런데 이 해파랑길을 걷고 나서 옛 직장동료들과 함께 골프를 치기로 약속했다.

　한참 동안 해안로 옆 산책로를 걸어 용정사거리에서 좌회전하여 철로를 아래로 지나니 동해항으로 가는 길이 두 갈래였다. 직진 방향의 차도인 동해역길은 해파랑길 코스이고, 왼쪽의 대동로는 조금 돌아서 해안 가까이 가는 길이다. 나는 그중에 바다를 볼 수 있을 것 같아서 왼쪽의 대동로를 택했다.

　대동로의 군부대 담벼락을 따라 걸으니 해군 제1함대사령부 입구가 나왔다. 그리고 동해항 북부두로 이어져서 나의 기대와 다르게 바다는 구경도 못 하고 높은 담벼락만 보며 걸었다.

그래도 계속 대동로를 걸어서 동해항 입구에 도착했는데, 경비원이 안으로 들어갈 수 없다고 말했다. 동해항이 국가산업시설이어서 보안상의 이유라고 말했다. 사진만 찍고 나오겠다고 해도 경비원은 항구 안으로 들어가지 못하게 했다.

동해시 송정동 동해항 입구

어쩔 수 없이 동해항 안을 구경하지 못하고 발길을 돌렸다. 동해시에는 두 개의 큰 항구가 있는데, 어제 보았던 묵호항은 어항이고, 방금 지나친 동해항은 산업항인 것이다. 동해항이 산업항이어서 그런지 그 부근에는 공장이 많고 대형트럭이 많이 다녔다.

북평교를 건넌 뒤에 오른쪽 아래로 내려가서 전천(箭川) 옆의 산책로를 걸었다. 전천의 물은 깨끗하고 산책로도 좋았다. 다만 공장이 많아서 그런지 공기가 좋지 않았다. 전천 옆에는 어느 할머니가 전천을 바라보며 연신 기도를 하고 있었다. 누구를 위한 기도이고, 무엇을 위한 기도인지 모르겠다. 아마 가까운 사람이 배를 타고 바다로 나갔거나 진천 건너편의 공장에서 일하고 있을지도 모르겠다. 할머니가 너무 기도에 집중하고 있어서 도저히 말을 붙일 수가 없었다. 나는 단지 멀리 떨어져서 할머니의 간절함을 사진에 담으려고 하였다.

할머니의 기도는 모르긴 몰라도 할머니 자신을 위한 기도는 아닐 것이다. 여느 할머니와 마찬가지로 자손을 위한 기도일 것이다. 현재를 살아가고 있는 우리 모두는 선조들의 간절한 기도와 바람의 결과라고 볼 수 있다.

전천 건너편 쌍용양회 공장을 바라보면서 조그만 전천 포구와 동해통선장을 지나 계속 걸어가니 전천 옆에 호해정(湖海亭)이라는 정자가 나왔다. 호해정 앞의 안내문에는 해방을 기념하여 해방 이후에 동네 유지들이 전천과 바다가 만나는 곳에 세운 것이라고 되어 있었다.

동해시 구미동
전천에서 기도하는
할머니

동해시 구미동
호해정

호해정 옆의 산길은 공사 중이어서 출입이 통제되고 있었다. 그 산길로 가지 못하면 지나왔던 전천 산책길을 한참 되돌아가야 해서 산길을 올라가 보았다. 공사 중인 인부들에게 미안하다고 말하고 계속 산길을 걸었다. 중간에 내역을 알 수 없는 을미대(乙未臺)라는 비석을 지나 산길을 내려가니 주변에 여러 가지 폐기물 처리시설이 있어서 안 좋은 냄새가 많이 났다.

우리는 살아가면서 쓰레기 등 각종 오물이 발생시킨다. 주변이 깨끗해지려면 누구는 그것들을 수거하고 처리해야 한다. 걷기여행을 하다 보면 길가에 버려진 쓰레기를 볼 때가 많다. 해파랑길은 전체적으로 쓰레기가 없는 편인데, 가끔은 항구나 해변에 쓰레기가 있다. 쓰다가 남은 스티로폼, 밧줄, 어구 등이 주위에 널브러져 있다. 걸으면서 그러한 쓰레기를 보면 당연히 기분이 좋지 않다.

내가 걷는 것이 그러한 것을 사회고발하기 위해서가 아니어서 걸으면서 보았던 쓰레기를 일일이 지적하지 않았지만, 우리나라가 한층 더 세련되고 깨끗한 선진국가가 되려면, 해안가에 방치되어 있는 쓰레기를 잘 처리하면 좋겠다는 생각이다. 그리고 나는 해파랑길을 걸으며 길가에 쓰레기를 버리지 않으려고 한다. 쓰레기가 생기면 배낭에 넣고 다니다가 숙박시설에서 버리곤 한다.

공단1로를 걸어서 오전 11시 12분에 추암해변 입구에 도착했다. 추암역을 아래로 통과하여 해파랑길 코스를 따라 추암조각공원을 빙글 돌아 출렁다리로 갔다. 출렁다리는 길이가 72m나 되었고 튼튼해 보였다. 그런데 지나가니 진짜로 출렁거렸다.

출렁다리를 지나서 북평 해암정(海巖亭) 앞에 도착했다. 해암정은 고려 말에 삼척 심 씨의 시조인 심동로(沈東老)가 벼슬을 버리고 내려와 제자를 가르치며 살면서 1361년(고려 공민왕 10년)에 지었던 정자인데, 1530년(조선 중종 25년)에 후손 심언광이 다시 지었다고 한다. 심동로는 고려 말의 혼란을 바로잡으려다가 간신배들이 마음에 들지 않아 고향으로 가려 하자, 공민왕이 그를 말리다가 동쪽으로 간 노인이라는 뜻으로 동로(東老)라는 이름을 내리면서 허락하였다고 한다.

▲ 동해시 추암동의
   추암해변 입구

◀ 동해시 추암동의
   북평 해암정

　해암정에서 촛대바위로 가서 사진을 찍는데, 사진이 잘 나오게 이리저리 애쓰며 찍었다. 촛대바위 주위에는 파도에 의해 형성된 특이하게 생긴 석회암 바위가 많았다. 10여 년 전에 가족과 함께 그곳에 왔었는데, 그 부근이 그때보다는 더 정돈되고 깨끗해진 모습이다. 오랜만에 보니 감회가 새로웠다. 당시에는 출렁다리가 없었고, 여러 곳에 철조망이 쳐있어 출입 금지된 곳도 많았었다. 추암해변의 두 개의 바위는 애국가의 동영상 화면에서 본 모습이었다.

동해시 추암해변의 기암괴석

동해시 추암 촛대바위

동해시 추암동 추암해변의 바위

동해시 추암동의 추암해변

    추암해변에서 오전 11시 40분에 오전 걷기를 종료하였다. 오전에 14.1㎞를 걸었다.

오후 午後

　추암해변 주변의 식당에서 점심을 먹고 잠시 쉬었다가 12시 30분에 오후 일정을 시작했다. 추암해변에서 남쪽으로 해안길로 걸어가니 삼척시가 시작된다는 표지판이 있었다. 이제부터 강원도의 가장 남쪽 도시인 삼척시에 들어선 것이다.
　삼척(三陟)의 옛 이름은 척주(陟州)였다. 삼척은 세 번을 올라야 갈 수 있는 곳이라는 뜻이다. 신라의 땅이었다가 고구려의 땅이 되었다가 신라 장군 이사부가 재탈환하여 실직국(悉直國)으로 불렸다가 통일신라 경덕왕 때 삼척군으로 개칭되었다. 그러니 경주에서 삼척을 가려면 세 번을 올라가야 한다는 의미일 것이다.
　삼척시에는 탄광이 많아서 왠지 검은색의 느낌이 들었던 곳이지만, 요즘에는 석탄의 이미지를 벗어내고 점차 휴양지로 변모되고 있다고 한다.
　증산해변으로 넘어가니 어떤 사람 주위에 갈매기 떼가 많이 모여들고 있었다. 그 사람이 갈매기에게 새우깡을 주는 것 같았다. 갈매기가 희한하게도 새우깡의 맛을 안다.
　증산해변에서 조금 더 가니 '해가사(海歌詞)의 터 기념비'와 임해정(臨海亭)이 나왔다. 해가사는 삼국유사에 나오는 헌화가의 주인공인 수로부인이 또 관련된 노래이다.
　삼국유사에 따르면, 헌화가 사건 이후 강릉으로 가던 수로부인이 이틀째 가다가 임해정이란 곳에서 점심을 먹는데 갑자기 해룡이 나타나 수로부인을 끌고 바닷속으로 들어갔다. 남편 순정공 어찌할 바를 모르고 있던 중에 한 노인이 많은 백성을 모아 노래를 부르며 막대기로 땅을 치면 부인이 나타날 것이라고 말해서 순정공이 노인이 시키는 대로 해가(海歌)라는 노래를 지어 부르니 해룡이 수로부인을 데리고 나왔다.

〈해가사 海歌詞〉

삼국유사

거북아 거북아 수로를 내놓아라
남의 아내 앗은 죄 그 얼마나 큰가
네 만약 어기고 바치지 않으면
그물로 잡아서 구워 먹으리라

삼척시 증산동
해가사의 터 기념비

삼척시 증산동의
임해정

수로부인은 미모가 얼마나 빼어났으면 경주에서 강릉으로 가면서 두 번씩이나 이야기의 주인공이 되었고, 그 이야기는 삼국유사에 기록되어 지금까지 전해지고 있다. 그런데 이상하게도 해가사의 내용은 거북이에게 수로부인을 내놓으라고 되어있다. 설화상으로는 해룡이 수로부인을 데리고 갔는데 말이다. 그런 생각을 하니 설화를 가지고 내가 너무 따지는 것 같았다.

삼척시는 2006년 4월 그곳이 삼국유사의 임해정이 있던 곳이라고 여기고 해가사 기념비와 임해정을 건립하였다. 그런데 삼국유사를 보면, 순정공과 수로부인이 경주에서 강릉으로 북쪽 방향으로 가면서 먼저 노인의 헌화가를 들었고 이틀 뒤에 순정공 등이 해가사를 불렀다고 되어 있다. 그런데 헌화가 비석은 강릉시에 있고, 임해정 터는 그 남쪽인 삼척시에 있으니 위치가 삼국유사와 맞지 않았다. 삼국유사의 순서로는 헌화가 터가 임해정 터보다 더 남쪽에 있어야 한다. 그리고 중요한 것은 삼국유사에는 이들 사건이 일어난 구체적인 지역명이 없다는 것이다. 그러고 보니 설화와 지자체의 시설물을 가지고 내가 또 너무 따지는 것 같았다.

그러한 생각을 하다가 차로인 수로부인길을 따라 걸어서 쏠비치리조트 앞을 지나 삼척해변으로 들어섰다.

삼척시 갈천동의 삼척해변

그리고 삼척해변을 지나서 해안길인 새천년도로로 접어들었다. 새천년도로는 이사부(異斯夫)의 길이라고 불리기도 한다. 어제 심곡항에서 금진항 사이에 걸었던 길과 비슷한 절벽 해안길이다. 새천년도로(이사부의 길)는 차도 옆에 사람이 걸을 수 있게 나뭇길을 잘 만들어 놓았다.

역사서에는 이사부가 신라 지증왕 13년(512년)에 하슬라주(지금의 강릉) 태수로 있으면서 우산국(울릉도와 독도)을 정벌하여 우산국을 신라 영토에 편입시켰다고 되어 있다. 그런데 삼척시의 안내문에는 이사부가 실직국(지금의 삼척) 태수로 있으면서 우산국 정벌을 위해 삼척 해안에서 출항하였다고 되어 있다.

수로부인에 관한 것도 그렇고, 이사부에 관한 것도 그렇고, 우리나라 역사는 혼동되는 경우가 많고, 지자체마다 설화를 가져다가 자기 지역의 역사라고 하고 있다. 뭔가 정확한 정리가 필요하다고 생각한다.

아무튼 새천년도로(이사부의 길)는 절벽 해안에 차도뿐만 아니라 나무로 된 인도가 잘 되어 있어서 걷기에는 정말 좋았다. 걷기 좋은 길을 걷고 있는데, 왼발의 발바닥에 통증이 느껴졌다. 그동안 발에 대해 신경을 많이 썼는데도, 어젯밤에 보니 발바닥에 조그만 물집이 생기고 있었다. 어젯밤에 간단히 처치를 했는데, 오늘 오후가 되니 걸을 때마다 발바닥에 통증이 느껴졌다.

육체적인 고통을 즐기는 사람은 없다. 티베트 사람들 중에는 3보 1배(세 걸음마다 한 번 절하며 가는 것)를 하며 몇 개월 동안 성지를 순례하는 사람들이 있다고 한다. 그들은 그러면서 정신적인 평안을 얻으려고 한다. 또 티베트 사람들은 그렇게 하는 것이 평생 꿈이라고도 한다.

나는 정신적인 평안을 얻기 위해 걷는 것이 아니다. 그렇지만 일정한 소득도 없는데, 매일 숙박비와 음식비를 써가며 발바닥에 물집을 터뜨리고 아플 때엔 진통제를 먹어가며 이렇게 해파랑길을 걷는 것이 잘하는 일일까? 잘하는 일은 아니더라도 잘못하는 일은 아니어야 할 텐데, 솔직히 아직까지도 잘 모르겠다.

그리고 육체적 고통이 나에게 정신적인 평안을 가져다줄지, 아니면 정신을 더 고통스럽게 할지도 알 수 없다. 당초의 해파랑길 걷기를 시작한 취지와 다르게 점차 내 체력의 한계에 도전하는 분위기가 되어가고 있다. 내 앞에 놓인 길이 두려워지고 있다. 현재로서는 육체적 고통을 최소화하면서 해파랑길을 잘 마치고 싶을 뿐이다.

삼척시 새천년도로(이사부의 길)

오후 1시 30분경에 아주 작은 후진항을 지나 계속 새천년도로(이사부의 길)을 걸었다. 두꺼비 바위를 지나 비치조각공원을 사진 찍고 새천년도로를 계속 걸었다. 해파랑길 코스는 광진항 부근에서 광진길로 빠져서 내륙 산길로 삼척항으로 가는 것으로 되어 있으나, 나는 광진항을 지나 계속 해안도로인 새천년도로를 따라 걸었다. 그런데 광진항 이후에 새천년도로는 오르막이어서 힘이 많이 들었다.

새천년도로를 따라 힘들게 고갯마루로 올라가니 '소망의 탑' 앞에서는 사람들이 제(祭)를 올릴 준비를 하고 있었다. 제를 준비하는 관계자에게 물어보니, 오늘이 정월대보름이어서 그곳에서 해신제(海神祭)를 지내는 것이라고 말해주었다. 그리고 소망의 탑에서 오늘 세 번째로 제를 지내려는 것인데, 오전에는 삼척시 사직단에서 사직제(社稷祭)를 지냈고, 점심때에는 죽서루에서 천신제(天神祭)를 지냈다고도 말해주었다. 정월대보름엔 제를 준비하는 사람들이 바쁘겠다는 생각도 들었다.

삼척시 교동 비치조각공원

삼척시 교동 소망의 탑

바닷가에 사는 사람들에게 바다는 물고기 등 살아가는데 필요한 많은 것을 주기도 하지만, 다른 한편으로 사람의 생명을 앗아가는 두려움의 대상이기도 하다. 그러니 그들에게는 바다가 곧 신(神)인 것이다. 그래서 바닷가에서는 마을마다 고을마다 해신제를 지낸다. 풍요와 함께 안전을 기원하는 것이다.

새천년도로(이사부의 길)의 끝 지점에 태극기를 돌에 새겨 놓았고, 바로 옆 바닷가에 '이사부의 사자바위'라고 하는 바위가 있었다. 태극기는 이사부가 정벌한 독도가 우리 땅임을 상징하여 만들어 놓은 것이고, 사자바위는 이사부가 울릉도와 독도를 정벌할 때에 사자의 형상을 만들어서 울릉도 백성을 위협하는 계책을 사용하였다고 해서 해안가의 사자와 비슷하게 생긴 바위를 그렇게 부르는 것이다.

삼척시 정하동의 새천년도로 옆 태극기

삼척시 정하동의 새천년도로 옆 사자바위

새천년도로로 조금 더 가니 삼척항이 나왔다. 그런데 삼척항은 하도 커서 항구의 전체 모습을 사진 찍기가 어려웠다. 삼척항을 따라 걸으며 사진 찍는 것을 고민하던 차에 마침 항구 바로 옆에 전망대가 있어서 그 전망대로 올라가서 삼척항 사진을 찍을 수 있었다.

내 몸이 피곤하기도 하고, 삼척항 부근에 숙박시설이 많아서 오늘 삼척항까지만 걸으려고 잠깐 생각했다가, 당초의 목적지인 죽서루까지 가기로 하였다. 그러니 죽서루까지 3㎞ 정도를 더 걸어가야 한다. 검색해보니 죽서루 부근에도 숙박시설이 있었다.

그래서 동해대로를 따라 걷는데, 왼쪽에 전통적인 모양의 담이 있어서 검색해보니 유진시멘트(전 동양시멘트) 공장의 담이었다. 시멘트 건물이지만 담을 고풍스럽게 해 놓았다. 오십천을 건너기 전에 우회전하여 산책하기 좋은 오십천 둑길을 걸었다.

삼척시 정상동의 삼척항

삼척시 오십천의 산책로

 지친 몸으로 오십천 둑길을 걸어가며 죽서루가 궁금하였다. 죽서루가 아니면 삼척항에서 바로 해안을 따라 걸으면 되는데, 죽서루 때문에 오십천 둑길을 따라 시내 안으로 3㎞ 걸어가야 하고, 내일 아침에 또다시 그만큼의 거리를 걸어 나와야 하니 말이다. 그래도 산책로가 잘되어 있어 걷기에 좋았다.
 오십천 둑길을 한참 걸어서 죽서교 직전에 길을 건너 비탈길을 올라가니 죽서루 주차장과 입구가 나왔다. 죽서루를 직접 보니 그곳까지 오면서 투덜거렸던 내가 좀 창피하다는 생각이 들었다. 죽서루는 웅장하면서도 고풍스러움과 기품이 있는 정자였다.
 오십천 절벽에 세워져 있는 죽서루(竹西樓)는 정면 7칸, 측면 2칸의 겹처마 팔작지붕 건물로 보물 제213호이다. 고려 충렬왕 때 제왕운기를 썼던 이승휴(李承休)가 창건하였고, 1402년(태종 3년) 삼척부사 김효선(金孝孫)이 중창하였다. 누각 앞에는 죽서루와 관동제일루(關東第一樓) 현판이 나란히 걸려있고, 누각 안에는 이이(李珥)를 비롯한 여러 명사들의 시가 걸려 있었다. 죽서루는 관동팔경 중의 하나이다.

삼척시 성내동
죽서루

삼척시 성내동
죽서루에서 본
오십천

 그러니 오늘 죽서루를 보게 됨으로써 내가 해파랑길을 걸으면서 봐야 할 관동팔경 중에서 고성의 청간정, 양양의 낙산사, 강릉의 경포대 이후에 네 번째 경치를 보게 된 것이다. 이제 경상북도 울진군의 망양정과 월송정을 보면, 남한 지역에 있는 관동팔경은 모두 다 보게 된다.

 죽서루 관람을 마치고, 오후 4시에 걷기를 종료하였다. 오늘의 이동 거리는 오전에 14.1㎞, 오후에 9.9㎞를 걸어서 총 24.0㎞이었다.

해파랑길 9일차

2021년 2월 27일 토요일

삼척시 성내동 죽서루   -   삼척시 근덕면 장호항

 ## 오전 午前

　죽서루 부근에서 아침을 먹은 뒤에 오전 7시 20분에 출발하였다. 오늘의 예정 종착지인 용화해변까지는 거리가 27㎞ 정도이다. 오늘 이동 거리가 길어서 출발을 서둘렀다.
　어제 삼척항에서 죽서루까지 걸어왔던 오십천 둑길의 반대편 둑길을 걸었다. 새벽에 비가 와서 길이 젖어 있었다. 아침에 다행히 비는 오지 않았으나, 차가운 바람이 불었다. 바다 쪽에서 불어오는 습기를 가득 실은 차가운 바람을 맞으며 걸었다. 그 바람은 태백산맥을 넘어가면 따뜻하고 건조한 높새바람이 될 것이다.

삼척시 오십천 둑길

바람의 종류가 참으로 많다. 계절이나 방향에 따라 높새바람, 하늬바람, 샛바람, 마파람 등이 있고, 센 정도에 따라 실바람, 남실바람, 산들바람, 돌풍, 태풍 등이 있다. 그리고 '바람이 난다.'든지, '바람을 맞았다.'든지, '바람이 들었다.'든지 등 은유적인 표현으로도 바람이 사용되고 있다.

나에게도 무슨 바람이 불었는지 작년에 난생처음 소설을 썼고, 소설의 제목에도 '바람'이라는 단어를 넣었다. 소설을 통해 마음속 응어리를 바람에 날려 보내고 싶고, 바람 따라 정처 없이 떠나가고 싶고, 아예 바람이 되고 싶은 생각을 표현하려고 하였다. 그런데 내가 쓴 슬프고 외롭고 허무한 글 속에 내 스스로 갇히는 느낌이 들기도 했다. 가공의 인물을 설정하고 허구의 스토리를 지어내면서 내가 표현하고 싶었던 마음은 무엇이었을까? 잠을 이루지 못하고 머리를 짜내어 소설을 쓰며 내가 드러내고 싶었던 진실은 무엇이었을까?

소설이나 시를 잘 쓰는 사람이 부럽다. 글을 쓴다는 것이 쉬운 일이 아니다. 생각과 감정을 글로 남긴다는 것은 두려운 일이다. 내가 만든 글이 나를 평가하는 잣대가 될지도 모른다. 그러니 글을 남긴다는 것은 두려운 일인 것이다.

지금은 바람을 따라 해파랑길을 걷고 있다. 그리고 오늘 아침에는 삼척시의 오십천 둑길을 걸으며 동해에서 불어오는 바람을 실컷 맞고 있다. 앞으로 바람은 나의 길을 방해할지도 모르고, 내 마음을 흩뜨려 놓을지도 모른다. 다만 내가 이번 해파랑길을 걷는 동안에 바람은 나의 친구가 되어주길 바랄 뿐이다.

오십천 하류를 향해 둑길을 계속 걸어가니 좌우에 시멘트 공장이 보였다. 삼척에 탄광업은 거의 문을 닫았다고 하는데, 시멘트 공장은 아침부터 계속 소리 내며 돌아가고 있었다.

이름 없는 조그만 다리를 건너 오분길로 접어들었다. 그곳에는 포항과 삼척 사이의 고속도로 공사가 한창 진행 중이었다. 터널을 뚫고 고가를 세우고 있다. 동해고속도로가 속초에서 삼척까지만 연결되어 있으니 포항까지 연장하는 공사를 하고 있는 것이었다. 많은 돈을 들여서 차도를 넓히고 직선으로 만드는데, 사람이 다니는 길에 대한 투자는 별로 하지 않는 것 같다.

도로 공사장을 잘 피해서 동해대로 옆 나뭇길을 지나 차도인 삼척로로 접어들었다. 삼척로의 갓길은 넓지 않았다. 왼쪽의 펜션 촌을 끼고 삼척로 오르막은 계속되었다. 아침부터 땀이 많이 났다. 한재의 고갯마루에 오르니 이름 없는 정자가 있었다. 정자에 앉아 쉬면서 어제 지나갔던 삼척항 부근을 바라보았다. 삼척항은 아스라이 멀리 보이고, 바다에는 파도가 높았다.

삼척시 근덕면 한재 고갯마루의 정자

한재의 정자에서 본 삼척항 부근의 바다

정자에서 오래 쉬고 싶었으나, 바람이 심해서 정자에 오래 앉아 있을 수 없어 다시 계속 삼척로를 따라 걸어서 삼척시 근덕면으로 접어들었다. 그 이후 내리막길을 걸어서 고개를 다 내려가니 삼척 화력 발전소 1호기와 2호기가 건설되고 있었다. 발전소 앞에는 공원이라고 말하기에도 어려운 조그만 '한재 소공원'이 있었다.

계속 삼척로를 따라 걸었다. 가로수가 큰 벚나무인데, 벚꽃 봉우리가 커져 있었다. 아마 10여 일 뒤에는 이곳에 벚꽃이 만발할 것 같다. 그런데 사실 벚나무는 나무의 색이 거무스름하고, 나무껍질이 잘 갈라져서 보기에 좋지 않다. 그리고 단풍도 그리 좋게 물드는 것도 아니다. 열매인 버찌도 그냥 먹기 어렵다. 그러니 벚나무는 봄에 피는 10여 일간의 벚꽃으로 자신의 전부를 표현하는 것이라고 볼 수 있다.

삼척로를 걷다가 해안길로 접어들었다. 조금 돌아가더라도 바다 가까이 걷고 싶었다. 그런데 상맹방해변은 온통 공사 중이었다. 발전소의 부대시설로 해변에 항만공사를 하고 있는 모양인데, 공사가 중단된 것 같았다.

그런데 공사를 빨리 재개하라는 현수막이 있었고, 어느 농성장에는 화력 발전소와 더불어 항만공사도 중지하라는 현수막이 있었다. 그러니 주민들 사이에서도 항만공사에 대해 의견이 갈리는 모양이었다. 그런데 공사를 하다가 중지한 상태로 백사장이 다 뜯겨 있어서 해변이 온통 황폐해 보였다. 주변의 매점, 식당, 카페 등은 모두 문이 닫혀 있었다.

삼척시
상맹방해변의
공사반대 현수막

삼척시
상맹방해변의
공사찬성 현수막

해안길을 따라 하맹방해변으로 가니 그곳의 백사장도 공사로 온통 뜯겨져 있었다. 공사 중이어서 쉴 곳도 없는 하맹방해변의 해안길을 바닷바람을 실컷 맞으며 걸었다. 해변에 잘 지어진 리조트가 하나 있는데, 해변이 온통 공사로 뜯겨 있으니 투숙객이 많지 않을 것 같았다. 내가 괜히 걱정되었다.

길고 긴 상맹방해변과 하맹방해변을 지나 맹방해변으로 접어드니 바람 속에 빗방울이 섞이기 시작했다. 맹방해변에는 항만공사를 하지 않는데도 각종 편의시설이 닫혀 있어서 썰렁하였다. 거기다가 화장실이 모두 폐쇄되어 있었다. 지금까지 해파랑길을 걸으며 지나온 해변 중에 가장 최악이었다. 맹방해변에서 따뜻한 커피 한잔 마시며 쉬려던 나의 계획은 산산이 부서져 버렸다. 설상가상으로 비가 조금씩 오고 있었다.

삼척시 근덕면 맹방해변

맹방해변 끝에서 덕봉대교를 건너 우회전하니 아주 조그만 팔이구기념공원이 있었다. 한재 소공원도 그렇더니만, 그곳에서는 나무 몇 그루와 벤치 몇 개만 있으면 공원이라고 이름을 붙이는 것 같았다.

팔이구기념공원에는 원전 백지화 기념비가 있었다. 자세히 보니 지역 주민들이 1999년에 덕산 원자력 발전소, 2019년에 대진 원자력 발전소의 건설을 반대하여 원자력 발전소 건설을 백지화시킨 것을 기념하는 것이라고 적혀 있었다. 그럼 원자력 발전소 건설이 백지화되고 화력 발전소 건설이 진행되고 있는 것 같았다.

삼척시 근덕면 팔이구기념공원

    공원 벤치에 앉아 잠시 쉬었다가 그곳부터는 내륙의 길로 안내하는 해파랑길 코스를 따라 궁촌항을 향해 출발하였다. 해안으로는 덕산항과 대진항을 지나 궁촌항으로 갈 수 있는 길이 없었다. 산의 능선을 타고 갈 수는 있으나, 등산하러 온 것이 아니어서 해파랑길을 따라 내륙으로 걷기로 했다.

    참고로 삼척시에도 대진항이 있다. 지도를 살펴보니 동해안에는 대진항이 4곳이나 있다. 대진항이라는 이름이 좋은가 보다. 그중에서 나는 고성군의 대진항과 동해시의 대진항은 들렸었다. 그런데 삼척시의 대진항은 들르지 못한다. 나머지 영덕군의 대진항에는 되도록 가보려고 한다. 왠지 삼척시 대진항에 미안한 생각이 들었다.

    다행히 비는 더 오지 않았다. 쓸쓸하게 흐린 날에 삼척시 근덕면의 마읍천 둑길을 홀로 걸어가며 나는 왜 걷는가에 대해 생각했다. 사실 해파랑길을 걸으며 자주 드는 의문이었지만 또 그 의문이 들었다.

    이 시간에 다른 것을 할 수도 있다. 거실 소파에 누워서 TV 채널을 이리저리 돌릴 수 있고, 카페에서 커피를 마시며 인터넷 검색을 할 수 있고, 읽다가 접어두었던 책을 다시 읽을 수 있고, 붓을 잡고 옛 명필가와 시공을 초월한 대화를 할 수도 있다.

그런데 나는 지금 해파랑길을 걷고 있다. 해파랑길 코스를 따라 걷지만, 때로는 다른 길을 걷기도 하고, 매일 숙박시설과 식당을 찾아야 한다. 그러면서 가능한 모든 생각을 해보려고 한다. 그러니 길을 걸으며 생각을 하고 있는 한 그런대로 내 목적은 달성되는 것이다. 이런저런 생각을 하며 길을 걸으면서도, '왜 걷는가?'라는 생각이 계속 드는 것도 사실이다.

삼척시 근덕면 마읍천 둑길

마읍천 둑길을 걷다가 차도인 방재로로 접어들었다. 그러다가 방재로에 갓길이 좁아서 그런지 해파랑길 코스가 한적한 마을길로 안내하여 코스를 따라 교가1리와 부남1리의 마을길을 걸었다가 다시 방재로로 나왔다.

마을길로 농어촌마을을 가로질러 걸어갔다. 요즘에는 마을 사람들은 외지인을 반기지 않는 눈치이다. 그러한 분위기는 모두 다 코로나 바이러스 때문이라고 생각한다. 어느 마을 앞에는 외지인은 출입하지 말라는 현수막도 걸려있다. 그리고 마을 안에서 적대적으로 짖어대는 개소리도 듣기 싫다. 또 대형 축사가 있는 경우에는 안 좋은 냄새도 많이 난다.

　해안에 절벽이 있거나 군부대, 산업시설이 있는 경우에는 해파랑길 코스가 내륙길로 설정되어 있다. 그런 경우에는 코스를 최단거리의 내륙길로 우회하도록 설정하는 것이 바람직한데, 내륙의 높은 산이나 큰 마을로 우회하도록 설정된 경우가 많다. 그리고 해안으로 길이 있는데도 유명한 산이나 봉수대로 코스를 설정한 경우도 많다.

　사람들이 좀 더 해안 가까이 걸을 수 있도록 해파랑길 코스를 해안길 중심으로 설정하면 좋겠다. 바닷가를 따라 해안도로, 해안길, 산책길, 자갈길, 흙길, 모래길 등 어떠한 형태의 길이든지 연결되면 좋겠다. 해안절벽에도 해안 산책로를 만들고, 군부대와 산업시설이 있는 경우에도 보안상 문제가 없도록 신분증을 제시하거나 사진촬영을 못 하게 하고 해안으로 걸을 수 있게 하면 좋겠다.

　그리고 해안에 길이 있는 경우에는 해파랑길 코스를 내륙길로 정하지 않으면 좋겠다. 특정 관광지 관람을 위해서 해파랑길 코스를 내륙길로 정하는 것은 해파랑길의 취지에 맞지 않는다. 관광지를 코스에 포함시키지 않아도 그곳에 가보고 싶은 사람들은 해파랑길을 걷다가 코스를 이탈하여 관람할 것이기 때문이다.

　부남교를 건너서 다시 마읍천 둑길을 걸었다. 바다와 관련이 없는 비료 냄새를 맡고 시냇물 소리와 참새 소리를 들으며, 마읍천 둑길을 한참 동안 걸었다. 지루한 둑길을 걸은 뒤에 동막교를 건너 차도인 삼척로를 또 만났다. 그 삼척로는 오전의 목적지인 궁촌해변으로 가는 차도이다.

　오늘은 평소보다 조금 일찍 출발하였고, 아침 내내 별로 쉬지 못하고 걸어서 몸이 오전부터 지쳐가고 있었다. 오전에 걸었던 길도 공사로 파헤쳐진 해안길이거나 마을길과 개천의 둑길이었고, 흐린 날씨마저 내 몸을 저기압으로 만든 것 같다.

　그리고 다시 만난 삼척로는 또 오르막이었다. 아침에 한재를 오르느라 힘이 들었는데, 이번에는 사래재를 올라가야 했다. 고개를 넘어가면 바로 궁촌해변이 나올 것 같은데, 고갯마루는 좀처럼 다가오지 않았다. 길가에서 물 한 모금 마시고 쉬었다가 다시 일어서며 나도 모르게 '고지가 바로 저긴데 예서 말 수는 없다.'라는 노산(鷺山) 이은상(李殷相)의 시구를 읊으며 사래재 고갯마루를 향했다.

힘들게 사래재 고갯마루를 넘으니 바람이 더 세게 불었지만, 내리막길이어서 힘은 덜 들었다. 멀리 바다가 보여서 힘든 것을 보상받는 기분이 들었다.

그렇게 삼척로를 계속 걸어서 12시를 조금 지나 궁촌항의 레일바이크 정거장에 도착했다. 궁촌해변은 조금 더 가야 하지만, 레일바이크 정거장 부근에 식당이 있어서 서둘러 그곳에서 오전 일정을 마치기로 했다. 오늘 오전에만 총 19.6㎞를 걸었다.

삼척시 근덕면
사래재의 삼척로

삼척시 근덕면
궁촌 레일바이크
정거장

오후 午後

　궁촌 레일바이크 정거장 부근의 식당에서 점심을 먹고 나서 오후 1시경에 출발하였다. 궁촌해변으로 가서 쉬려고 하였다. 그런데 궁촌해변 부근에는 식당도 없고 쉴 만한 곳도 없었다. 레일바이크 정거장에서 점심 먹기를 잘했다는 생각이 들었다.
　궁촌해변에 잘 만들어진 출렁다리가 있었다. 출렁다리를 건너 해파랑길 리본을 따라 솔밭 안으로 들어가서 걸었다. 군데군데 자동차로 차박이 되어있는 솔밭 안을 걷다가 레일바이크 선로를 건너서 다시 차도인 삼척로를 만났다.

삼척시 근덕면 궁촌해변의 출렁다리

　레일바이크를 즐겁게 타고 있는 사람들을 보니 오래전에 식구들과 함께 레일바이크를 탔던 기억이 났다. 춘천시에 근무할 때 휴일에 식구들을 춘천시로 오게 하여 함께 옛 경춘선의 레일바이크를 탔다. 당시에 나는 페달을 밟느라 힘이 들었지만, 아내와 아들은 즐거워했었다.

지금 삼척시의 레일바이크를 타고 있는 사람들도 대부분 가족들이다. 오늘은 흐리고 바람이 불어서 날씨가 좋지 않지만, 그들에게는 레일바이크가 모처럼 좋은 추억이 될 것 같았다.

계속 삼척로를 따라 걸어서 초곡해변과 문암해변으로 들어가는데, 이들 해변의 마을인 초곡리가 황영조의 고향이라는 안내가 있었다. 초곡항에 도착해서 보니 초곡항은 아주 작은 항구이고 공사 중이었다. 조그만 항구 마을에서 올림픽 마라톤 금메달리스트가 탄생한 것이었다.

그리고 삼척의 초곡항은 양양군 남애항과 강릉시 심곡항과 더불어 강원도의 3대 미항(美港)에 속하는 항구이다. 초곡항 부근에는 황영조 마라톤 코스의 반환점이 있었다. 황영조가 마라톤 코스를 설정하면서 자신의 고향을 반환점으로 정한 모양이었다.

초곡항 정자에 앉아서 양말을 갈아 신으며 휴식을 하였다. 그런데 길 건너 카페에서 음악이 크게 흘러나왔다. 팝송과 가요가 번갈아 흘러나왔는데, 그중에서 그 카페와는 도저히 어울릴 것 같지 않은 가요인 '과거는 흘러갔다'가 흘러나왔다. 그 노래를 듣고 있으니, 카페에서 마치 나에게 들으라고 내보내는 노래 같았다. 그전에도 들어본 노래인데, 웬일인지 그 노래의 가사가 구구절절 내 마음을 찔렀다.

〈과거는 흘러갔다〉

작사: 정두수, 작곡: 전호승, 노래: 여운

즐거웠던 그날이 올 수 있다면
아련히 떠오르는 과거로 돌아가서
지금의 내 심정을 전해 보련만
아무리 뉘우쳐도 과거는 흘러갔다.

◀ 삼척시 근덕면 초곡항

▶ 삼척시 초곡항의
황영조 마라톤코스 반환점

초곡항에서 휴식한 후 출발하는데, 바로 옆에 용골 촛대바위길이 있었다. 해파랑길 코스는 아니지만, 용골 촛대바위길로 들어가 보기로 했다. 용골 촛대바위는 구렁이가 용으로 승천한 장소라는 전설을 가지고 있다. 그곳으로 가는 길은 해안절벽의 긴 산책로이다.

그곳 바닷가에는 촛대바위 이외에도 여러 기암괴석이 많았다. 용골 촛대바위는 동해시 추암해변의 촛대바위와 생김이 비슷했다. 촛대바위길에는 인공폭포와 출렁다리도 있었다. 그곳에서 촛대바위에 부딪히는 파도를 실컷 구경했다.

삼척시 근덕면 용골 촛대바위길 입구

삼척시 근덕면 용골 촛대바위

삼척시 근덕면 용골 촛대바위길

삼척시 근덕면 용골 출렁다리

용골 촛대바위길을 나와 초곡길을 따라 올라가니 황영조 기념관과 황영조 기념상이 있었다. 황영조는 참으로 대단한 일을 해냈다. 한국인으로는 손기정 다음이고, 대한민국 정부 수립 이후에는 최초로 올림픽 마라톤에서 금메달을 땄으니 말이다. 앞으로 누가 또 올림픽 마라톤에서 금메달을 딸 수 있을지는 장담할 수 없다.

삼척시 근덕면의 황영조 기념관

191

삼척시 근덕면의 황영조 기념상

　황영조 기념관을 지나니 용화재의 고갯길이다. 가파른 오르막이어서 꼭 등산하는 기분이다.
　사실 해안 부근의 차도를 걸으면 주위가 단조롭다. 오른쪽으로는 산이 보이고, 왼쪽으로는 나무 사이로 바다가 가끔 보인다. 내 앞에는 길이 있고 발은 그냥 앞으로 나간다. 파도 소리와 가끔 울어대는 갈매기 소리를 들으며 햇살을 머금은 바람을 느끼며 해안 부근의 차도를 걷다 보면, 다른 길을 걸어도 같은 길처럼 느껴진다. 주변의 모습이 비슷하니 잘 기억이 나지 않는다. 사진을 찍어도 비슷한 모습이다. 그러한 길을 오랜 시간 걷다 보면, '내가 지금 여기서 뭐하고 있지?', '여기까지는 어떻게 왔지?' 그런 생각이 드는 것이다.
　용화재라는 고개를 넘어 지루한 내리막길을 걸어서 오후 3시 40분에 용화해변으로 들어갔다. 용화해변에도 레일바이크 정거장이 있었다. 궁촌에서 출발한 레일바이크가 그곳에 도착하는 것이다. 용화해변 부근에 해상 케이블카가 있어서 케이블카를 타보고 싶었는데, 내부공사로 케이블카는 운행을 하지 않았다.

삼척시 근덕면 용화재에서 본 용화해변

삼척시 근덕면의 삼척해상 케이블카

　오늘의 당초 목적지는 용화해변이었으나, 장호항까지 1.8㎞를 더 걸어가기로 하였다. 원래 계획은 모레인 3월 1일까지 걸은 뒤에 그날 오후에 서울로 올라가려고 하였으나, 모레 비가 많이 내린다는 일기예보가 있어서 하루를 앞당겨 내일 오후에 서울로 올라가는 것으로 계획을 바꿨다. 내일 오후에 삼척시 원덕읍의 호산 버스정류장에 도착하면, 그곳에서 서울로 가는 고속버스를 탈 수 있을 것 같았다. 그래서 오늘 조금이라도 더 걸어가려고 한 것이었다.

　용화해변에서 나와 또 삼척로를 걸어서 오후 4시에 장호항에 도착했다. 장호항 부근에서 숙박시설을 알아보는데, 토요일이어서 펜션에는 빈방이 없었다. 마침 민박에 빈방이 있어서 들어갔다. 몸이 피곤하여 서둘러 민박에 들어가 샤워를 하고 나니 장호항을 사진 찍지 않은 것이 생각이 났다. 그래서 저녁을 먹으러 나와서 장호항을 사진 찍었다. 장호항은 상당히 큰 항구였다.

　이것으로 해파랑길 걷기 9일차를 모두 마쳤다. 총 이동 거리는 오전에 19.6㎞, 오후에 9.3㎞를 걸어서 합계 28.9㎞로 지금까지 해파랑길 걸었던 중에서 가장 길게 걸었다.

삼척시 근덕면 장호항

　내일의 목적지는 삼척시 호산버스정류장으로 정했다. 그곳이 이번 해파랑길 걷기여행의 최종 목적지는 아니다. 그 이후에 서울에서 잠시 쉬었다가, 호산버스정류장에서 다시 해파랑길을 이어 걸어서 부산시 남구 오륙도 해맞이공원에 도착하는 것을 목표로 하고 있다. 그곳이 나의 해파랑길 걷기의 최종 목적지이다. 그곳까지 잘 갈 수 있을지 모르겠지만, 지금으로 봐서는 갈 수 있을 것 같다. 아니 꼭 가고 싶다.

　그리고 그다음에는 또 어디로 가야 하나? 길(道)을 찾아 걸어 다니는 내 여행길(路)의 종착지는 과연 어디일까?

해파랑길 10일차
2021년 2월 28일 일요일

삼척시 근덕면 장호항 — 삼척시 원덕읍 호산버스정류장

    오전 7시에 길을 나섰다. 장호항 부근에는 아침 일찍 문을 여는 식당이 없으니 아침 식사를 초코바 등으로 간단히 때웠다. 오늘 걷기는 삼척시 원덕읍 호산버스정류장까지 17.8㎞로 잡았다. 오후에 호산버스정류장에서 고속버스를 타고 서울의 집으로 가기 위해서이다.

    어제저녁 때 호산버스정류장에 전화를 해 봤더니 고속버스표를 예매할 수 없고 선착순으로 판매한다고 한다. 오후에 서울로 가는 고속버스가 한 대는 아니라고 하니 일단 호산버스정류장에 가서 버스표를 구매하려고 한다.

    해파랑길 코스는 어제 갔던 용화 레일바이크 정거장 이후 계속 내륙길을 따라 임원항으로 가는 것으로 되어 있다. 그런데 나는 어제 해파랑길 코스와 다르게 해안도로인 삼척로를 따라 장호항으로 왔다. 그러니 임원항까지 가는 길도 해파랑길 코스가 아니라 계속 해안도로인 삼척로를 따라 걸어서 갈남항과 신남항을 거쳐서 가려고 한다.

장호항을 출발하려고 하는데, 동쪽 하늘엔 구름이 잔뜩 끼어서 일출 모습을 볼 수 없었으나, 서쪽 하늘엔 구름이 없어서 둥근 달을 볼 수 있었다. 달력을 보니 음력 16일의 달이었다. 으레 음력 15일의 달이 가장 둥글다고 하지만, 음력 16일의 달이 더 둥그런 경우도 있다고 한다. 이번 음력 정월에 15일의 달이 더 둥근지 16일의 달이 더 둥근지는 알 수 없지만, 막 서쪽 산 뒤로 넘어가려고 하는 둥근 달의 모습을 사진에 잡았다.

삼척시의 근덕면 장호항 부근의 달

장호항을 나와 다시 삼척로를 만나 삼척시 원덕읍으로 들어섰다. 날씨는 약간 흐리고 바람이 불었다. 장호항에서 갈남항까지는 1.1㎞로 가까운 거리였다. 삼척로에서 빠져나가 갈남항에 들렀다가 바로 나왔다.

갈남항은 장호항에 비해 작은 항구였다. 항구도 집중화 현상이 생기는 모양이었다. 바로 옆에 큰 장호항이 있으니 어선들이 그리 집중되는 것 같았다.

갈남항에서 신남항을 가는 길을 인터넷으로 검색해보니 산길이 있는 것으로 나왔다. 그래서 삼척로로 가지 않고 해안 능선길을 걸었다. 가파른 오르막을 올라가다 보니 군부대가 있어서 더 이상 갈 수 없었다. 군부대를 우회하는 길도 없었다. 할 수 없이 왔던 길을 다시 내려갈 수밖에 없었다.

아침에 약 20분간 헛걸음한 것을 아쉬워하며 다시 갈남항 마을 입구로 내려왔다. 물 한 모금 마시고 긴 호흡을 한 후에 삼척로로 접어들었다. 삼척로가 싫어서 다른 길로 가려던 것이 아니었는데, 괜히 삼척로에 미안하였다.

삼척로를 따라 걸어서 고갯마루에 올라가니 해신당공원 입구가 나왔다. 해신당공원은 오전 9시부터 관람할 수 있다고 하는데, 시계를 보니 오전 8시였다. 해신당공원에 들어가려면 그곳에서 1시간을 기다려야 해서 해신당공원 안내문만 읽고 그냥 발길을 신남항으로 돌렸다.

속초시 원덕읍 신남항으로 가는 삼척로

삼척시 원덕읍 해신당공원 입구

　동해안에 유일하게 남근숭배 민속이 전해오는 해신당공원에 들어가지 못하는 아쉬움을 애바위 전설을 여기에 옮겨 놓는 것으로 달랜다.

　옛날 신남마을에 결혼을 약속한 처녀 애랑과 총각 덕배가 살았다. 어느 날 덕배는 해초를 따는 애랑을 배로 해변에서 떨어진 바위에 태워주고 나서 다시 돌아올 것을 약속하고 육지로 되돌아갔다. 그런데 갑자기 거센 파도와 강풍이 불어 덕배는 배로 애랑에게로 가지 못하고, 애랑은 덕배를 애타게 부르다가 파도에 휩쓸려 죽고 말았다. 그 후에 마을 사람들은 애랑이 죽은 바위를 애바위라고 불렀다. 그런데 그 이후 마을에는 처녀의 원혼 때문에 고기가 잡히지 않는다는 소문이 돌게 되었다. 어느 날 한 어부가 고기가 잡히지 않자 화가 나서 바다를 향해 오줌을 누었는데, 그 어부는 풍어를 이루어 돌아왔다. 이후 마을에서는 정월대보름이 되면 나무로 실물 모양의 남근을 깎아서 처녀 애랑의 원혼을 달래는 제사를 지내게 되었다. 지금도 이 마을에서는 정월대보름과 음력 10월 첫 오(午)일에 남근을 깎아 매달아 제사를 지내고 있다고 한다.

예전에 사진으로 해신당공원에 있는 다양한 형태이면서 아주 많은 남근상을 봤았다. 내가 그 남근상들을 사진 찍어도, 사진을 블로그에 올리기 어려우니 공원 안으로 못 들어가는 것이 차라리 잘 되었다고 생각하며 삼척로를 따라 고갯길을 내려갔다.

삼척로를 따라 걸어서 갈남2리로 들어가 신남항에 오전 8시 20분에 도착했다. 신남항에서도 해신당공원을 들어갈 수 있다. 그러나 나는 임원항을 향해 발길을 재촉했다.

삼척로에서 바라보니, 아침 햇살을 받고 있는 바다는 잔잔했다. 어제 불던 바람은 파도와 함께 사라졌다. 내가 몇 날 며칠을 바다 옆으로 걷고 있는데, 내 모습도 해인(海印)처럼 동해 바다에 도장처럼 찍힐 수 있을까? 바다는 나에게 아무런 대답이 없다. 나도 바다에게 아무것도 묻지 않았다. 만약 파도와 바람이 바다의 대답이라면, 숨소리와 발자국 소리는 내 질문이다.

또다시 삼척로를 만나 임원항을 향해 고갯길을 올랐다. 어제부터 몇 번이나 삼척로를 만나는 것인지 모르겠다. 이러다가 삼척로와 정이 들 정도이다. 그리고 삼척로에는 고개가 많다. 꼬불꼬불한 고갯길을 오르다 보면, 때로는 해를 마주하다가 해를 등지기도 하고 때로는 바람이 맞서기도 하고 밀어주기도 한다. 저기를 돌면 고갯마루인가 기대하며 고개를 오른다. 삼척로의 고개는 너무 힘들다. 나는 어제와 오늘 고개를 수없이 오르고 있는데, 이러다가는 삼척(三陟)이 아니라 만척(萬陟)이라고 해야 할 것 같다.

삼척로 고갯마루에 올라 '임원항 3㎞'라는 도로표시를 보니 눈물 나게 반가웠다. 다시 고갯길을 이리저리 돌고 돌아 내려가니 임원항이 있는 임원리는 매우 큰 마을이었다.

임원1교를 건너 임원천을 따라 걸어서 오전 9시 40분에 임원항에 도착했다. 임원항도 상당히 큰 항구였다. 방파제로 올라가서 항구의 전체 모습을 겨우 사진에 담을 수 있었다. 주변 식당에 대게 간판이 많은 것으로 보아 임원항에는 대게가 많이 잡히는 모양이었다.

삼척시 원덕읍의 임원항

임원항 뒤에는 수로부인 헌화공원이 있었다. 이른 아침에 해신당 공원에는 들어가지 못하였으니, 수로부인 헌화공원에는 들어가 보기로 하였다.

공원 입구에서 입장료 3,000원을 내고 입구의 높은 타워를 계단으로 올라가야 하는 것이 걱정됐는데, 타워 안에 엘리베이터가 있어서 괜한 걱정을 한 것이었다. 그런데 엘리베이터로 올라간 이후에 공원까지의 상당한 거리를 계단으로 올라가야 했다. 마치 등산을 하는 기분이었다.

다리가 불편한 사람은 올라가지 못할 것 같았다. 차라리 공원 입구에 엘리베이터를 설치할 돈으로 임원항에서 공원까지 모노레일을 설치했으면 좋았을 것이라는 생각이 들었다. 예전에 전남 해남에서 땅끝탑을 모노레일로 올라갔던 기억이 났다.

공원은 완전히 산 정상에 있는데, 바람이 너무 심하게 불어서 서 있기가 어려웠다. 공원 입구에는 해룡(海龍) 위에 앉아 있는 모습의 수로부인 상을 크게 만들어 놓았다. 공원의 이름이 수로부인 헌화공원(獻花公園)인데, 수로부인이 앉아 있는 해룡은 해가사의 전설에 나오는 것이고, 공원에는 순정공 등이 해가사를 부르는 모습들을 조각으로 묘사해 놓았다. 그리고 공원에 헌화가(獻花歌)는 없고 해가사(海歌詞)만

새겨져 있었다. 혹시 공원을 조성한 사람이 헌화가와 해가사를 혼동한 것은 아닐까 하는 생각이 들었다.

강릉시 금진항 부근에 헌화가 비석이 있고, 삼척시 증산해변에 해가사 기념비가 있다. 또 삼척시 임원항 뒷산 꼭대기에 수로부인 헌화공원이 있다. 지자체가 기념비 등을 전설과 다르게 뒤죽박죽으로 만들어 놓았고, 공원의 설치물도 공원 이름과 맞지 않았다. 많은 돈을 들여서 억지로 관광목적으로만 만들어 놓은 것이라는 생각도 들었다. 그래도 수로부인 헌화공원에서 내려다보는 바다의 전망은 좋았다.

▶ 삼척시 원덕읍의 수로부인 헌화공원 입구

▼ 수로부인 헌화공원의 수로부인 상

수로부인 헌화공원

수로부인 헌화공원에서 본 임원항

임원항으로 내려와서 쉬면서 점심을 먹기에 이른 시간이어서 비상식량으로 가지고 다니는 초코바 3개를 먹었다. 아침도 초코바로 때웠는데, 오늘은 초코바의 날인가 보다. 호산버스정류장에 도착하여 버스표를 구매한 뒤에 점심을 먹으려고 하였다.

임원항에서 삼척로를 만나서 다시 오르막길을 바람을 맞으며 올라갔다. 앞으로 얼마나 많은 바람을 맞아야 하나? 그리고 또 얼마나 많은 오르막을 올라가야 하나? 라는 생각을 하며 삼척로를 걸었다.

나는 해파랑길을 걸으며 수염을 기르고 있다. 아니 정확하게 말하면 면도를 하지 않고 있다. 서울에서 해파랑길을 출발하기 며칠 전부터 면도를 하지 않아서 지금은 상당히 수염이 길다. 내가 수염에 관한 미신을 가지거나 징크스를 가지고 있는 것은 아니다. 전기면도기는 가지고 다니기에 무겁고, 모텔에서 제공하는 1회용 면도칼은 왠지 얼굴에 상처를 낼 것 같았다. 그리고 매일 아침마다 면도하기도 싫다.

알다시피 우리 선조들은 남자가 수염을 길렀다. 아니 전 세계의 거의 모든 민족들은 남자가 수염을 길렀다. 역사적으로 로마인들만이 수염을 기르지 않았다. 그것이 근대 서양에 영향을 미치게 되면서 이제는 남자가 수염을 기르지 않는 것이 풍습이 되어 버렸다. 요즘에도 수염을 기르는 사람도 있지만, 우리나라에서 직장생활을 하면서 수염을 기른다는 것은 꿈도 꾸지 못한다.

나는 서울의 집에 가면 면도를 할 것이다. 가족들이 내가 수염 기르는 것을 좋아하지 않으니까. 그러나 해파랑길을 걸으면서는 면도를 하지 않을 것이다. 다른 사람들이 이상하게 보아도 상관없다. 이럴 때가 아니면 언제 수염을 길러보겠나 하는 심정도 있다.

삼척로를 따라 걸어서 이름 모를 고개를 넘은 뒤에 비화항 입구에서 항구로 들어가지 않고 통과하였다. 노곡항에도 들어가지 않고 통과하였다.

오늘이 일요일이어서 그런지 해파랑길을 걷는 사람들을 여럿 마주쳤다. 그들은 해파랑길을 왜 걸을까? 나와 같은 목적으로 걸을까? 마주치는 사람들과는 간단히 인사하고 지나쳤다. 내가 인사해도 받아주지 않는 사람도 있다. 그렇다고 나까지 인사하지 않을 수는 없는 것이다.

삼척발전소 앞을 지나 수릉삼거리에 식당이 있었지만, 호산버스정류장까지 간 뒤에 점심을 먹으려고 통과하였다. 옥원삼거리에서 왼쪽의 삼척로로 접어들어 원덕읍내 방향으로 가다가 해파랑길 스티커를 따라 호산천 둑길을 걸었다. 호산천 둑길은 중간에 일부 끊겨있지만, 1㎞ 정도 되는 둑길을 계속 걸은 뒤에 호산1교를 건너서 오후 1시에 가까이 되어서 호산버스정류장에 도착하였다.

호산버스정류장에서 오후 1시 46분에 출발하는 서울행 고속버스를 예매하고 얼른 원덕읍내에서 점심을 먹었다. 이것으로 해파랑길 10일차 걷기를 마쳤다. 오늘 오전에 총 17.8㎞를 걸었다.

삼척시 원덕읍 호산천 둑길

삼척시 원덕읍 호산버스정류장

삼척시 원덕읍의 해파랑길 스티커

지난 2월 19일에 강원도 고성군 대진항을 출발하여 오늘 2월 28일에 삼척시 원덕읍의 호산버스정류장까지 10일간 해파랑길 총 22개 코스를 계속 걸었다. 거리로 보면 전체 해파랑길의 절반도 걷지 못하였지만, 일단 오늘 집으로 가서 1주일간 휴식하려고 한다. 그 이후에 경상북도와 경상남도 동해안의 남은 해파랑길 28개 코스를 마저 걸을 예정이다.

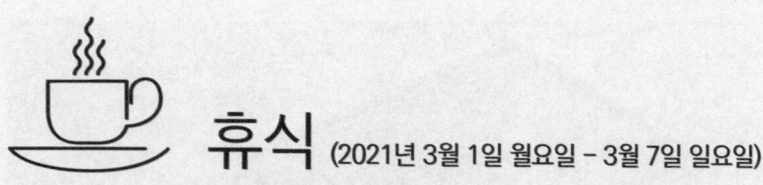

휴식 (2021년 3월 1일 월요일 - 3월 7일 일요일)

 2월 28일 오후에 삼척시 원덕읍 호산버스정류장에서 고속버스를 타고 저녁 늦게 서울 집에 도착하였다. 동서울버스터미널까지 보통 4시간 정도 걸리는 고속버스는 도로가 막혀서 6시간 넘게 걸렸다. 3월 1일에는 서울에 비가 많이 내렸고, 동해안에도 비나 눈이 많이 내렸다고 한다. 해파랑길 걷기를 하루 일찍 앞당겨 마치고 서울로 오기를 잘했다는 생각이 들었다.
 집에서 쉬면서 오랜만에 반가운 사람들을 만나고, 블로그의 글을 수정·보완하며, 남은 해파랑길 걷기를 계획하다 보니 1주일이라는 시간이 금방 지나갔다. 쉬는 동안 만나거나 연락을 주고받았던 지인들 중에는 나의 권유에 따라 걷기운동을 시작하고 있다는 말을 들으니 기분이 좋았다.

 걷는 것은 매우 좋은 운동이다. 아무런 장비도 필요 없이 운동화만 신고 밖으로 나가면 된다. 짧게 걷는다면 구두나 샌들을 신어도 괜찮다. 그리고 구기 운동과 다르게 혼자서도 할 수 있다. 비가 오거나 바람이 불어도 걸을 수 있고, 더울 때나 추울 때에도 걸을 수 있으며, 아침도 좋고 저녁도 좋고, 아무 때나 걸을 수 있다.
 다른 사람과 사전에 약속하지 않아도 되고, 계획을 마련하지 않아도 된다. 마음이 답답하거나 몸이 찌뿌둥할 때 밖으로 나가기만 하면 된다. 귀찮아도 일단 밖으로 나가기만 하면, 걷게 된다.
 요즘에 지자체들이 걷기 좋은 산책로를 많이 만들어 놓았다. 산책로가 없으면, 그냥 도로 옆 인도를 걸어도 되고 집 주변을 걸어도 된다. 산책로나 얕은 산길이면 자연과 계절을 느낄 수 있어서 더 좋다. 만약 집 밖으로 나가기 어려우면 집 안에서도 거실이나 방을 왔다 갔다 할 수도 있다.

걸을 때 이왕이면 바른 자세로 걷는 것이 좋다. 고개를 들어 눈은 정면을 보면서 어깨와 가슴을 펴고 걸으면 좋고, 되도록 양발을 11자 모양으로 걸으면 좋고, 발바닥은 뒤꿈치부터 지면에 닿도록 걸으면 더 좋다. 그리고 보폭과 속도, 거리는 자신의 몸에 맞추어서 걷는 것이 좋다. 체중감량 등 특정 목적으로 걷는 경우에는 조금 숨이 차고 땀이 날 정도로 걷는 것이 좋다. 그래도 무리하지 않는 것이 좋다.

남은 해파랑길은 경상북도와 경상남도의 해안길로 강원도의 해안길보다 길다. 해파랑길 총 50개 코스 중에서 28개 코스가 남아있다. 그 남은 코스가 나에게 과제가 되어 버렸다.

집에서 쉬면서도, 남은 코스에 대한 계획을 세우면서도, 고속버스표를 예매하면서도, 가족에게 남은 코스를 마저 걷겠다고 말하고서도, 남은 해파랑길 코스를 마쳐야 하나, 말아야 하나? 마쳐야 한다면, 이번에 꼭 마쳐야 하나? 이러한 고민을 계속하였다.

당초에 부담 없이 시작한 해파랑길 걷기였는데, 그리고 언제든지 중도에 그만둘 수 있다고 생각했고, 중도에 그만둔다고 해도 나를 비난할 사람이 없는데, 걷다 보니 해파랑길이 나에게 과제와 부담이 되어버린 것이다.

결국 3월 6일에 그동안 풀었던 배낭을 다시 채웠다. 겨울과 봄이 교차하는 계절이어서 어쩔 수 없이 두 계절의 옷을 모두 준비하였다. 남은 28개 코스를 3월 8일에 시작하여 16일간 걷는 것으로 계획을 세웠다. 지난번의 10일간보다 더 오랫동안 걸어야 하기에 일단 10일 정도를 걸어 본 뒤에, 계속 이어서 걸을지 집에 와서 쉬었다 걸을지 결정하기로 했다.

3월 6일에 동해안에는 눈이나 비가 내렸고, 내가 가야 할 삼척시에도 눈이 많이 내렸다고 한다. 그래서 출발을 하루나 이틀 미룰까도 생각했었다. 그러다가 그냥 계획대로 3월 7일 오후에 동서울버스터미널에서 고속버스를 탔다.

고속버스터미널에는 항상 여행자들로 붐빈다. 떠나는 사람과 보내는 사람, 도착하는 사람과 만나는 사람이 많다. 헤어짐과 만남이 교차하는 곳이다.

여러 대의 고속버스가 대기하고 있었다. 오후 2시에 출발하는 버스는 인제를 지나 속초로 가는 것이고, 2시 5분에 출발하는 버스는 홍천을 지나 현리로 가는 것이고, 2시 15분에 출발하는 버스는 동해시를 지나 삼척시 호산버스정류장으로 가는 것이다.

다행스럽게 고속버스를 잘 탔고, 내가 탄 고속버스는 영동고속도로와 동해고속도로를 달렸다. 평창군 부근의 태백산맥에 눈이 많이 쌓여있었다. 고속버스가 동해고속도로의 망상 IC로 빠져나가자 묵호, 망상 등 익숙한 지역명이 눈에 들어왔다. 동해시와 삼척시 주변의 산에도 눈이 많이 쌓여 있었다.

고속버스는 오후 5시 50분에 삼척시 원덕읍 호산버스정류장에 도착하였다. 삼척시의 날씨는 조금 쌀쌀한 편이었다. 호산1교를 건너며 호산천의 모습과 멀리 눈 덮인 태백산맥을 사진에 담았다. 그 태백산맥을 넘어 눈을 머금은 차가운 바람이 불어오고 있었다.

삼척시 원덕읍 호산1교에서 본 호산천과 태백산맥

저녁을 먹고 호산항에 한번 가보았다. 호산항은 해파랑길 코스에 들어가지 아니하므로 내일 아침에 호산항에 들르지 않고 바로 경상북도 울진군을 향해 걸을 것이기 때문이다. 호산항은 어항으로서는 조그만 항구이지만, 항구 뒤에 발전소가 있고 건너편에는 대규모 가스탱크가 있어서 산업항에 가까워 보였다.

삼척시 원덕읍 호산항의 야경

이제 내일인 3월 8일부터 나머지 해파랑길을 걸으려고 한다. 1주일 쉬었다가 출발하려고 하니 배낭도 무거운 것 같고 내 몸도 무거운 것 같다. 그동안의 피로가 풀리지 않아서 그런 것인지, 아니면 계속 걷지 않아서 그런 것인지도 모르겠다. 남은 코스는 울진군, 영덕군, 포항시, 경주시, 울산광역시를 거쳐 부산광역시로 가는 것이다.

그리고 남은 해파랑길 코스를 걸으면서 불필요하게 산길을 걷지 않고, 되도록 해안길로 걸으려고 한다. 그것이 바다를 보며 걷는 해파랑길의 취지에 맞는다고 생각한다. 지금까지 그래 왔지만 앞으로도 계속 그럴 것이다. 걸으면서 해파랑길 코스대로 걷지 못하는 것에 대해 고민하거나 부담을 가지지 않으려고 한다.

걷는 사람의 취향에 따라 산을 좋아하는 사람은 산길을 가고, 나처럼 바다를 느끼고 싶은 사람은 해안길로 가는 것이다. 사람마다 길이 다르니까, 나는 나의 길을 걸으려고 한다.

그리고 되도록 즐거운 마음으로 걸으려고 한다. 당초의 계획대로 우리나라의 동해안 지방을 좀 더 알아보고, 나에 대해 더 많이 생각하는 기회로 삼기로 하였다. 계획대로 되지 못하거나 몸이 힘들어도 즐겁게 걸으려고 한다.

그래도 항상 출발할 때에는 긴장과 설렘이 교차한다. 그 마음을 시로 써 보았다.

〈해안길을 걷다〉

파도 소리와 바람 소리를 들으며,
바위, 모래, 나무를 벗 삼아
굽이굽이 돌며 해안길을 걷는다.

항구마다 마을마다 전설을 들으며,
바다에 비치는 해와 달을 벗 삼아
오르락내리락하며 해안길을 걷는다.

태초에 길이 없었다.
사람이 걷고 걸으니 길이 되었다.
지나온 길은 과거에 묻히고,
다가올 길은 미래로 열린다.

해파랑길 11일차

2021년 3월 8일 월요일

삼척시 원덕읍 호산버스정류장 — 울진군 울진읍 양정항

 오전 午前

아침에 삼척시 원덕읍의 날씨는 맑았지만 기온이 영하 1도로 쌀쌀했다. 어제저녁 때 다소 썰렁하던 원덕읍의 모습은 아침이 되니 분주해졌다.

나는 아침을 먹고, 평소보다 좀 이른 시간인 오전 7시 10분에 호산버스정류장 앞에서 출발했다. 오늘은 휴식 이후 첫날이지만, 전체 해파랑길 걷기로 보면 11일차에 해당한다. 오늘은 울진군 양정항까지 가려고 한다.

호산버스정류장에서 월천 방향으로 걸어가니 차도인 삼척로가 오랜만에 나를 반갑게 맞아주었다. 휴식 이전에 삼척로를 많이 걸어서 그런지 반가웠다.

월천교로 가곡천을 건넜다. 조금 전에 동해에서 떠오른 해는 따스하게 비치고 있고 눈 덮인 태백산맥에서 넘어오는 바람은 차가웠다. 가곡천을 건너자마자 좌회전하여 월천해변 방향으로 차도인 고포월천길의 옆 산책로를 걸었다. 산책로는 나무로 잘 만들어져 있었다. 산책로를 걸어가는 방향이 동쪽이어서 사진을 찍으려니 역광이었다. 그래서 사진을 뒤돌아서 찍었다.

삼척시 원덕읍 고포월천길 옆 산책로

고포월천길의 좋은 산책로를 따라 걸으니 월천해변에는 방파제 공사를 하고 있었다. 그리고 월천해변 이후의 고포월천길은 갓길도 없고 해변 쪽에는 높은 철책이 쳐져 있었다. 그래도 오래된 녹슨 철책이 막지 못하는 아침 햇살과 파도 소리를 느끼며 걸을 수 있었다.

철책 너머로 오랜만에 동해 바다를 보았다. 나를 기다린 사람은 없지만, 아마 바다는 나를 기다렸을 것이고, 바람과 갈매기도 나를 기다렸을 것이다. 오랜만에 바다 냄새를 맡으니 기분이 좋아졌다.

삼척시 원덕읍 고포월천길

철책이 쳐진 고포월천길을 따라 걸으며, 그곳에 왜 그렇게 긴 철책이 쳐져 있을까라고 이상하게 생각하던 차에 도로 옆에 '울진·삼척 무장공비 침투사건 소개'라는 안내문을 보고 이해가 되었다. 어릴 때 배웠던 무장공비 사건의 현장이었던 것이다.

1968년 11월에 북한의 124군 유격부대 120명의 무장공비가 그곳 삼척시 고포해안과 울진 나곡해안으로 상륙하여 강원도와 경상북도의 내륙 산간오지로 침투하였다. 그래서 무장공비가 울진, 삼척, 봉화, 명주, 정선의 주민들에게 많은 피해를 입힌 사건이었다. 우리 군은 무장공비 107명을 사살하고 7명을 생포하였으나, 공비 6명은 도주하였다. 그리고 우리 군경은 34명 전사하고, 50명 부상당했다. 민간인 31명도 피살되었다. 우리가 잘 아는 이승복도 그때 피살되었다.

그 이후에 군 당국이 그곳에 무장공비의 침투를 막기 위하여 철책을 세운 것 같은데, 동해안의 다른 철책은 제거했어도 그곳의 철책은 그대로 둔 모양이다. 무장공비가 똑같은 장소로 넘어오지는 않는데도, 군 당국은 철책을 철거할 명분을 찾지 못한 모양이다. 철책을 철거했다가, 만에 하나라도 또 그 부근으로 무장공비가 넘어오게 되면 철책을 철거한 사람이 책임을 지기 때문이어서 그런 것이 아닐까 생각해 보았다.

일하는 사람에게 책임을 너무 강하게 물으면, 사람들은 소극적으로 일하기 마련이다. 그래서 복지부동(伏地不動)이 되는 것이다.

그 철책길인 고포월천길을 걸어서 고포항에 도착했다. 고포항에는 배도 없고 접안시설도 없었다. 항구라고 말하기에도 어려웠다. 그런데 그곳부터 경상북도 울진군에 해당한다는 도로표시가 있었다. 강원도 삼척시 원덕읍 월천리와 경상북도 울진군 북면 나곡리가 고포항 주변의 마을에 인접해 있었.

울진군은 1963년 이전에는 강원도에 속해져 있다가, 그 이후로 경상북도에 속하게 되었다. 그래서 그런지 마을 한가운데 도(道)의 경계가 있게 된 모양이었다. 아무튼 나는 이제부터 강원도를 떠나 경상북도로 접어들게 된 것이었다. 시원섭섭하게도 지난 10일 동안에 걸었던 강원도와 작별하였다.

고포항의 울진군 안내

　고포항 이후로는 해안으로 걸을 수 없어서 내륙의 차도인 울진북로를 따라 걸었다.

　해파랑길을 걷다 보면, 마음에 들지 않는 길이 있다. 돌이 많고 경사가 급한 산길이 그렇지만, 갓길이 좁고 자동차가 많이 다니는 차도도 그렇다. 그리고 울진북로와 같은 내륙의 오르막 차도도 그렇다. 그러한 길을 피할 수 있으면 좋겠지만, 피할 수 없으면 그러한 길도 걸을 수밖에 없다.

　급격한 오르막길인 울진북로를 힘들게 올라가서 쓰레기 매립지 공사현장을 지나 내려가니 나곡해변이 나왔다. 나곡해변도 공사 중이었다. 그래서 나곡해변을 그대로 통과하였다.

　계속 울진북로를 걸어서 조그만 석호항에 도착했는데, 석호항도 공사 중이었다. 그래서 그런지 분위기가 썰렁했다. 항구 옆 전망대에 올라가서 희미하게 보이는 한울 원자력 발전소를 사진 찍었다.

울진군 북면 울진북로

울진군 북면 석호항에서 본 한울 원전

　석호항을 지나 해안길로 가니 해안절벽에 나뭇길이 있었다. 해안 나뭇길을 지나서 도착한 부구해변도 공사 중이었다. 이상하게도 경상북도 울진군에 들어오니 해변과 항구에 공사를 많이 하고 있었다. 아마 울진군이 해안 공사를 함께 시작한 모양이었다.
　부구리의 마을길을 걸어서 오전 10시경에 부구삼거리에 도착했다. 부구삼거리는 부산을 기점으로 해파랑길 27코스의 종착지여서 해파랑길 안내판이 있었다. 그전에도 해파랑길 안내판을 많이 보았지만, 부구삼거리의 안내판 사진 찍었다.

울진군 북면
부구삼거리의
해파랑길 안내판

내가 오늘 오전에 걸어왔던 호산버스정류장부터 부구삼거리까지는 해파랑길 28코스에 해당하고 거리는 12.6㎞이다. 그리고 내가 오전에 더 걸어가기로 한 부구삼거리부터 죽변등대까지는 해파랑길 27코스이고 거리는 9.2㎞이다. 오늘 오전 목적지가 죽변등대이니 오전에만 21.8㎞를 걷게 되는 것이다. 쉬고 난 첫날부터 너무 무리하는 것 같지만, 오전에 가는 데까지 가보려고 한다.

부구삼거리에서 부구교를 건너니 한울 원자력 발전소 입구가 나오고, 발전소 입구에는 원전 준공 기념탑이 있었다. 그리고 그 옆에는 신한울 원자력 발전소 3·4호기 공사를 재개하라는 현수막이 걸려 있었다.

▲ 울진군 북면 한울 원전 준공기념탑

◀ 울진군 북면 한울 원전 앞의 현수막

한울 원자력 발전소는 종전의 울진 원자력 발전소의 바뀐 이름이다. 현재 운영 중인 한울 원전은 모두 6기이고, 추가로 4기(신한울 1~4호기)가 공사 중이다. 한울 원전 1호기와 2호기는 1988년~89년에 가동을 시작하였고, 3호기와 4호기는 그로부터 10년 뒤인 1998년~99년부터 가동하였으며, 5호기와 6호기는 또 10년 뒤인 2004년~05년부터 가동하였다.

공사 중인 신한울 원전 1호기와 2호기는 2019년~20년에 완공되어 가동을 시작할 예정이었으나, 공사와 승인이 늦어져서 내년(2022년)부터 가동될 예정이라고 한다. 그리고 신한울 원전 3호기와 4호기는 2017년 정부의 원전 건설 백지화 정책에 따라 현재 공사가 중단된 상태이다. 조속히 신한울 원전 3호기와 4호기의 공사가 재개되기를 바라면서 한울 원전 앞을 지나갔다.

차도인 울진북로를 따라 계속 걸었다. 울진군 북면의 울진북로도 완만한 오르막길이었다. 오르막길은 두 가지이다. 하나는 완만하지만 길이가 긴 오르막이고, 다른 하나는 길이는 짧지만 급격한 오르막이다. 올라갈 때 힘이 드는 것은 둘 다 마찬가지이다.

울진군 북면의 울진북로

울진북로를 따라 계속 걷다 보니, 도로 옆에 옥계서원 유허비각이 있었다. 울진군의 옥계서원은 1740년(영조 16년)에 지방유림이 송시열(宋時烈) 등의 학문과 덕행을 추모하기 위해 세운 것이다. 1868년(고종 5년) 대원군의 서원철폐로 훼절되었다. 그 이후에 강당과 유허비를 건립했으나 서원은 복원하지 못하였다고 한다. 그런데 옥계서원은 그곳 울진군이외에도 경남의 합천군, 전남의 순천시, 경북의 달성군과 구미시에도 있다. 강릉시에서 옥계역을 보고 왔는데, 옥계(옥처럼 맑은 물이 흐르는 시내)가 좋은 단어인가 보다.

울진군 북면 옥계서원 유허비각

삼척시의 삼척로도 그렇지만, 울진군의 울진북로도 예전의 7번 국도로 보였다. 그래서 해파랑길이 정식으로 설정되기 이전에 많은 사람들이 걸었던 그 7번 국도일 것이라고 생각되었다. 해파랑길은 예전에 많은 사람들이 7번 국도를 걸었던 것이 계기가 되어 마련된 테마길인 것이다.

그러한 예전의 7번 국도인 울진북로를 걸어서 공사 중인 신한울 원자력 발전소 입구를 지난 뒤 후정교를 건너 왼쪽의 차도인 해양과학길로 접어들었다. 계속 울진북로를 걸어도 죽변등대로 갈 수 있으나, 해안에서 가까운 해양과학길로도 죽변등대에 갈 수 있기 때문이다.

낮이 되니 점차 흐려지고 있었고, 바람은 비구름을 몰고 오고 있었다. 해양과학길을 걸으니 비가 조금씩 내리기 시작했다. 얼른 배낭을 방수 커버로 씌우고 나서 우비를 입어야 하나 고민하며 걸었는데, 한국해양과학기술원 동해연구소 부근에 식당이 있었다.

배가 고프기도 했고 비를 피하기 위해서라도 그 식당에 들어갔다. '엎어진 김에 쉬어 간다.'는 말이 있듯이 비 오는 김에 점심을 먹고 가자는 생각이었다. 식당 이름도 공교롭게 '소나기'였다. 소나기를 피해 소나기 식당으로 들어간 것이었다. 주요 메뉴는 식당 이름과 어울리지 않는 백숙, 곰탕 등이었다. 죽변등대로 가서 점심을 먹으려고 했는데, 뭐든지 계획대로 되는 것은 아니다.

시계를 보니 오전 11시 20분이어서 점심 먹을 시간이었고, 오전에 걸은 거리를 계산해보니 18.4㎞이어서 짧게 걸은 것도 아니었다. 결국 해양과학기술원 동해연구소 앞에서 오전의 걷기를 마치고 점심을 먹기로 하였다.

울진군 죽변면의 해양과학술연구원 동해연구소

오후 午後

　점심을 먹고 오전 11시 50분에 식당을 나왔다. 식당 안에 쉴 만한 곳이 없으니 점심을 먹고 커피까지 마시고 나서도 더 이상 식당 안에 앉아 있을 수 없었다. 밖에는 비가 내리고 있었지만, 죽변등대에 도착하여 쉬려고 식당을 나왔다.

　식당을 나오니 비는 가랑비 수준으로 계속 내리고 있었지만, 우비를 입기가 애매한 상황이었다. 해양과학길 주변에는 국립해양과학관을 비롯하여 과학과 관련된 시설이 많았다. 아무래도 주변에 원자력 발전소가 있으니 필요한 기술을 연구하는 곳인 모양이었다.

　도로 이름이 해양과학길에서 죽변북로로 변경되어서 죽변북로를 따라 가다보니, 죽변면 후정1리에 후정해변의 죽변 해안스카이레일 입구가 있었다. 지도를 보니 후정해변에서 해안길로 죽변등대까지 갈 수 있을 것 같았다. 그래서 죽변북로에서 벗어나 죽변 해안스카이레일 입구로 들어갔다. 오전에 계속 내륙 길을 걸었더니 해안길이 걷고 싶었기 때문이다.

　비가 더 많이 내리고 있어서 결국 우비를 꺼내 입고 후정해변까지 갔다. 그런데 해안스카이레일은 완공되지 않았고, 사람이 걸어갈 수 있는 해안길은 막혀 있었다. 어쩔 수 없이 다시 후정1리 입구까지 되돌아 나올 수밖에 없었다. 괜히 해안길을 걸어보려고 하였다가 비가 오는데 20분 정도 헛걸음만 하였다.

울진군 죽변면 죽변 해안스카이레일

그래서 죽변북로를 걷다가 죽변리 마을길을 걸었다. 비를 맞으며 마을길을 돌고 돌아가니 죽변등대로 가는 산책로인 '용의 꿈길'이 나왔다. 용이 승천하기 위하여 긴 세월을 기다리며 바닷속을 헤집고 다니다가 그곳 용소에서 승천하게 되었다고 한다. 그래서 사람들이 그곳을 '용이 노닐면서 승천한 곳'이라는 의미로 용추곶(龍湫串)이라고 불렀고, 가뭄이 심하면 그곳에서 기우제를 올렸다고 한다.

울진군 죽변면 용의 꿈길 입구

온통 산죽나무로 덮여있는 용의 꿈길은 죽변등대를 빙 둘러서 가는 길이었다. 주위의 자생 대나무는 예전부터 화살을 만드는 재료로 사용되었다고 한다.

그곳 죽변은 우리나라 동해안 항로의 중간에 위치하고, 울릉도와 직선거리로 가장 가까운 곳이라고 한다. 그러면 거리상으로 아마 해파랑길의 중간지점이 되는 곳이 아닌가 하는 생각이 들었다.

용의 꿈길을 걸어서 오후 1시경에 죽변등대에 도착할 수 있었다. 죽변등대 사진을 찍고 주변에 있는 정자에서 쉬었다. 죽변등대는 1910년 11월에 건립되었다고 하니 건립된 지 110년이 넘은 등대였다. 등대 내부 천정에는 조선왕실의 상징인 오얏꽃 문양이 있었는데, 지금은 태극문양으로 바뀌어 있다고 한다.

　죽변등대 옆 정자에서 쉬면서 양말을 갈아 신고 발바닥에 스포츠테이프를 다시 붙였다. 비는 가늘어졌으나, 그래도 가랑비 수준으로 계속 내리고 있었다. 좀처럼 비가 그칠 것 같지 않아서 오후 1시 30분에 길을 나섰다.

　해파랑길 코스인 죽변등대 산책로를 따라 해안으로 내려갔는데, 해안의 나뭇길이 무너져 있어서 더 이상 걸어갈 수 없었다. 다시 죽변등대 옆 정자로 올라갈 수밖에 없었다. 결과적으로 또 헛걸음을 한 것이다. 죽변등대로 오기 전에는 해파랑길 코스와 다르게 해안으로 걸어보려고 하다가 헛걸음을 하였고, 이번에는 해안의 해파랑길 코스를 따라 걸으려고 하였다가 헛걸음을 하였다. 오늘은 이래저래 해안길을 걷지 못하고 헛걸음을 하고 있다.

울진군 죽변면의 죽변등대

울진군 죽변면의 파손된 죽변등대 산책로

마을길을 걸어서 죽변항에 도착하니 죽변항은 매우 큰 항구였다. 그런데 많은 갈매기들이 항구 주변을 낮게 선회하면서 소리를 지르고 있었다. 내가 갈매기의 습성에 대해 모르니, 그 이유가 물고기를 잡은 어선이 도착하기 때문인지 비가 오기 때문인지 잘 모르겠다.

죽변중앙로를 통해 골장항을 향해 가는데, 구름은 서서히 걷히고 비는 잦아들고 있었다. 죽변중앙로 옆에는 500년 된 향나무가 서 있었다. 울릉도에서 떠내려와서 그곳에서 자랐다는 전설을 가진 향나무였다.

울진군 죽변면 죽변항

울진군 죽변면 후정리의 향나무

걸어가다 보니 도로 이름이 죽변중앙로에서 울진북로로 바뀌었다. 그러니 울진북로를 또 만난 것이다. 그리고 봉평해변 직전의 우측에 '울진 봉평리 신라비'를 안내하는 이정표가 있었다. '울진 봉평리 신라비'까지 약 200m의 거리였다. 약간 고민하다가 해파랑길 코스를 벗어나 그곳에 가보기로 하고 이정표를 따라 우회전하였다.

봉평 신라비는 법흥왕 11년(524년)에 세워진 것으로 추정되는 비석으로 국보 제242호라고 한다. 1988년 4월에 그곳에서 발견된 비석인데, 오랫동안 땅속에 묻혀 있어서 글자가 거의 원형 그대로의 모습이라고 한다. 그래서 당시 신라 사회의 전반적인 사항을 알 수 있다고 한다.

그런데 마침 오늘이 휴관이어서 전시관에 들어가지 못하였다. 전시관 입구에는 과거 관리의 선정 비석들이 도열해 있었고, 전시관 뒤에는 국보급 비석들의 모조 비석들이 많았다. 어쩔 수 없이 봉평리 신라비 전시관에 들어가지 못하고 되돌아 나왔다. 결과적으로 오늘 세 번째 헛걸음이 된 것이었다.

울진군 죽변면의 봉평신라비 전시관

계속 비가 내리는 울진북로를 따라 걸었다. 걸을 때 비가 내리면 여러 가지로 힘들다. 휴대폰으로 사진을 찍기도 어렵고, 메모를 하기도 어렵다. 그리고 신발에 물이 들어가면 발이 불어서 피부가 약해져 물집이 잘 잡힌다. 또 몸은 밖으로부터 비를 맞고 안에서는 땀이 나서 이중으로 축축하게 된다.

그리고 비가 내리면 왠지 마음도 슬퍼진다. 자동차도 사람도 별로 다니지 않는 비 내리는 길을 걸으면, 온 세상에 비와 나 의외에 아무것도 없는 것 같은 느낌이 들기도 한다.

그러다가 마을 주민을 마주치게 되면, 주민이 나를 보는 표정이 마치, '비가 내리는데 무슨 운동이야?'라고 비아냥하는 것 같다. 그러면 나는 '비가와도 여러분들이 일을 하듯이 나도 내 일을 하는 겁니다.'라고 속으로 대답하고 걸어간다. 남들에게는 이렇게 해파랑길을 걷고 있는 내가 어떻게 보일지 모르겠지만, 나도 나름대로 잘 살기 위해서 지금 걷고 있는 것이다.

비를 맞으며 울진북로를 따라 계속 걸어서 오후 2시 40분에 골장항에 도착하였다. 골장항은 조그만 항구였는데, 주변에 펜션, 모텔, 민박 등 숙박시설이 많았다. 골장항 부근의 벤치에 앉아 비에 젖은 양말을 또 갈아 신으면서 오늘 걷기를 그곳에서 마무리할까 말까 고민했다.

비를 맞아서 몸이 무거웠고 배낭도 더 무거웠다. 집에서 1주일 정도 쉬었다가 다시 걸어서 그런지 피로감도 더 빠르게 몰려왔다. 양정항 부근에 숙박시설이 없으면 골장항에서 마치려고 생각하고, 양정항 부근의 모텔에 전화를 하였더니 빈방이 있어서 바로 예약할 수 있었다. 그래서 당초 계획했던 양정항까지 2.5km를 더 걸어가기로 하였다. 그래서 골장항에서 비에 젖은 무거운 몸을 일으켰다.

왼쪽으로 파도 소리와 오른쪽으로 차 소리를 들으며 양정항으로 가는 울진북로를 걸었다. 울진북로 옆에는 별도의 산책로가 있기도 하였으나, 산책로가 없는 곳이 더 많았다. 걸어가다가 허기져서 초코바 '자유시간'을 먹기도 했다.

울진군 죽변면 골장항

울진군 울진읍의 울진북로

정년을 몇 년 남기고 직장의 울타리를 벗어나서 내가 누리려고 했던 자유는 무엇일까? 퇴직하고 어렵게 들어간 대학의 객원교수를 그만두고 내가 원하는 자유는 무엇일까? 여행기와 소설을 통해서 드러내고자 했던 내 생각의 자유는 또 무엇일까? 이렇게 해파랑길을 걸으면서 이런저런 생각을 하는 것이 내가 누리고 싶은 자유일까?

계속 울진북로를 걷다가 온양 1리로 들어가서 오후 3시 반경에 양정항에 도착했다. 그런데 양정항은 어선과 어판장이 없었다. 그야말로 어선의 접안시설만 있는 조그만 항구였다. 그런데 마침 그 부근에 예약한 큰 모텔이 있어서 오늘 걷기는 양정항(울진읍 온양1리)에서 마치기로 하였다.

오늘 오전에 18.4㎞를 걸었고, 오후에 10.3㎞를 걸어서 헛걸음한 것을 제외하고도 총 28.7㎞나 걸었다.

울진군 울진읍 양정항

해파랑길 12일차

2021년 3월 9일 화요일

울진군 울진읍 양정항 — 울진군 기성면 기성망양해변

🌀 오전 午前

　오전 7시 30분에 해파랑길을 출발했다. 오늘은 해파랑길 12일차로 울진읍의 양정항에서 출발하여 기성면의 기성망양해변까지 갈 예정이다. 날씨는 약간 흐리고 파도는 낮았다. 바다에 구름이 잔뜩 끼어 있지만, 오랜만에 아침 바다를 보니 기분이 좋았다. 어제 내렸던 비로 공기가 상쾌했다.

　어제 걸었던 해안도로인 온양2길을 따라 계속 걸었다. 온양2길에 갓길이나 인도는 없었지만, 아침 바다의 정취를 느끼며 계속 걸을 수 있었다. 컵라면과 초코바로 아침을 때웠지만, 몸은 어제보다 훨씬 가벼웠다.

울진군 울진읍 양정항 부근의 온양2길

　양정항에서 20분 정도 걸어가니 대나리항(죽진항)이 나왔는데, 대나리항도 양정항과 마찬가지로 어선은 없는 조그만 항구였다. 울진군에는 어선이 없고 배 접안시설만 있는 조그만 항구가 많았다.

　대나리항 이후에 해안도로를 따라가다가 울진읍 연지리에서 더 이상 길이 해안으로 연결되어 있지 않아서 내륙의 차도인 대나리항길로 접어들었다. 내륙길은 바다를 볼 수 없다는 점과 갈매기 대신 까치나 까마귀 소리를 듣는다는 점 이외에 오르막이 많다는 점이 나로서는 불만이다. 그래도 해안으로 갈 수 없다면 어쩔 수 없이 내륙길로 갈 수밖에 없다.

　대나리항길을 따라 까치 소리를 계속 들으며 얕은 고개를 두 개나 넘어서 울진항에 도착했다. 울진항은 이름만큼 큰 항구가 아니고 쉴만한 곳도 없어서 바로 공세항을 향해 이동했다.

　울진항 이후에는 해안도로인 현내항길을 따라 걸었다. 내륙길을 걸은 뒤여서 그런지 해안도로를 걸으니 기분이 다시 좋아졌다. 잔잔한 파도 소리는 발걸음을 가볍게 해 주었고, 바다 냄새는 호흡을 가뿐하게 해 주었으며, 신선한 바람은 흐르는 땀을 식혀 주었다.

해안도로에 가자미 등 생선들이 빨래처럼 널려있는 것을 보고 공세항에 도착했는데, 공세항도 조그만 항구였다. 울진군에 들어와서는 어제의 죽변항 이외에는 이렇다 할 큰 항구를 보지 못하고 있다. 그리고 뭔가 모르게 울진군의 항구는 강원도의 항구에 비해 활기가 적어 보였다.

공세항을 지나서도 내륙길로 걸어가야 했는데, 조금 가다가 동해대로(7번 국도) 직전에 해파랑길 스티커를 만났다. 사실 내가 오전에 잠깐 들렀던 울진항과 공세항은 해파랑길 코스는 아니다. 항구의 모습을 보고 싶고 해안길로 걷고 싶어서 잠시 해파랑길을 이탈했던 것이다.

해파랑길 스티커를 따라 좌회전하니 산길이 나왔다. 그 산길이 해파랑길 코스가 맞나 할 정도였으나, 해파랑길 스티커를 믿고 갈 수밖에 없었다.

완만한 산길이어서 걷기에 좋았고, 주변에 소나무가 많아서 솔향기를 듬뿍 맡아서 좋았다. 그렇지만 팔에 걸리는 거미줄을 헤치며 걸어야 했다. 밤에 거미가 나뭇가지 사이를 점프해서 거미줄을 친다고 하는데, 내가 거미줄을 없애서 거미에게는 미안하지만, 걸어가는 나로서는 거미줄이 짜증 나는 것이다.

산길의 오른쪽에서는 7번 국도를 지나가는 자동차 소리가 크게 들리고, 왼쪽에서는 동해의 파도 소리가 작게 들렸다. 파도 소리에 더 집중하여 걸으려고 하였다. 내려가는 길의 계단은 일부 훼손되어 있어서 보수공사가 필요해 보였다.

울진군 울진읍 공세항 부근 산길

조그만 산을 내려오니 바로 울진해변이었다. 오랜만에 넓은 해변을 볼 수 있었다. 울진해변 바로 옆에 있는 울진은어다리를 건넜다. 울진은어다리는 다리 난간을 은어 두 마리가 마주 보는 형상으로 만들어 놓은 멋진 다리인데, 은어 산란기에는 그 다리 위에서 울진 남대천으로 이동하는 은어 떼를 볼 수 있다고 한다. 자동차는 다니지 못하게 하고 사람이나 자전거만 다닐 수 있게 만든 걷기 좋은 다리였다.

울진군 울진읍의 울진은어다리

울진은어다리를 건너 좌회전하여 친환경엑스포로를 걸었다. 도로를 청소하는 할머니들이 지나가는 나를 이상하게 쳐다보았다. 마치 '이른 아침에 뭐 하는 놈인가?'라고 궁금해하는 표정이었다. 그냥 내가 "안녕하세요? 수고하십니다."라고 인사하며 지나갔다.

그 도로를 따라 걸으니 케이블카가 있는데, 울진 왕피천 케이블카였다. 케이블카는 오전에 내가 가야 할 망양정으로 바로 가고 있어서 케이블카를 타고 갈까라는 생각을 잠깐 해보았다가, 해파랑길을 걸어서 완보하기로 했으니 그냥 걸어가기로 했다.

케이블카를 타지 못하는 아쉬움을 뒤로하고 친황경엑스포로를 계속 걸어서 왕피천을 수산교로 건넜다. 그래서 오전 9시 45분에 수산교 남단에 도착했는데, 수산교 남단에도 해파랑길 안내도가 있었다.

수산교 남단이 해파랑길 25코스의 종착지이다. 그러니 그곳이 해파랑길 코스의 중간지점인 것이다. 누구는 벌써 절반이나 지났다고 말하고, 또 누구는 이제 겨우 절반밖에 지나지 않았다고 말하겠지만, 절반은 절반일 뿐이다. 50보(步)는 100보가 될 수 없다. 내가 해파랑길을 완보하려면, 지금까지 고생한 만큼 더 고생해야 한다는 것이다.

울진군 근남면
왕피천 케이블카

울진군 근남면
수산교

수산교 이후에 망양정을 향해 가는 차도인 망양정로의 옆에는 별도의 산책로가 있었다. 산책로가 잘 되어 있어서 걷기에 좋았고, 가로수가 벚나무이어서 벚꽃이 필 때면 사람들에게 인기가 많을 것으로 보였다. 벚꽃이 필 때 그곳을 지나가면 좋았겠지만, 모든 일이 그렇게 타이밍이 잘 맞지는 않는다.

수산교 남단의 해파랑길 안내판

울진군 근남면 망양정로

망양정로를 걷다가 망양정 해맞이공원으로 들어갔다. 망양정 표시를 따라 걸어 올라가니 왕피천 건너편에서 보았던 케이블카의 정거장이 있었다. 망양정으로 가는 길에는 관동팔경 안내판이 경치마다 하나씩 설치되어 있었다. 그 안내판을 보며 걸어서 오전 10시 10분에 망양정(望洋亭)에 도착했다.

망양정에 올라가서 동해 바다를 바라보았다. 흐린 날씨에 바다에는 연무가 끼여있어서 어디가 바다이고 어디가 하늘인지 모르겠다. 바다가 하늘색인지 하늘이 바다색 인지도 모르겠다. 망망대해(茫茫大海)가 이럴 때 쓰는 표현이라는 생각이 들었다. 배 이외에는 아무 것도 없는 바다이고, 바람이 거칠 것 없이 다닐 수 있는 바다이고, 조그만 파랑(波浪)들이 수없이 일어나는 바다이고, 배를 타면 세상의 끝까지 갈 수 있을 것 같은 바다이고, 내 가슴을 확 뚫리게 하는 그런 바다이고, 내가 서울에서 바람을 따라와서 보고 싶었던 바로 그 바다였다.

◀ 울진군 근남면 망양정

▼ 울진군 근남면 망양정에서 본 동해 바다

망양정은 관동팔경 중의 하나인데, 안내문을 읽어보니 망양정은 그동안 여러 곳에 세워졌었다. 처음에는 고려시대에 망양리 해안에 세워졌다가 허물어졌고, 다음에는 조선 성종 때 망양리의 현종산에 세워졌으나 또 허물어졌다. 그래서 1858년에 현재의 자리로 옮겨서 지었고, 1958년에 고쳐 지었다고 한다. 그렇다면, 정철이 관동별곡에서 노래하거나 정선이 관동명승첩에 그린 정자는 이곳의 정자가 아니라, 망양리 현종산에 있었던 정자였던 것이다.

망양정에서 바다 구경을 실컷 하고 나서 공원의 바람소리길로 내려오니 바로 바닷가 마을인 근남면 산포4리이었다. 그런데 부근엔 영업을 하는 식당이 없었다. 점심을 먹기에 이른 시간이었지만, 아침을 컵라면으로 때웠기에 배가 좀 고팠다.

동네 정자에 앉아 물을 마시고 양말을 갈아 신으며 해파랑길 코스를 검색해 보았다. 그래서 촛대바위까지 3.3km를 더 걸어가기로 했다. 촛대바위가 관광지이니까 영업하는 식당이 있을 것 같았다. 인터넷 지도에 식당이 하나 검색되는데, 전화번호가 없어서 영업을 하고 있는지는 모르겠다. 일단 촛대바위를 향해 가다가 중간에 식당이 있으면 들어가기로 했다.

해안도로인 망양정로를 따라 터벅터벅 걸어갔다. 가끔 자동차가 지나다닐 뿐 지나가는 사람은 하나도 없었다. 마을에는 노인들만 가끔 보였다. 차도인 망양정로를 따라 걷다가 해안 산책로를 걷기도 했다. 산책로는 일부 난간이 없거나 길이 파손되기도 했지만, 걸을 수는 있었다. 다른 곳이라면 동물들의 이름이라도 붙여졌을 기암괴석도 많았다.

망양정로를 따라 걷다가 촛대바위인 줄 알고 가까이 가니 아니었다. 해안가 바위 위에 최근에 지어진 금호정이라는 정자가 있어 정자에 들어가 잠시 쉬었다.

지나오며 마을 사람들을 마주치기도 했는데, 나에게 전혀 관심이 없었다. 그리고 다른 곳에서도 마찬가지로 마을 사람들은 나와 상관없이 살아가고 있다. 그러니 나는 이곳에서 이방인(異邦人)인 것이다. 서울에 살면서도 내가 이방인이라고 느낄 때가 있었는데, 서울을 떠나서도 결국 이방인이었다. 세상은 그대로인데, 왠지 나만 멀리 떠나온 것 같았다.

금호정에서 몸을 일으켜 계속 망양정로를 따라 걸어서 오전 11시 20분에 촛대바위에 도착했다. 바위 꼭대기에 소나무가 자라는데, 그 모습이 마치 촛불처럼 보인다고 해서 촛대바위라는 이름이 붙어졌다고 한다.

1986년 해안도로인 망양정로를 건설하면서 그 바위를 제거하려고 하였으나, 주민들의 요구로 보존되었다고 한다. 이로써 해파랑길을 걸으면서 세 번째 촛대바위를 본 것이다. 다른 2개는 동해시의 추암 촛대바위와 삼척시의 용굴 촛대바위가 그것이었다.

촛대바위를 바로 지나니 물개바위가 있는데, 정말로 바위 위에 물개가 누워있는 모습이었다. 마치 누군가 물개를 조각해서 올려놓은 것 같았다. 지금까지 해파랑길을 걸으며 여러 가지 짐승 모양의 바위를 보았는데, 그중에서 물개바위가 가장 이름과 비슷한 모양이었다.

울진군 근남면 촛대바위

울진군 근남면 물개바위

그리고 촛대바위에서 300m 정도 더 걸어가니 검색해 두었던 식당이 나왔다. 마침 영업을 하고 있어서 그 식당에서 점심을 먹기로 하고 오전 걷기를 마무리하였다. "밥 먹고 걷자!" 오전 내내 나와 함께 걸었던 그림자 친구에게 말했다. 오늘 오전에 총 14.6㎞를 걸었다.

 오후 午後

점심으로 아귀 지리를 맛있게 먹고 나서 바로 출발했다. 점심을 먹으니 힘이 좀 나는 것 같았다. 점심을 먹으며 대학 동기들과 단체 카톡을 하다가 내가 해파랑길 걷고 있다는 것을 알렸다. 일부 동기들은 나를 부러워하기도 했다. 그런데 나는 차마 '집 떠나면 개고생이다.'라는 글을 카톡에 올리지 못했다.

계속 해안도로인 망양정로를 따라 걸었다. 해안가를 걷다 보면, 촛대바위 같은 바닷가 바위에 소나무가 자라고 있는 모습을 자주 보게 된다. 바위틈에 영양분이 없을 것 같은데 소나무가 상당히 크게 자라기도 한다. 소나무 뿌리 때문에 바위가 갈라질 수 있고, 그렇게 되면 오히려 소나무가 죽을 것 같다.

237

울진군 근남면 망양정로

　지루한 망양정로를 따라 돌고 돌아 조그만 항구인 진복항에 도착했다. 항구를 잠시 구경하고 다시 계속 걷는데, 뒤쪽에서 해파랑길을 걷는 사람이 다가와서 만났다. 그도 나처럼 고성군에서 출발하여 부산시까지 가고 있었다.
　그는 세계의 유명한 트레킹 코스를 거의 다 걸어 보았다고 말했다. 그렇다면 그는 그야말로 트레킹 고수였다. 고성군에서 10일 동안 걸어서 그곳까지 왔다고 하고 하루에 평균 40㎞ 정도를 걷는다고 말했다. 나는 그곳까지 12일 동안 걸렸고, 중간에 집에서 1주일 정도 쉬기도 했다. 그리고 그는 해변 등에서 텐트 치거나 게스트하우스에서 자기도 하며, 점심은 간식으로 때운다고 한다. 세상에는 참으로 고수가 많다.
　그와 이런저런 이야기를 하며 걸었다. 그래서 오후 1시 반경에 오산항에 도착하였다. 오산항에서 잠시 쉬었다가 그와 헤어졌다. 그는 나보다 걸음이 빠르고, 그의 오늘 목적지는 나의 목적지인 기성망양해변보다 14㎞ 정도는 더 걸어가야 하는 평해읍 월송정로 정했다고 해서였다.
　오산항을 벗어나 혼자 걸어가니 덕신교차로의 도로표지판에 '평해 21㎞, 포항 104㎞, 경주 134㎞'라고 써져 있었다. 모두 내가 걸어가야 할 곳의 지명들이었다.

덕신교차로 이후 7번 국도인 동해대로의 갓길로 걷다가 바로 옆 해안도로인 망양북로를 따라 걸었다.

망양북로의 도로 옆에서 사람들이 큰 그물을 손보고 있었다. 도대체 어떠한 물고기를 잡는 그물이기에 그리 큰 것일까? 저 그물로 물고기를 잡는 배는 또 얼마나 클까? 저렇게 큰 그물을 배에 어떻게 싣고 내릴까? 그물을 보면서 나 혼자 이런저런 걱정을 하였다. 그 사람들이 알아서 잘할 것인데, 내가 걸어가면서 별 걱정을 다 하고 있었다. 그런데 큰 그물을 크레인으로 싣고 내린다는 것을 뒤에 알게 되었다.

가다 보니 어느 조그만 공장 앞에는 갖가지 부속품과 폐기물 등 잡동사니가 쌓여있었다. 내가 지나갈 수 없을 정도였다. 그 공장 주인은 공장 앞을 정리정돈하지 못하고 있는 것이다. 아무리 바빠도 주변을 잘 정리 정돈하는 것이 중요하다.

예전에 직장동료 중에는 항상 책상 위에 책자와 우편물, 서류 등을 잔뜩 쌓아 놓았던 직원이 있었다. 그 모습이 너무 심해서 직장 내에서 유명할 정도였다. 한 번은 그 직원이 자리에 없을 때, 여직원이 그에게 우편물을 주러 갔다가 우편물을 책상 위에 어디에 둘지 몰라서 다시 가져갔다는 소문이 돌 정도였다. 책상 위가 잘 정돈되어 있지 않으면, 무엇을 찾기도 어렵고 보기에도 좋지 않다. 나아가서 생각뿐만 아니라 마음도 잘 정리되지 않을 것 같다.

동해도로인 7번 국도의 휴게소인 망양휴게소의 화장실에 들렀다가 계속 동해대로 옆의 망양북로를 따라 걸었다. 그 망양북로도 예전의 7번 국도로 보였다. 오른쪽에는 산이나 절벽 또는 마을이 있고, 왼쪽에는 망망대해와 바위, 모래가 있는 망양북로를 따라 계속 걸었다. 오늘의 바다는 고요했다.

어젯밤에는 잠깐 바다로 나가 보았다. 밤바다가 무섭게 느껴졌다. 불빛이 전혀 없는 깜깜한 바다에는 아무것도 보이지 않고 파도 소리만 들렸다. 바다는 밤이 되면 낮과는 전혀 다르게 깊은 공포감을 주는 것 같다. 바다에서 살아가는 사람들에게 바다는 친근하면서도 두려움의 대상일 것이라는 생각이 또 들었다.

울진군 매화면 망양로 부근의 그물

울진군 기성면 망양정로 부근 바다

　언제부터인가 도로 이름이 망양로로 바뀐 도로를 따라 걸으니 도로 옆에 울진 대게의 조각상이 있었다. 안내문에는 역사적으로 대게의 원조는 영덕군이 아니라 울진군이라고 쓰여 있었다.

　기성면으로 들어가 망양리의 망양로를 걷는데, 바닷가 도로 방파제에 오징어 건조대가 있었다. 이름하여 오징어 풍물거리였다. 그런데 한없이 길게 설치되어 있는 건조대에 오징어는 한 마리도 걸려있지 않고, 어울리지 않는 아귀 2마리만 걸려있었다. 지금이 오징어 철이 아닌가 하는 생각이 들었다.

울진군 기성면 대게 공원

울진군 기성면 망양로의 오징어 건조대

    계속 망양로를 따라 걸어서 나무 계단으로 망양정(望洋亭) 옛터로 올라갔다. 그 터는 조선시대 성종 때 지었던 망양정이 있던 장소인데, 그곳의 망양정이 허물어진 이후에 1860년 근남면 산남리 둔산으로 옮겨 세웠다. 그러니 오전에 보았던 망양정이 예전에 있던 장소였다. 망양정 옛터를 기념하여 2015년 그곳에 별도로 정자를 세웠다고 한다. 그 정자는 정식 망양정이 아니어서 그런지 망양정 현판이 없었다. 그래도 그곳이 정철이 관동별곡에서 노래했던 망양정이 있던 곳이라고 하니, 관동별곡의 망양정 부분을 옮겨 적는다.

<관동별곡 일부>

정철 저

하늘 끝을 끝내 못 보고 망양정에 오르니,
바다 밖은 하늘인데, 하늘 밖은 무엇인가?
가뜩이나 성한 고래를 누가 놀라게 하였기에,
물을 불거니 뿜거니 하면서 어지럽게 구는 거냐?
은산을 꺾어 내어 온 세상을 흩뿌려 내리는 듯
오월 드높은 하늘에 흰 눈은 무슨 일인가?

　정철이 망양정에 올라서 마침 고래가 물을 뿜는 모습을 본 모양이다. 오늘 내가 망양정 옛터에서 본 바다에는 고래는 그림자도 없이 고요했다.
　망양정 옛터를 지나 망양로를 더 걸어서 오후 3시 10분에 기성망양해변에 도착했다. 기성망양해변에는 솔밭길이 있었다. 그리고 마침 저렴한 모텔이 있어서 그곳에 숙박하기로 하고, 예정대로 기성망양해변에서 오늘 걷기를 마쳤다. 오늘 오전에 14.6㎞, 오후에 12.4㎞를 걸어서 총 27㎞를 걸었다.

울진군 기성면 망양정 옛터

울진군 기성면 기성망양해변

 나는 어제의 대부분과 오늘 하루 동안 계속 울진군에서 걸었고, 내일도 울진군에서 걸을 것이다. 그래서 울진군의 역사에 대해 알아보았다.
 울진(蔚珍)은 진한 12국 중의 하나인 우중국(優中國)과 우유국(優由國)이 있던 지역이다. 고구려 때 이름은 우진야현(于珍也縣)이었다가 신라 때 울진현(蔚珍縣)이 되었다. 일설에 의하면, 삼국통일 이후 김유신이 "산림이 울창(鬱蒼)하고 진귀(珍貴)한 물산이 풍부하다"라고 감탄한 데서 그 이름이 나왔다고 한다. 1914년 일제에 의한 행정구역 개편 시에 평해군(平海君)이 울진군에 통합되어 울진군은 지리적으로 큰 군으로 오늘에 이르고 있다.

해파랑길 13일차

2021년 3월 10일 수요일

울진군 기성면 기성망양해변   -   울진군 후포면 후포항

 ## 오전 午前

    기성망양해변에 있는 어젯밤에 숙박했던 모텔은 가격도 싼 편이고 주인이 매우 친절해서 세탁기도 사용하게 해 주었다. 알고 보니, 그 모텔은 해파랑길을 걷는 사람들이 많이 이용하는 숙박시설이었다.

    그런데 새벽에 바람이 거세게 불었다. 바람이 창을 계속 덜컹거리게 할 정도였다. 나는 바닷가에 와서 바람이 무섭다는 것을 알게 되었다.

    어젯밤에 숙박했던 모텔이 바로 바닷가에 있어서 아침 일찍 해변으로 나가 해돋이를 보았다. 수평선 부근에 구름이 끼어서 바로 바다 위의 해 돋는 모습은 아니지만, 그런대로 해돋이를 볼 수 있었다. 서울에서 쉰 이후로 다시 보는 해돋이였다. 앞으로 해돋이를 보려면 바로 바닷가에서 숙박을 하기도 해야 하지만, 점차 해 뜨는 시간이 빨라지니 내가 더 일찍 일어나야 한다.

울진군 기성면 기성망양해변의 해돋이

아침 7시 20분에 기성망양해변에서 해파랑길 13일차를 출발하였다. 바람은 좀 잦아들었지만, 그래도 바람은 계속 불고 파도도 높았다. 날씨는 맑은 편이었다.

기성망양해변의 솔밭길은 걷기에 좋았다. 소나무 냄새를 맡으며 이른 아침의 파도와 백사장을 그대로 느끼며 걸을 수 있었다. 솔밭 길을 따라 기성망양해변을 한참 걸은 뒤에 해안도로인 망양1로를 걸었다가 내륙 도로인 사동1로로 접어들었다. 해안을 군부대가 차지하고 있기 때문이다. 아침부터 내륙 고갯길을 오르락내리락하여 오전 8시경에 사동항에 도착하였다. 사동항은 큰 항구였으나 왠지 모르게 분위기는 썰렁했다.

울진군 기성면 기성망양해변의 솔밭길

울진군 기성면 사동항

　아침을 먹지 못하였기에 초코바와 커피를 먹고 싶어서 편의점을 찾았으나, 사동항에는 편의점이 없었다. 생각해 보니, 울진군에 들어와서는 항구에 편의점이 없는 것 같았다. 어쩔 수 없이 사동항 정자에 앉아 물 한 모금 마시고 출발했는데, 이번에는 해안절벽에 길이 없어서 내륙길인 기성2길을 따라 걸었다.

　동해의 해안길을 걸으려고 해파랑길을 걷는 것인데, 달갑지 않은 내륙길을 생각보다 많이 걷고 있다. 특히, 삼척시와 울진군에 와서는 군부대, 산업시설, 해안절벽 때문에 해안으로 가지 못하고 하루에 대여섯 번 내륙 고갯길을 오르내리고 있다. 특히 동해안에 오니 해안에 군부대가 생각보다 많았다. 내륙길을 걷다 보면, '이게 아닌데…'라는 생각이 들고, '동해안의 해안길을 돌려줘!'라고 외치고 싶다.

　나는 해파랑길에 대해 불평하려고 걷는 것이 아닌데, 또 불평을 늘어놓게 되었다. 충무공의 백의종군로를 걷고 나서도 백의종군로 코스에 대한 문제점을 많이 지적했었다. 그러니 백의종군로를 주관하는 단체가 나를 별로 좋아하지 않았다. 그래도 지적을 하지 않을 수 없었다. 이러한 지적으로 해파랑길, 백의종군로 등 테마길이 개선되길 바란다.

오늘 아침에도 내륙 고갯길을 3개나 넘어서 오전 9시가 다 되어 기성항에 도착했다. 기성항도 분위기가 썰렁했다. 경상북도 울진군으로 들어오니 항구와 해변이 강원도에 비해 활기가 좀 떨어진다는 느낌이 들고 있다. 딱히 그 이유는 잘 모르겠다.

기성항에서 마을길을 지나고 기성로를 걸어서 기성버스정류장에 도착했다. 기성버스정류장에는 컨테이너의 간이 매표소가 있었다. 아무리 지방의 버스정류장이지만, 버스 매표소가 너무 초라해 보였다.

울진군 기성면 기성로

울진군 기성면의 기성버스정류장

마을 안으로 들어가 기성면사무소 부근으로 가니 마침 가게가 있었다. 초코바와 커피를 사서 가게 옆 정자에 앉아 먹었다. 아침 식사의 내용물과 장소가 좀 거시기 하지만, 그것이 나의 오늘 아침식사였다. 기성망양해변에는 아침을 먹을 수 있는 식당이 없었기 때문이었다. 그야말로 나는 풍찬노숙(風餐露宿)이 다 되어가고 있는 것이다. 그러나 뭐든 먹을 수 있으면 내용물과 장소를 가리지 말아야 한다. 장기간의 걷기여행을 하다 보면 이것저것 따질 계제가 아닌 것이다.

오전의 목적지인 구산항으로 가기 위하여 기성교를 건너서 계속 차도인 기성로를 따라 걸으면서 조선시대의 대표적인 방랑객인 김시습과 김삿갓을 생각했다.

조선 초의 매월당(梅月堂) 김시습(金時習)은 어릴 때 총명하였으나, 과거시험을 준비하던 19세 때에 수양대군이 대권을 잡았다는 소식을 듣고 세상을 탄식하고 책을 불사르고 나서 승려가 된 뒤에 6년간 방랑 생활을 했다. 그 뒤 환속하고 결혼을 하였다가 50세가 되어 다시 방랑의 길을 나섰다.

조선 말의 방랑객으로 김삿갓으로 알려진 김병연(金炳淵)을 빼놓을 수 없다. 김병연의 조부 김익순(金益淳)은 평안도 선천부사(宣川府使)로 있으면서 홍경래의 난 때 홍경래에게 투항한 죄로 처형을 당했다. 김병연은 그 사실을 모르고 과거시험에서 자기 조부를 조롱하는 글로 장원을 하였다. 뒤에 조부의 내막을 알고 나서 불충의 후손이라는 것과 조상을 욕되게 했다는 것을 자책하며 처자식을 두고 집을 나가서 남은 평생을 방랑하며 보냈다.

김시습은 금오신화 등 소설과 시를 많이 남겼고, 김병연은 방랑 시인으로 많은 시를 남겼다.

영동지방을 다니며 관동별곡을 쓴 정철(鄭澈)은 방랑이라기보다는 편안하게 여행을 다닌 것 같고, 대동여지도를 그린 김정호(金正浩)는 지도를 만들기 위한 목적이 있었으니 방랑을 했다고 보기는 어려울 것 같다.

물론 그들 이외에도 방랑객이 많았을 것이다. 그리고 나는 김시습이나 김병연과 같은 방랑객이 되려는 것은 아니다. 다만, 지금보다 숙식하기가 열악하고 길도 편하지 못했던 시대여서 그들의 방랑 생활이 매우 힘들었을 것이라고 생각해 보는 것이다.

    길가 정자에서 초코바로 아침을 때우고 나서 조선시대 방랑객을 생각하며 기성면의 기성로를 따라 걸으니 나도 모르게 내 입에서 옛 민요 '만고강산(萬古江山)'이 흘러나왔다.

〈만고강산(일부)〉

만고강산(萬古江山) 유람할 제 삼신산(三神山)이 어디메뇨.

일 봉래(蓬萊) 이 방장(方丈)과 삼 영주(瀛洲)이 아니냐.

죽장(竹杖) 집고 풍월 실어 봉래산을 구경 갈 제

경포(鏡浦) 동령(東嶺)의 명월을 구경하고

청간정(淸澗亭), 낙산사(洛山寺)와 총석정(叢石亭)을 구경하고

(중략)

하없이 놀고 가자.

어찌하면 잘 놀 손가.

젊어 청춘에 일 많이 하고 늙어지면서 놀아 보세.

    차도인 기성로를 따라 걷다가 기성교차로에서 좌회전하여 차도인 구산봉산로로 접어들었다. 완만한 오르막인 구산봉산로를 오르다 보니 비행기 소리가 많이 나서 의아했는데, 지도를 보니 바로 옆이 울진비행장이었다. 훈련 비행을 하는지 경비행기가 자주 떴다.

구산봉산로는 봉산1리로 들어와 바다를 만나 해안도로가 되었다. 봉산1리 앞 해변은 모래가 괜찮고 길었는데, 이상하게 해변의 이름이 없었다. 울진군에 들어오니 이름 없는 해변이 자주 나타났다. 관광객이 안 오니 백사장이 방치되고, 백사장이 방치되니 관광객이 더 안 온다. 그리고 마을 사람들도 관광 수입에 관심이 없는 모양으로 보였다.

구산봉산로는 봉산2리의 해안까지 연결되어 있었다. 봉산2리의 해변에서 갈매기 떼가 파도를 보며 쉬고 있었다. 갈매기 떼는 뭐라고 지저귀고 있었다. 그들의 대화를 알 수 없지만, 나에게 사진을 찍어 달라고 하는 것일지 모른다는 생각이 들어 갈매기 떼를 사진 찍어주었다.

울진군 기성면 봉산1리의 구산봉산로

울진군 기성면 봉산2리의 해안과 갈매기 떼

갈매기 떼를 보니, 어릴 때 읽었던 리처드 바크(Richard Bach)의 '갈매기의 꿈'에 나오는 대표적인 말인 '높이 나는 새가 멀리 본다.'가 생각났다. 저 갈매기 중에도 주인공 갈매기인 조나단 리빙스턴(Jonathan Livingston)과 같이 더 높이 날기 위해 도전하는 갈매기가 있을지도 모르겠다.

해안도로인 구산봉산로를 따라 걸으며 파도 소리에 내 발걸음을 맞추었다. 그렇게 걸어서 구산항에 도착하니 구산항은 상당히 큰 항구였다. 구산항에는 수토선(搜討船)과 독도의 모형이 있었다. 그리고 그 부근에는 대풍헌과 수토문화전시관이 있었다.

조선시대 울릉도와 독도에 파견하던 관리를 수토사(搜討使)라 하고, 수토사가 타고 갔던 배를 수토선이라고 한다. 울릉도 수토사는 울릉도의 지세 파악과 토산물 진상뿐만 아니라 울릉도에 잠입한 왜적을 수색하고 토벌하는 것이 임무였다고 한다.

그리고 수토사가 순풍을 기다리며 머물렀던 건물이 이름 그대로 대풍헌(待風軒)이다. 대풍헌이 처음 건립된 시기는 알 수 없으나, 1851년(철종 2년) 중수하고 대풍헌이라는 현판을 걸었고, 2010년 해체 복원하였다고 한다. 그러니 예전에는 구산항이 울릉도로 가는 항구였던 모양이다.

울진군 기성면 구산항

울진군 기성면 구산항의 수토선 모형

울진군 기성면 구산항의 독도 모형

울진군 기성면 구산항의 대풍헌

대풍헌과 수토문화전시관을 관람하고 구산항에서 점심을 먹으려고 하였다. 식당을 찾아보니 구산항 앞에 두 곳의 횟집이 있었다. 한 곳은 문이 닫혀 있었고, 다른 한 곳은 영업을 하고 있었다. 영업을 하는 식당 앞의 수족관에는 대게와 생선이 있었다. 내가 그 식당으로 들어가서 식당 주인아주머니에게 점심을 먹을 수 있냐고 물었다.

그러니 손가락으로 콧구멍을 파고 있던 아주머니가 잠시 생각한 뒤 "식사 안 되여."라고 말을 하는데, 나로서는 아쉬움과 안도감이 교차했다. 순간적으로 콧구멍을 파던 손으로 음식을 주면 어떻게 하나 걱정했기 때문이다.

그 식당에서 식사를 못한 것을 다행이라는 생각으로 구산봉산로를 계속 더 걸어서 오전 11시 30분에 구산해변에 도착했다. 마침 구산해변에는 영업을 하는 횟집이 있어서 점심으로 물회를 먹을 수 있었다. 그래서 구산해변에서 오전 걷기를 마쳤다. 오전에 14.7㎞를 걸었다.

오후 午後

점심을 맛있게 먹고 나서 구산해변에서 커피를 마시면서 쉬었다. 해변에는 따스한 햇볕과 차가운 바람을 동시에 느낄 수 있었다. 그러한 상황에서 갑자기 대북정책이 생각났다.

이솝우화에 보면, 햇볕과 바람 중에서 나그네의 겉옷을 벗긴 것은 햇볕이다. 따스한 햇볕의 부드러움이 거센 바람의 강함보다 사람의 마음을 움직일 수 있다는 의미이다.

이솝우화에 빗대어 한때 우리의 대북정책으로 '햇볕정책'이 진행되기도 하였다. 북한을 따스하게 지원해 주면 북한이 개방되고 핵무기를 포기할 것이라고 기대한 것이었다. 그러나 북한은 개방하지 않은 채 핵 개발을 계속하였다. 그 이후에는 강경한 대북정책이 추진되었다. 그러면 그것을 '바람정책'이라고 볼 수 있겠다. 그러나 북한은 개방하지 않으면서 핵무기를 계속 개발하고 있다. 북한의 개방과 핵무기 포기는 나그네가 겉옷을 벗는 문제가 아니라 북한 정권의 생존이 걸린 문제이니까 말이다.

얼마 전에 몇 차례 북미협상과 남북협상이 있었지만, 북한의 개방과 핵무기 포기에는 진전이 없다. 그리고 지금은 유엔을 중심으로 대북 강경책이 진행되고 있다.

북한 정권 스스로가 현재와 같은 폐쇄정책과 핵무기 개발로는 더 이상 생존할 수 없다는 것을 느껴야 한다. 그러니 햇볕정책과 바람정책으로 구분하지 말고 북한의 대외 개방과 핵무기 포기를 이끌어낼 수 있는 다양한 방법을 모색하는 것이 대북정책의 가장 중요한 과제라고 생각한다.

구산해변에 앉아서 별생각을 다 하고 있다가, 12시 30분에 오늘의 종착지 후포항을 향해 출발하였다. 구산해변을 나와 다시 차도인 기성로를 따라 걷다가 길 건너 운암서원을 보고 나서 황보천을 군무교로 건너서 평해읍(平海邑)으로 들어섰다. 평해는 예전에 별도의 군(郡)이었으나, 1914년에 울진군에 통합되면서 읍(邑)이 되었다.

관동팔경의 하나인 월송정(越松亭) 입구에 들어서니 월송정 입구의 문이 엄청나게 크게 되어 있었다. 문의 현판에는 '관동팔경월송정(關東八景越松亭)'라고 쓰여 있는데, 지금까지 해파랑길을 걸으며 보아 온 관동팔경 중에서 가장 멋있는 문이었다.

안으로 들어가니 왼쪽에 평해 황(黃) 씨의 시조 제단도 있었다. 월송정 입구가 잘 되어있는 것이 평해 황씨의 시조 덕분이 아닌가라는 생각이 들 정도였다. 월송정으로 가는 길인 월송정로는 양쪽에 소나무 숲이 마련되어 있어서 깨끗하고 분위기가 좋았다.

울진군 평해읍의 월송정 입구

울진군 평해읍의 월송정 가는 길

　월송정로를 따라 걸어서 12시 50분에 월송정에 도착했다. 월송정은 중국 월(越)나라에서 소나무를 가져와서 정자 주변에 심었다고 해서 그렇게 이름을 지었다고 한다. 다른 한편으로는, 신라시대 4명의 화랑인 영랑(永郎), 술랑(述郎), 남랑(南郎), 안상랑(安詳郎)이 이곳의 울창한 송림에서 달을 즐기며 소원을 빌었다고 해서 월송정(月松亭)이라고도 한다.

신라시대의 화랑 중에서 이들 4명의 화랑이 유랑을 많이 한 것으로 유명한데, 그들은 자주 동해안을 놀러 다녀서 많은 유적을 남겼다. 북한의 금강산 주변의 해안에 그들이 3일간 놀고 갔다고 해서 삼일포(三日浦)가 되었고, 속초의 영랑호(永郞湖)도 영랑이 놀고 간 곳이라서 이름이 붙여졌다. 그 이외에도 많은 유적지의 이름이 그들에 의해 지어졌다. 그들은 신선이 되어 하늘로 올라갔다는 말이 전해져 사선(四仙)이라고도 불리고 있다.

원래 월송정은 그곳에서 남서쪽 450m 떨어진 곳에 있었는데, 오래되어 없어진 것을 1980년 그곳에 새로 지었다고 한다. 현판의 글씨는 최규하 대통령이 쓴 것이다. 월송정의 입구와 진입로, 주변의 소나무 숲 등이 매우 잘 꾸며져 있었다.

울진군 평해읍의 월송정

이로써 나는 관동팔경 중에서 남한에 있는 6개를 모두 관람했다. 그래도 남은 해파랑길은 계속 걸을 것이다. 관동팔경을 보려고 해파랑길을 걷는 것이 아니고, 이제 해파랑길은 절반쯤 걸었을 뿐이니 앞으로 갈 길이 많이 남아 있기 때문이다.

월송정을 나와 좌회전하여 농로를 따라 걸었다. 농로에는 쉴만한 곳도 없고 그늘도 없었다. 기온이 올라가니 주변 논밭에 농사일을 하는 사람들이 늘었다. 이제 농번기에 들어선 모양이다. 주변의 논 중에는 모내기를 하려고 벌써 갈아엎어 놓은 논도 있었다.

나는 농촌에서 태어났으나, 농사일을 할 줄 모르고 해 본 적도 없다. 다만 어릴 때 고향에 가면, 외삼촌이 힘들게 농사일을 하는 것을 보았기 때문에 농사일이 쉬운 게 아니라는 것을 알고 있다. 요즘에는 농기계의 힘을 많이 빌리지만, 농사는 시기와 방법이 매우 중요하다.

요즘에 직장을 은퇴하고 귀농하여 농사를 짓는 사람들이 많은데, 그중에 실패하는 사람도 많다고 한다. 농사일은 책만 보고 할 수 있는 것이 아닐 것이다.

월송정교를 건너 제장로를 걷고 있는데, 해파랑길 스티커는 솔숲 길을 안내하였다. 나는 계속 해안도로인 제장로를 따라 걸었다. 제장로를 걸으면서 보니 점심을 먹고 쉬었던 구산해변이 그곳까지 연결되어 있었다.

계속 제장로를 따라 걸어서 직산항에 도착했다. 주변 정자에 앉아 물을 마시며 휴식하였다. 직산항 주변에도 숙박시설이 있었으나, 당초 목적지인 후포항까지 7㎞ 정도를 더 걸어가기로 했다. 오후 시간도 남아 있고, 후포항이 큰 항구여서 부근에 숙박시설과 식당이 더 많을 것 같았다.

낮이 되니 바람은 잦아들고 기온이 올라가서 더워졌다. 해안도로 이름은 제장로에서 울진대게로로 바뀌었다. 그리고 왼쪽의 긴 해변은 이름이 없었다. 울진대게로를 따라 걸어가는데 도로가에 대게 모양의 건조대가 있었다. 대게는 원래 말리지 않으니 그냥 생선을 말리는 건조대인데, 대게의 고장임을 강조하기 위해 건조대를 대게 모양으로 만든 것 같았다. 그런데 그 건조대에도 널린 것이 아무것도 없었다.

울진대게로를 따라 걸으며 바로 옆의 바다를 계속 보았다. 거센 파도는 나를 향해 달려드는 것 같았다.

울진군 평해읍 울진대게로

울진군 울진대게로에서 본 바다

　거센 파도를 보며 울진대게로를 따라 계속 걸어가다 보니, 마을 주민들이 갈고리로 파도에 쓸려 나오는 미역을 채취하고 있었다. 바람은 잦아들었어도 파도는 계속 몰아치고 있어서 주민들이 잘못하면 파도에 휩쓸릴 수도 있을 것 같았다. 그렇게 위험을 무릅쓰고 채취한 미역은 자연산인 것이다.

　계속 걸어가니 울진 바다목장은 태풍 피해로 영업을 하지 않았고, 황금대게 평해공원엔 대게 조각상이 있었다. 기성면에서 본 대게 조각에 비해 훨씬 크고 멋있어 보였다.

황금대게 평해공원을 지나니 갑자기 길이 좋아졌다. 차도인 울진대게로 옆 인도에는 멍석을 깔아 놓았거나 나무로 산책로를 만들어 놓아 딱딱한 아스팔트보다 걷기에 훨씬 좋았다.

울진군 평해읍 황금대게 평해공원

울진군 평해읍 울진대게로

나는 평소에 바다를 보는 것은 1년에 한두 번 정도이다. 그것도 대부분 서울에서 가까운 서해 바다로 가서 바다는 잠깐만 본 뒤에 회나 조개구이를 안주 삼아 술을 마시고 돌아왔다. 그러니 이번에 해파랑길을 걸으며 보고 있는 바다가 지난 60년

동안 보았던 바다의 몇 배는 더 될 것이다. 걷기 좋은 길을 걸으며 계속 눈이 시리도록 푸른 바다에서 들려오는 파도 소리를 들으니 나 자신에 관한 것들이 생각났다.

나이로 보면 나는 소위 586세대에 해당된다. 그냥 내 나이가 속한 세대가 그렇다는 것이다. 나는 대학 다닐 때 학생운동을 하지 않았다. 운동권 학생들의 생각에 일부 동조하기는 했으나, 보도블록 또는 화염병을 던지거나 심한 경우 분신자살하는 그들의 과격성 때문인지, 프롤레타리아에 치우친 그들의 좌편향 이념성 때문인지 그들의 행동에는 함께하지 않았다.

그러다가 직장에 들어가서 얼마 되지 않아 노동운동을 하게 되었다. 직장의 전근대적인 분위기에 숨이 막혀서 직장을 옮기려고 생각했다가 내가 직장 분위기를 바꿔보자는 생각으로 노조사무실에 상근하면서 노동가요를 배우고 북을 치며 노동운동의 선봉에 서기도 했다. 당시에 가족과 나를 아는 사람들은 내가 많이 변했다고 말했다. 그때 노동운동의 성과에 대해서는 잘 모르겠지만, 직장문화를 바꾸는 계기가 되었다고 자부한다. 다만, 그 때문에 직장생활 내내 나에게는 '과격하다'는 꼬리표가 따라다녔다.

직장생활 10여 년이 지나서는 공부가 하고 싶었다. 뭔가 학술적이고 이론적인 것에 더 가까이 가고 싶었다. 직장연수로 석사과정을 마친 것까지는 평범했으나, 그 이후 휴직까지 하며 박사과정을 공부한 것에 대해서는 일부 사람들은 나 보고 제정신이 아니라고 말했다. 그 공부의 성과에 대해서도 잘 모르겠다. 외형적으로 경제학 박사라는 학위가 있고, 학위 덕택에 퇴직 후에 객원교수가 될 수 있었다. 그러나 요즘처럼 혼란스러운 경제 상황을 이론적으로 분석하여 바람직한 정책방향을 내세우지 못하니 오히려 박사학위가 부담스럽게 느껴지기도 한다.

그리고 30년 넘게 다닌 직장을 그만두고 나서 겁도 없이 여행 에세이와 소설을 썼다. 여행 에세이 책은 사람들에게 많이 나누어 주었다. 아마 책을 받은 사람 중에서 그 책을 다 읽은 사람은 별로 없을 것이다. 속으로는 "요즘에는 개나 소나 다

책을 쓴다니까!"라고 말했을지도 모르겠다.

　소설책은 출판사로부터 받은 것이 별로 없어서 사람들에게 나누어주지 못했다. 만약 그 소설책을 사람들에게 나누어 주었다면, 그 사람들은 기절을 했을지도 모른다. "소설이 무슨 애들 장난이냐?"라면서 말이다.

　나는 지금 해파랑길을 걸으면서 블로그에 여행기를 쓰고 있다. 사진보다 글이 많아서 그런지, 재미가 없어서 그런지 방문자가 많지 않다. 일부 지인들에게만 내 블로그 주소를 알려주었다. 아마 지인들 중에는 나에 대해 "걔는 요즘 별거 다 해!"라고 말하는 사람도 있을 것이다.

　지난 시절에 내가 몸부림치면서 표현하고 싶었던 진실은 무엇이었을까? 아직도 모르겠다. 또 이번 해파랑길 걷기여행이 나에게 어떠한 의미가 될지도 모르겠다. 다만 해파랑길을 걸으면서 매일 보고 있는 바다의 모습과 계속 듣고 있는 파도 소리를 내 마음 깊은 곳에 각인(刻印)시키고 싶은 것이다.

　그런 생각을 하며 울진대게로 옆 산책로를 계속 걸으니 후포항을 1.2㎞ 남기고 등기산공원 입구가 나왔다. 오후의 힘 빠진 상황에서 오르막길은 싫지만, 지난번에 강릉 오산리 선사유적박물관에 들르지 않았던 미안함 때문에 신석기 유적지가 있는 등기산공원에 올라갔다.

　공원에 올라가서 보니 신석기 유적지가 있는 등기산공원은 등대가 많은 등대 공원이기도 했다. 신석기 유적관은 안으로 들어가서 관람하고, 등대 공원이라고 하니 등대를 사진 찍고, 아무 설명이 없는 망사정이라는 정자를 사진 찍고, 많이 흔들거리는 출렁다리를 건너며 사진을 찍고, 스카이워크는 가지 않고 입구에서 사진만 찍고 등기산공원을 내려왔다.

울진군 후포면 등기산공원의 등대

울진군 후포면 등기산공원의 신석기 유적관

울진군 후포면 등기산공원의 망사정

울진군 후포면 등기산공원의 출렁다리

울진군 후포면 등기산공원의 스카이워크

　등기산공원을 내려와서 바로 옆의 후포항에 오후 4시를 조금 지나서 도착했다. 후포항은 매우 큰 항구였고, 울릉도와 독도로 가는 여객선의 터미널도 있었다. 후포항 주변 상가에는 홍게(붉은색 대게)를 많이 팔고 있었다.

　후포항에서 오늘 걷기를 종료했다. 오늘 오전에 14.7㎞, 오후에 11.8㎞를 걸어서 총 26.5㎞를 걸었다.

울진군 후포면 후포항

　후포항에서 홍게를 파는 상인이 대게와 홍게의 원조는 영덕군 강구항이 아니라 그곳 후포항이라고 강조하면서 나에게 홍게를 사라고 권유해서 홍게 한 묶음을 샀다. 그 상인은 홍게를 찐 뒤에 서울 집으로 보내 주기로 했다. 그것으로 가족에게 나의 미안함을 전하고 싶었다. 나는 홍게를 구경만 하고 먹지는 못했다. 홍게와 대게의 원조가 어디인지에 대해서는 강구항에 가면 알 수 있을지 모르겠다.

해파랑길 14일차

2021년 3월 11일 목요일

울진군 후포면 후포항 － 영덕군 축산면 축산항

오전 午前

아침 일찍 후포항 어판장에 갔다. 어판장에는 조금 전에 배에서 내려진 신선한 홍게를 사람들이 분주하게 포장하고 있었다.

홍게는 붉은색을 띠는 대게인데 겨울과 봄이 제철이라고 한다. 그러니 지금이 제철인 것이다. 그런데 홍게를 잡는 데에는 7일 정도나 걸린다고 한다. 홍게는 수심 400m 이하의 깊은 바다에서 살기 때문에 홍게를 잡으려면 먼 바다로 나가야 한다. 그래서 가는 데에만 꼬박 하루가 걸리고, 그곳에서 5일 정도 계속 작업을 해서 홍게를 잡고 나서 항구로 되돌아오는 데 또 하루가 걸린다고 한다. 예전에는 배 1척이 한 번 바다로 나가서 홍게를 5,000마리 정도를 잡았었는데, 요즘에는 2~3,000마리 정도밖에 잡지 못한다고 한다.

울진군 후포면 후포항의 어판장

오늘은 나의 해파랑길 14일차이다. 우포항에서 아침을 먹고 오전 7시 50분에 오늘의 목적지인 영덕군 축산항을 향해 출발하였다. 날씨는 맑고 바람은 거의 없었다. 수도권에는 미세먼지가 많다고 하는데, 이곳에도 약하게 미세먼지가 끼어 있었다.

후포항을 뒤로하고 울진대게로를 따라 영덕군 방향으로 길을 잡았다. 어제저녁과 오늘 아침 모두 같은 식당에서 백반을 먹었다. 대게나 홍게는 맛도 못 보고 후포항을 떠나려고 하니 서운함도 있었다.

후포항을 지나 바로 나타난 후포해변의 바다는 고요했다. 어제의 사나웠던 파도는 어디로 다 가버리고 오늘의 파도는 잔잔하기 그지없었다. 이른 아침의 바다는 언제나 좋다. 물때가 밀물 때인지 바닷물이 해안 가까이에 다가와 있어서 해변의 많은 부분이 바닷물에 잠겨 있었다.

울진군 후포면 울진해변의 울진대게로

알다시피 바다의 밀물과 썰물은 달의 인력에 의해 발생된다. 일부 과학자들의 주장에 따르면, 달이 탄생한 시기도 지구와 비슷한 약 45억 년 전이라고 하는데, 처음에는 지구와 달의 거리가 지금보다 더 가까웠고 달이 더 빠르게 지구를 돌았다고 한다. 그래서 달의 공전주기가 지금의 약 29.5일보다 더 빨랐다고 한다. 그러니 지구에 밀물과 썰물이 더 크고 자주 발생하였다는 것이다. 그러한 바다와 육지 간의 크고 빈번한 교류에 따라 바다와 육지는 서로 유기물질을 주고받았고, 그래서 결국 바다에 생명체가 생겨났고, 그 생명체가 육지로 올라오게 되었다고 한다. 이를 주장하는 과학자들에 따르면, 지구 생명의 탄생은 달의 덕분이라는 것이다.

또 일부 과학자들은 지구가 태양 둘레를 균형적으로 공전하면서 자전하는 것은 달의 영향이 크다고 한다. 그래서 만일 달이 지구로부터 떨어져 나가면, 지구도 중심을 잃고 태양의 궤도에서 벗어날 수 있다는 것이다.

그때까지 인류가 지구에서 생존하고 있을지 알 수 없으니 그러한 사태가 실제 발생할지는 아무도 모르는 것이다. 더군다나 내가 살아가는 지금 시대와는 전혀 관계없는 이야기이고, 실제로 그렇다고 하여도 달이 지구로부터 떨어져 나가지 않도록 어떻게 해볼 수도 없는 것이다.

어제 내륙길을 많이 걸으면서 투덜거려서 그런지, 오늘은 오전 내내 해안도로인 울진대게로를 걸었다. 아침의 고요한 바다와 따스한 햇살을 느끼면서 제대로의 해파랑길을 걷는 기분이었다.

걷기 좋은 울진대게로를 걷다가 여심1길로 바꿔서 금음리로 들어가니 조그만 항구가 있었는데, 항구 앞에도 지도에도 항구의 이름이 없었다. 다른 곳에는 배가 없어도 항구의 이름은 있던데, 그곳에는 조그만 배가 두 척 있는데 항구의 이름은 없었다.

금음리의 항구를 지나가다 보니 오른쪽의 동해대로(7번 국도)의 금음복개터널은 서울의 두무개길과 비슷하게 생겼다.

울진군 후포면 금음복개터널

　7번 국도 옆의 해안도로를 따라 계속 걸어가는데, 시간이 지날수록 내가 남쪽으로 갈수록 날씨가 점차 더워지고 있었다. 바람도 없으니 더 더운 것 같았다. 앞으로는 햇볕보다는 바람과 더 친해져야 될 것 같았다.

　우리는 봄을 다른 계절과 어떻게 구분할 수 있는지 갑자기 궁금해졌다. 물론 온도와 날짜로 구분하겠지만, 우리나라에서도 위도에 따라 봄의 시기가 다를 것이다. 그래서 꽃이 피는 것으로 구분할 수 있을 것 같다는 생각을 해봤다. 왜냐하면 신기하게도 꽃이 피는 데에도 순서가 있기 때문이다.

　내가 아는 수준에서 보면, 동백, 매화, 산수유부터 피기 시작하여, 개나리, 진달래, 목련, 벚꽃이 피고 나서, 그다음에 라일락, 모란, 아카시아, 장미의 순으로 핀다.

　동백은 봄이라기보다는 늦겨울에 피는 것 같으니, 매화가 피는 것을 봄의 시작이라고 하면 좋을 것 같다. 지금 이곳은 매화가 한창인 시기이니 봄의 시작인 것이다. 그리고 독립운동가이면서 화랑 영랑의 이름을 자신의 호로 사용했던 시인 김영랑(金永郎)은 시를 통해 모란이 지고 나면 봄이 끝난다고 했으니 모란꽃을 봄의 끝이라고 생각하면 좋을 것 같다.

나는 봄의 한가운데 피는 꽃을 벚꽃이라고 주장하고 싶다. 요즘에는 지구 온난화에 따라 벚꽃 피는 시기가 점차 빨라지지만, 서울 기준으로 벚꽃이 만개하는 시기는 대략 4월 10일 내외이다. 그러니 서울에서는 그때가 봄의 한가운데라고 볼 수 있다.

내가 예정대로 해파랑길을 계속 걷는다면, 3월 하순에 부산에 도착할 수 있을 것이다. 부산은 서울보다 따뜻하니, 잘하면 그때 부산에서 만개한 벚꽃의 모습을 볼 수도 있을 것 같다. 그리고 그때가 부산은 봄의 한가운데일 것이다.

그래! 따스한 봄을 맞으러 가자. 겨울의 무거운 추위를 물러가게 하는 봄을 맞으러 가자. 꽃이 피고 만물이 생동하는 봄을 맞으러 부산으로 가자. 부산에서 벚꽃을 볼 수 있기를 기대하며 길을 재촉했다. 아니 너무 빨리 걸어가면 벚꽃을 못 보게 된다.

꽃 타령을 하며 걸어서 옥동길로 들어섰다. 그 부근에 행정구역상 울진군과 영덕군의 경계인데, 정확한 경계가 궁금했다. 마침 울진군 후포면 금음4리 마을회관 앞에 앉아있는 할머니들에게 어느 지점부터 영덕군에 해당되냐고 물어보았다. 할머니들은 바로 도랑만 건너면 영덕군이라고 말했다.

그런데 그 길로 가도 도랑은 없었고, 바로 영덕군 병곡면 금곡2리 마을회관이 나왔다. 두 마을이 이어져 있었고 문제의 도랑은 복개되어 있어서 내가 찾지 못했다. 보이지 않아도 평생을 그곳에서 살아온 할머니들은 잘 알고 있는 그 도랑을 말이다.

삼척시에서 울진군에 들어설 때에도 경계가 잘 구분되지 않았는데, 울진군에서 영덕군으로 나갈 때에도 경계가 잘 구분이 되지 않았다. 하기야 자연과 그 속에서 살아가는 사람들은 원래 구분이 없는데, 행정 편의상으로 시와 군을 구분하니까 그럴 것이다. 그리고 왠지 그 할머니들도 울진군과 영덕군의 주민으로 섞여서 살아가고 있으니 서로 구분할 필요가 없을지도 모르겠다. 지방선거 할 때에는 투표를 따로 하겠지만 말이다.

울진군 후포면 금음리 입구

　한반도의 등허리에 해당하는 울진군은 해안으로 상당히 길었다. 3일간 계속 울진군에서 걷다가 오늘 드디어 영덕군으로 넘어선 것이다. 영덕군 금곡2리에도 이름도 없고 배도 없는 항구가 있었다. 항구라기보다는 배의 접안시설이었다. 영덕군에 들어온 기념으로 금곡2리 항구의 정자에 앉아 물 한 모금 마시고 잠시 쉬었다.

　해안도로인 군지경로를 따라 길을 나서니 해안에 공사를 하고 있어서 7번 국도를 아래로 두 번 통과하여 7번 국도 옆 산책로를 걸었다. 국도 옆에 나무로 산책로를 잘 만들어 놓아 안전하게 걸을 수 있었다.

　국도 건너편에 칠보산휴게소가 보였다. 그곳에 가서 커피라도 한잔하고 싶었는데, 건너가는 횡단보도가 없으니 군침만 흘리고 그냥 지나갔다. 북한에만 칠보산이 있는 줄 알았는데, 영덕군에도 칠보산이 있었다. 지도를 보니, 그곳 영덕군 병곡면에서 내륙으로 영양군으로 넘어가는 칠보산의 유명한 고개인 창수령(蒼水嶺)이 있었다.

영덕군 병곡면 7번 국도 옆 산책로

영덕군 병곡면 7번 국도의 칠보산휴게소

　나는 한 번도 창수령을 넘어가 보지 못했다. 대학생의 무전여행을 소재로 한 이문열의 소설 '젊은 날의 초상(肖像)'의 마지막 즈음에 주인공이 겨울에 눈 덮인 창수령을 넘어가는 장면이 나온다.
　요즘의 대학생들은 해외로 배낭여행을 가는 것이 유행이지만, 우리 때에는 국내 무전여행이 유행이었다. 무전여행은 주로 방학 동안에 지방을 다니면서 일을 하기도 하고 숙식을 얻어서 해결하기도 하거나 차를 얻어 타기도 하면서 견문을 넓힌다는 것이다. 대학 들어가기 직전에는 그러한 무전여행이 나의 로망 중의 하나였지만, 실제로 대학생이 되어서는 무전여행을 하지 못했다.
　막상 입학하니 당시의 대학과 농어촌의 상황은 학생들이 무전여행할 수 있는 분위기가 아니었다. 학생들의 농촌봉사활동도 점차 농어촌에서 거부하는 분위기였다. 그럼에도 일부 학생들은 무전여행을 하기도 했다.
　예전에는 스님들이 시주를 받으러 다녔다. 그것을 탁발(托鉢)이라고도 하고 동냥이라고도 한다. 석가모니가 기도를 하다가 마을로 가서 먹을 것을 얻었다고 해서 동냥이 불교에서는 수행의 한 과정이라고 한다. 동냥은 원래 '동령(動鈴)'에서 변한

말인데, '요령을 흔들고 다닌다.'는 뜻이다. 스님들이 탁발을 다니면서 요령을 흔들고 다니니 동령이라고 하다가 동냥이 되었다고 한다. 지금은 동냥이라고 하면 구걸의 의미가 되었다.

   요즘에 불교의 종단에서는 스님들의 탁발(동냥)을 금지시켰다고 한다. 사람들에게 피해를 주지 않기 위해서라고 한다. 그러니 이제 길을 걸어 다니는 사람은 나 같은 걷기여행자밖에 없게 되었다. 그리고 요즘 지방에서는 코로나 바이러스 때문에 걷기여행자를 반기는 분위기도 아닌 것 같다. 그러니 걷기여행자도 줄어들고, 걷기여행은 마을 주민들과는 관련이 없는 여행이 되고 있다.

   나는 지금 돈을 쓰면서 여행을 하니까 무전여행을 하는 것이 아니고, 대학 다닐 때 무전여행을 하지 못한 아쉬움을 달래려고 이렇게 나이가 들어 걷기여행을 하고 있는 것도 아니다. 그렇지만 괜히 무전여행하는 기분이 드는 것도 사실이다. 나는 지금 창수령과는 관련이 없는 해안길을 따스한 봄에 걷고 있지만, 소설 '젊은 날의 초상'의 창수령에 관련된 글의 일부를 찾아 올려본다.

> 날으는 산새도 그곳을 꺼리고, 불어오는 바람조차 피해가는 것 같았다. 오직 저 영원한 우주음(宇宙音)과 완전한 정지 속을 나는 숨소리조차 제대로 내지 못하고 걸었다. 헐고 부르튼 발 대문에 그 재의 태반을 맨발로 넘었지만 나는 거의 고통을 느끼지 못했다. 그만큼 나는 나를 둘러싼 장관(壯觀)에 압도되어 있었다.
>
>   - 이문열의 소설 '젊은 날의 초상' 중에서

   그런 생각을 하며 영덕군의 7번 국도 옆 산책로를 계속 걷는데, 기온이 빠르게

올라가고 있었다. 아침에 출발할 때에는 영상 2도이었는데, 출발한 지 2시간도 안 되어 영상 12도가 되었다. 일기예보를 보니 오늘 그 지역에 최고 영상 16도까지 올라갈 거라고 한다. 오늘은 더위를 잘 견디는 것이 중요하게 되었다.

예전에 7번 국도였을 휜돌로를 따라 걸으며 영덕군 병곡면 백석2리에 들어가니 제법 큰 항구인 백석항이 있었다. 그런데 항구 옆에는 노란 버스 모양의 버스정거장이 있었다. 버스 모양의 버스정거장이라! 누가 그런 재치 있는 발상을 하였을까 라고 놀랄 정도였다.

영덕군 병곡면 백석항

영덕군 병곡면 백석항의 버스정거장

흰돌로를 따라 계속 걸어서 영업을 하지 않는 병곡휴게소 안으로 들어가서 비포장길인 병곡1길을 걸으니 주변에 펜션, 모텔, 카페가 많았는데, 다들 썰렁한 분위기였다.

병곡1길을 통해 해안으로 가니 햇빛에 반사된 파랑들이 마치 은비늘처럼 보였다. 내륙길로 걷다가 바다를 만나니 바다가 더 반가웠다.

해안으로 더 걸으니 배는 있고 이름은 없는 항구의 바로 옆이 고래불해변이었다. 시계를 보니 오전 11시 경이었다. 예정보다 40분 정도 빨리 도착한 것이다. 내 걸음의 속도가 빨라지는 것 같다. 걷기여행이 장기전이니 걸음의 속도를 잘 조절해야 한다. 속도를 높이려다 발이나 다리에 문제가 생기면 안 되니까 말이다.

고래불해변은 영해(寧海)에서 출생한 고려 말의 목은(牧隱) 이색(李穡)이 어릴 때 이곳 백사장에 앉아 수평선을 바라보다가 고래가 물을 뿜는 광경을 보고 고래불해변(불은 뻘의 옛말)이라고 했다고 해서 붙여진 이름이다. 이곳 사람들은 고래불해변을 모래가 곱고 길어서 명사이십리(明沙二十里)라고도 한다.

영덕군 병곡면 병곡1길 앞바다

영덕군 병곡면 고래불해변

영덕군 병곡면 고래불해변

　고래불해변 입구에는 고래의 형상이 있고, '멍 때리기'라는 의미의 재미있는 벤치도 있었다. 고래불해변에서 오전 걷기를 마치고 부근 식당에서 이른 점심을 먹기로 했다. 오늘 오전에 11.3㎞를 걸었다.

　고래불해변이 고래와 관련이 있다고 하니 송창식의 노래 '고래사냥'이 생각났다. 그 노래의 가사 내용을 따라 내가 이곳에 온 것은 아니지만, 1절이 내 마음에 와닿아서 여기에 옮긴다.

〈고래사냥〉

작사: 최인호, 작곡·노래: 송창식

술 마시고 노래하고 춤을 춰 봐도
가슴에는 하나 가득 슬픔뿐이네
무엇을 할 것인가 둘러보아도
보이는 건 모두가 돌아앉았네
자 떠나자 동해 바다로
삼등 삼등 완행열차 기차를 타고

 오후 午後

　고래불해변 주변에서 지금까지와는 색다르게 점심으로 돈가스를 먹었다. 그리고 식당 위층에 있는 커피숍에서 커피를 마시며 쉬었다. 그러면서 밀린 블로그를 작성했다. 그렇게 점심시간을 합하여 2시간을 쉬고 나서 오후 1시가 다 되어 오늘의 종착지 축산항을 향해 출발했다.

　오후가 되니 바람이 조금 세졌다. 차도인 고래불로 옆에 잘 만들어진 인도를 따라 걸어서 고래불2교를 건넜다. 한낮이 되니 사람도 없고 자동차도 별로 다니지 않았다. 가다 보니 주변에 연구소와 연수원 건물이 많았다.

　그늘도 없이 햇살이 따가운 고래불로를 걷다 보니, 어느 연수원 부근의 인도에 1,000원짜리 지폐 한 장이 있었다. '네가 왜 거기서 나와!' 흙먼지가 많이 붙어 있는 주인 잃은 그 지폐는 인적이 없는 거리에서 오랫동안 바람을 따라 떠돌아다녔던 모양이다. 서울의 거리였으면 그 돈을 줍지 않았을 텐데, 영덕군의 고래불로에서 떠다니는 그 지폐를 줍지 않을 수 없었다. 나라도 그 지폐가 더 이상 떠다니게 내버려 두지 않고 쓰임새가 있게 해 주어야겠다는 생각이 들었다. 그래서 그 지폐는 당분간 내 지갑 속에서 나와 함께 걸어가기로 했다.

영덕군 병곡면 고래불로

바람이 점차 세져서 파도도 높아지고 있었다. 그러한 바다에서 어선 한 척이 빠른 속도로 파도를 가로지르며 지나가고 있었다. 어디를 가기에 저렇게 서둘러 가나? 고기를 잡으러 가나, 아니면 항구로 되돌아가나?

빠르게 지나가는 배를 보니, 괜히 내 스스로가 한가로워 보였다. 해파랑길을 걷는 나도 나름대로 바쁘지만, 다른 사람들이 보기에는 한가로워 보일 것이다. 내가 이 길을 걷고 나서 다시 바쁜 서울의 생활로 되돌아갈 수 있을까라는 생각이 들었다.

계속 고래불로를 따라 걸으니 왼쪽에 고래불 봉송정(奉松亭)이라는 큰 정자가 있었다. 봉송정은 고려 중엽에 봉(奉) 씨 성을 가진 영해부사(寧海府使)가 설립한 정자인데, 1,800년대 홍수로 유실되었다고 한다. 그래서 지금의 봉송정은 최근에 고래불해변 주변에 야영장을 조성하면서 예전의 자리에 새로 건립한 것이라고 한다.

영덕군 병곡면 봉송정

덕천해변으로 접어드니 도로공사 중이었고, 백사장은 가림막으로 가려져 있었다. 기온은 영상 19도로 더운데, 바람이 더 세지고 있었다. 모자를 꽉 잡고 고래불대교를 건너니 영덕군 영해면이었다.

영덕군 병곡면 고래불대교

영해(寧海)는 그 지역 바다가 잔잔하다고 해서 바다가 편안한 곳이라는 의미로 붙여진 이름이다. 그런데 고려 말에 왜구가 자주 침입해 와서 영해부가 설치되었다. 영해부는 조선말까지 유지되었다가 1914년 영덕군에 편입되어 지금은 영해면이 되었다.

고래불대교를 지나 좌회전하여 영덕대게로로 접어들었다. 울진군에서는 울진대게로를 걸었는데, 영덕군에 들어와서 영덕대게로를 걷게 되었다. 울진군과 영덕군이 대게를 대상으로 서로 경쟁하는 분위기로 보였다. 그런데 영덕대게로는 울진대게로보다 갓길이 좁았다. 그래서 일단 나는 영덕군에 조금 감점을 줬다.

영덕대게로를 따라 걸어서 이름 없는 항구를 지나쳐 더 걸으니 도해단(蹈海壇)이 있었다. 도해단은 구한말에 의병 활동을 하다가 1914년 12월에 차가운 바닷속으로 걸어 들어가서 자결한 벽산 김도현(金道鉉)을 추모하여 그가 자결한 곳에 세운 추모단이다. 조국을 위해 목숨을 건다는 것은 쉬운 일이 아니다.

영덕군 영해면 도해단

도해단 바로 옆에 대진항이 있었다. 바로 그 영덕군의 대진항이 동해안의 가장 남쪽에 있는 대진항이다. 그것으로 삼척시의 대진항을 제외한 동해안의 3개 대진항을 내가 모두 방문하였다. 영덕군의 대진항도 그리 큰 항구는 아니었다. 굳이 4개의 대진항을 비교하자면, 강원도 고성군의 대진항이 가장 큰 항구로 보였다.

　대진항 바로 옆에는 해파랑길 이정표가 있었다. 그곳 대진항부터 축산항까지의 해파랑길 코스는 내륙으로 들어가 영해면사무소가 있는 괴시리 전통마을과 목은 이색 기념관을 지난 뒤에 대소산 봉수대를 산길로 이동하는 것으로 설정되어 있다. 그러나 해파랑길 이정표에 미안하지만, 나는 계속 해안도로인 영덕대게로를 따라 걷기로 했다. 영덕대게로를 따라 걷는 것이 거리가 4㎞ 정도 줄어들 뿐만 아니라 바다와 멀어지지 않기 위해서이다.

　그래서 대진항 앞에서 가상(假想)의 친구에게 "나는 영덕대게로를 따라갈 테니, 너는 대소산 봉수대 산길로 가. 그래서 축산항 입구에서 만나자."라고 말하고, 그와 헤어졌다.

영덕군 영해면 대진항

영덕군 영해면 대진항 부근의 해파랑길 이정표

영덕대게로는 갓길이 좁지 않아서 걷기에 괜찮았다. 바로 바닷가는 아니지만, 왼쪽의 나무와 집들 사이로 바다를 볼 수 있었고, 파도 소리도 들을 수 있었다. 그런데 바람이 세게 불었다. 바닷가에선 맑은 날에도 바람이 센 경우가 많다. 모자를 꽉 잡고 걸었지만, 몸이 날아갈 것 같았다.

영덕대게로를 계속 걸으니 반건조 오징어를 파는 곳이 많이 있었다. 그런데 오징어 가게 이름이 해파랑 오징어라는 곳도 있었다. 영덕대게로가 해파랑길 코스는 아니지만, 내가 걸어가는 것을 반겨주는 것 같았다. 오징어 말리는 모습도 자주 보이고, 점차 오징어의 고장으로 들어가는 것 같았다.

영덕군 영해면 영덕대게로의 건조 중인 오징어

오징어가 10마리에 1만 원이라고 하니 내가 보기에 싼 것 같았다. 오징어를 40~50마리 사서 서울 집으로 보낼까 생각하다가 어제 홍게를 사서 보냈고, 내가 해파랑길을 걷는 것이 수산물을 사기 위한 것이 아니니 오징어 파는 가게들을 그냥 지나쳤다.

내가 해파랑길 코스를 따라 목은(牧隱) 이색(李穡)의 기념관으로 가지 않은 것에 대해 괜히 이색 선생에게 미안함도 있었다. 바람이 많이 부는 해안도로인 영덕대 게로를 따라 걸으며 이색 선생에 대해 생각했다.

이색은 고려 말에 조선왕조 성립에 반대하여 귀양살이하다 죽었다. 고려 말의 야은(冶隱) 길재(吉再), 포은(圃隱) 정몽주(鄭夢周)와 더불어 삼은(三隱)으로 불린다.

그러나 아이로니컬하게도 조선시대 성리학의 뿌리는 이색을 포함한 삼은 선생들로부터 시작한다. 삼은의 학문을 계승한 김종직(金宗直)과 변계량(卞季良)의 제자들이 소위 사림파(士林波)가 되었다. 사림파는 조선 중기 이전에는 조정에 진출하다가 훈구파(勳舊波)에 의해 축출당했지만, 계속 조정에 진출하여 조선 중기 이후에는 중심적인 통치세력이 되었다. 그런데 성리학에 충실한 사림파는 당파로 갈라져서 서로 물고 뜯고 죽이는 당파싸움이라는 권력투쟁을 하였다. 백성들의 안위와 생활보다는 당리당략을 위해서 말이다.

내가 이색 등을 비난하려는 것이 아니라, 우리나라 성리학의 학문적 계통이 그렇다는 것이다. 사림파들이 당파싸움하는 통에 조선 중기에는 두 번의 큰 외침인 임진왜란과 병자호란을 막지 못했고, 조선 후기에는 일부 가문 중심의 세도정치 등으로 점차 낙후되어 갔다. 그리고 조선 말기에는 사림들은 수구파(守舊派)의 중심이 되어 개화파(開化波)의 뒷다리를 잡았다. 그 결과 나라를 일제에 빼앗기게 된 것이다.

요즘의 우리 정치는 어떠한가? 민주화로 군사정권이 물러간 이후에 진보와 보수로 나누어져 서로 싸우고 있다. 정치인들은 국가와 국민을 위해서 일한다고 말하지만, 결국에는 자기 자신이나 소속된 집단의 이익을 위해 서로 싸우는 경우가 많다. 그러한 과정에서 국정운영은 정권에 따라 '갈지자'로 오른쪽으로 왼쪽으로 왔다갔다하며 좌충우돌(左衝右突)하고 있다. 계속 이러다가는 국가 경쟁력은 떨어지고 국민들의 생활은 점차 피폐해질지도 모른다.

잘못하면 후손들이 우리 세대를 두고 "진보와 보수로 나누어져 싸우는 통에 나라가 엉망이 되었지 뭐야!"라고 비난하게 될지 겁이 난다. 우리가 "당파싸움하는 통해 결국 일본에 나라를 빼앗겼지 뭐야!"라며 선조들을 비난하고 있듯이 말이다.

그런 생각을 하며 영덕대게로를 계속 걸으니 도로 옆에 해안 바위에 대한 설명문이 많았다. 그곳 해안가의 암석들 중에는 변성암도 있고, 암석 사이의 부정합(단층경계)도 있다고 한다. 나는 예전의 대학입시 때 지구과학을 선택했는데, 설명문을 읽어봐도 내용이 어렵고 기억도 가물가물하다. 그리고 내가 만일 지질학자라면 오랫동안 그곳에서 지내며 암석을 잘 살펴보고 연구하겠지만, 그렇지 못하니 암석의 사진만 찍고 지나갔다.

그중에 대부정합의 설명문을 잘 따져서 읽어보니, 해안가의 바위가 원생대에 만들어진 녹색편암층(녹색)과 중생대에 만들어진 역암층(암회색)이 서로 위아래로 붙어 있는데, 두 암석층의 발생 시기가 24억 년이나 차이가 난다는 것이다. 그렇게 두 지층 사이에 시간이 연속되지 않는 것을 부정합이라는 것이다. 바위 사진에서 오른쪽 역암층의 바로 아래에도 왼쪽과 같은 녹색편암층이 있을 것으로 추측이 되었다.

그렇게 긴 시간의 차이를 가진 바위가 서로 붙어 있다는 것에 놀랍기도 하다. 그리고 24억 년은 숫자로만 보면 요즘 강남의 아파트 한 채의 값과 비슷하지만, 너무 오랜 시간이라 느낌이 잘 다가오지 않는다. 지구에 인간이 출현한 것이 100만 년 전에 불과하고, 우리 인간은 100년도 살지 못하며, 사람들 사이에는 나이 차이가 10년이 안 되어도 세대 차이로 서로 말이 통하지 않으니 말이다.

영덕군 영해면 영덕대게로 부근 해안의 부정합 암석

영덕군 영해면 영덕대게로

　계속 영덕대게로를 따라 걸어서 축산항 입구에서 해파랑길 코스를 따라 걸었던 가상의 친구를 만났다. 그로부터 "봉수대를 보러 대소산에 올라갔다가 식겁했지 뭐야!"라는 푸념을 들었다. 그래서 그곳부터는 가상의 친구와 함께 해파랑길 코스인 영덕대게로를 걸었다.
　그런데 조금 가니 해파랑길 코스는 해안의 낮은 산인 와우산을 올라가는 것이다. 좀 망설였지만, 내가 대진항 이후 그곳까지 해파랑길 코스와 다르게 걸어왔던 것에 대한 미안함도 있어서 해안가의 조그만 와우산을 올라가기로 했다.

영덕군 축산면 와우산 올라가는 계단

계단과 산길은 가팔랐고, 내 몸은 피곤한 상태이었으며, 내 마음은 빨리 쉬고 싶었기 때문인지 와우산을 올라가는 길이 더 힘들게 느껴졌다. 산 정상에 일광대(日光臺)와 월영대(月影臺) 비석이 각각 2개씩 있었다. 예전의 비석 옆에 새로 비석을 만들어 놓은 것으로 보였다. 그러니 아마 그곳이 일출과 월출을 보는 장소인 것 같았다.

영덕군 축산면 축산등대

와우산을 내려가면서 건너편의 죽도산 위에 있는 축산등대를 사진 찍었다. 와우산을 다 내려오니 바로 축산항이었다. 축산항은 상당히 큰 항구였다. 시계를 보니 오후 4시 20분이었다.

축산항에서 오늘 업무를 모두 마쳤다. 오늘 오전에 11.3㎞, 오후에 13.3㎞를 걸어서 총 24.6㎞를 걸었다.

영덕군 축산면 축산항

해파랑길 15일차
2021년 3월 12일 금요일

영덕군 축산면 축산항 — 영덕군 강구면 강구항

오전 午前

  아침부터 비가 내리고 있었다. 일기예보에 따르면, 오늘 하루 종일 비가 온다고 한다. 아침부터 내리는 비의 양도 적지 않았다. 오늘은 비 때문에 힘든 날이 될 것 같았다.

  배낭을 방수포로 씌웠지만, 배낭에 비가 새어 들어가면 옷이 젖으니, 출발하기 전에 배낭 안의 옷가지를 비닐봉지 몇 개로 나누어 넣었다. 그러면 옷이 젖을 염려가 없기 때문이다.

  그리고 몸에 비를 맞지 않기 위해 우비를 썼다. 걷기여행을 하면서 우산과 우비 중에 어느 것을 사용하는가 하는 것은 사람마다 다르고 비가 내리는 양에 따라 다를 것이다. 우산은 손으로 들고 다녀야 해서 손이 자유롭지 못하게 되고, 비가 많이 올 경우에는 효과가 별로 없다. 그러나 비가 내리다 개다 할 경우에는 접었다 폈다 하기가 편하다. 우비는 입고 벗을 때 매우 불편하다. 그리고 몸의 땀이 배출되지 않으니 답답한 느낌이 든다. 그래도 비가 많이 올 경우에는 우비가 매우 효과적이다.

나는 이번에 서울에서 준비물을 챙길 때 우비만 배낭에 넣었다. 비가 잠깐 올 경우에는 우산이 편리하지만, 오늘은 아무래도 비가 계속 올 것 같아서 별도로 우산을 사지 않았다. 그래서 아침에 우비를 쓰고 출발하였다.

비 오는 김에 오늘 하루 축산항에서 쉴까라고도 생각했었다. 그러나 서울에서 쉬었다가 다시 해파랑길을 출발한 지 4일밖에 되지 않았는데, 벌써 휴식하기에는 너무 빠른 것 같았다. 앞으로 더 걸어갈 날이 10여 일 남아 있으니, 더 걸어가다가 아프거나 힘들 때 휴식을 하려고 하였다.

비 내리는 축산항은 뭔가 모르게 쓸쓸해 보였다. 새벽에 어선들이 출어를 나가지 않았는지 많은 어선들이 항구에 정박해 있었고, 어부들은 보이지 않았다. 어선들은 파손 방지를 위해 서로 묶여 있었다. 어부들은 비가 오면 휴가인가 보다. 그렇게 쉬고 있는 축산항을 뒤로하고 나는 비를 맞으며 오늘의 해파랑길을 나섰다. 평소보다 조금 늦은 오전 8시 10분에 해파랑길 15일차를 출발하였다.

당초 계획에는 오늘의 종착지를 30㎞ 떨어진 장사해변으로 정해 놓았으나, 비가 오는 정도와 몸의 상태를 봐 가며 오늘의 종착지를 더 짧은 27㎞ 떨어진 구계항 또는 21㎞ 떨어진 강구항까지로 변경하기로 했다.

영덕군 축산면 축산항 입구

축산항 뒤에 있는 대나무가 많은 죽도산에는 올라가지 않고 축산항을 나온 뒤에 바로 영덕대게로를 따라 걸었다. 죽도산 위에 축산등대가 있는데, 어제 사진을 찍은 것으로 방문하는 것을 대신했다. 축산항의 남쪽 입구의 아치에는 '천리미항 축산항'이라고 쓰여 있었다.

차도인 영덕대게로를 따라 걸어서 염장삼거리에서 좌회전하여 경정교를 건너서 야트막한 고개를 넘으니 축산면 경정2리의 항구가 나왔다. 조그만 이름 없는 항구는 고요해 보였다. 항구를 지나니 바로 경정해변인데, 경정해변도 작고 고요했다.

경정해변의 바다는 조용히 비를 받아들이고 있었다. 자신의 물 입자를 하늘로 올려 보낸 뒤에 다시 비를 통해 되돌려 받고 있는 것이다. 바다가 경건해 보이기도 했다.

이러한 장기간의 걷기여행을 하다 보면, 뙤약볕 아래를 걷기도 하고, 바람에 맞서며 걷기도 하며, 오늘처럼 비에 젖으며 걸을 수 있다. 항상 내 걸음 앞에 좋은 상황만 놓이지 않는다. 어제는 바람을 받아들였듯이 오늘은 비를 받아들이며 걸어야 한다. 바다처럼 경건하게 비를 받아들이지 못하겠지만, 오늘은 비를 친구처럼 생각하기로 했다. 피할 수 없으면 즐기라는 말도 있지 않은가.

해안도로인 영덕대게로를 따라 더 걸어가니 경정1리의 경정항이 나왔다. 경정2리의 항구보다 컸고, 이름도 버젓이 경정항이었다. 경정항의 정자에 앉아 물을 마시며 잠깐 쉬었다. 비를 맞으니 발걸음이 무거운 것은 어쩔 수 없었다.

영덕군 축산면 경정항

잠깐 쉬고 나서 영덕대게로를 따라 계속 걸었다. 걸어가는데, 그전에 업무상 알고 지내던 어느 대학 교수가 카톡으로 자신이 전문서적을 출판했다고 알려 왔다. 축하 메시지를 회신하고 나니, 요즘 출판업에 대한 생각이 났다.

출판사들은 요즘에 책이 잘 팔리지 않으니, 책을 더 잘 팔리게 하기 위하여 저자 이외에 다른 사람이 대신 글을 쓰기도 하고 사진도 출판사가 바꾼다는 말을 들었다. 또 어떤 저자는 그런 것을 더 좋아한다는 말도 들었다.

저자 입장에서는 자신의 글이나 사진이 바뀌면 다음에 글을 쓰거나 출판하려는 마음이 사라지게 된다. 저자들이 글쓰기를 줄이면 좋은 작품이 나올 가능성은 그만큼 줄어들게 된다. 저자의 진실성이 떨어지면 독자들도 책을 멀리하게 된다. 그러니 출판사가 책의 내용을 임의로 변경하거나 대필하게 하는 잘못된 관행을 바꾸는 것이 바람직하다고 생각한다.

출판업에 대한 이런저런 생각을 하며 영덕대게로를 따라 걸었다. 영덕대게로는 중간에 걷기 좋게 되어 있는 곳도 있었다. 그리고 해안 가까이 영덕군에서 마련한 영덕블루로드가 있는데, 한층 더 바다를 가까이 보며 걸을 수 있었다. 그런데 조금 가니 길이 막혀 있었다. 길의 일부가 유실되어 통제된 것이다. 그래서 할 수 없이 다시 영덕대게로로 올라가 걸었다. 아무래도 영덕군에서는 계속 영덕대게로를 따라 걸어야 할 것 같았다.

영덕군 축산면 영덕대게로

영덕군 영덕읍 해안산책로 폐쇄 구간

　그 이후에도 계속 영덕대게로를 따라 두 개의 고개를 힘들게 넘어서 노물항에 도착했다. 노물항 부근 정자에 앉아 쉬면서 양말을 바꿔 신었다. 내 운동화가 고어텍스가 아니어서 그런지 양말이 빗물에 많이 젖어 있었다. 고어텍스 운동화이어도 오늘처럼 계속 비가 내리면 양말이 젖을 수밖에 없을 것이다. 바꿔 신은 새 양말도 금방 빗물에 젖겠지만, 비가 올 땐 자주 양말을 바꿔 신는 것이 좋다.
　노물항에 지진해일 대피 안내판이 있었다. 해파랑길을 걸으면서 이전의 마을이나 항구에서 많이 보았던 안내판이다. 지금부터 딱 10년 전인 2011년 3월에 일본 혼슈의 북동쪽 바다 밑에서 강한 지진이 발생하였고, 그에 따라 지진해일(쓰나미)이 일본 북동부 해안을 휩쓸었다. 그 이후 우리나라에도 지진해일의 피해를 예방하기 위해서 지자체가 주민들의 대피로와 대피 장소가 그려진 안내판을 동해안의 마을마다 항구마다 설치한 모양이다.
　노물항을 떠나 오르막인 영덕대게로를 따라 걸으면서 노물리 마을을 뒤돌아보니 주황색 지붕의 집들이 많았다. 일부러 지붕의 색을 맞춘 것 같은데 비에 주황색 지붕이 더 빛나 보였다.

영덕군 영덕읍 노물리의 가옥

영덕군 영덕읍 노물리의 지진해일 대피 안내판

　계속 해안도로인 영덕대게로를 따라 걷는데, 비에 젖은 배낭이 더 무거웠다. 배낭 속의 봄옷을 꺼내 입고 겨울옷을 배낭에 넣었으니 배낭이 더 무거운 것 같았다. 어깨가 아파오기 시작하였다. 걸어가면서 배낭 속의 겨울옷을 어떻게 처리할까 고민하다가, 겨울옷을 서울 집으로 보내기로 하였다. 검색해 보니, 강구항 부근에 우체국이 있었다. 오늘 아무리 늦어도 우체국이 영업하는 시간까지는 강구항에 도착할 수 있을 것 같았다.

　영덕해맞이공원을 향해 영덕대게로를 따라 오르막길을 걸으니 멀리 풍력 발전기 2대가 돌아가는 모습이 보였다. 영덕 풍력발전단지의 발전기인데, 연간 약 2만 가구에 전력을 공급할 수 있는 국내 최초의 상업용 민간 풍력 발전기라고 한다.

　전기는 우리 생활에서 때 놓을 수 없는 에너지이다. 지금의 시대를 전기의 시대라고 해도 좋을 것 같다. 눈에 보이지 않는 전기는 엄청난 에너지를 가지고 있다. 요즘 세상에는 거의 모든 것들이 전기의 힘으로 작동되고 있고, 앞으로 자동차를 비롯하여 더 많은 것들이 전기의 힘에 의해 작동될 것이다. 앞으로 전기의 수요가 엄청나게 증가할 것으로 예상된다. 그러니 당연하게도 전기의 공급을 잘 맞춰야 한다.

내 다리에도 전기의 힘을 빌리면 좋겠다는 생각을 하며, 힘들게 힘들게 비를 맞으며 고개를 올라가니 고갯마루에 영덕해맞이공원이 있었다. 공원 벤치에 앉아 쉬면서 구름이 가득한 하늘과 비를 맞이하는 동해 바다를 보았다.

영덕해맞이공원 아래에는 산책로와 쉼터, 갈대숲 등이 있는데, 비가 와서 아래로 내려가지 않았다. 그리고 창포말등대는 재미있게도 대게 다리의 형상을 하고 있었다.

영덕군 영덕읍 풍력발전단지의 발전기

영덕군 영덕읍 영덕해맞이공원

영덕군 영덕읍 창포말등대

창포말등대 이후의 해파랑길 코스는 영덕대게로를 건너가서 언덕을 올라가 영덕 풍력발전단지를 들른 뒤에 천지산 중턱을 돌아 강구항으로 가는 것으로 되어 있다. 그러나 나는 해안길로 걷고 싶어서 해파랑길 코스와 다르게 계속 영덕대게로를 따라 고개를 내려갔다. 차도인 영덕대게로 옆에 별도의 인도가 잘 되어 있는데, 비 내리는 산길로 가기 싫었고, 산길로 가다가는 점심을 먹기도 어려울 것 같았기 때문이다. 그리고 영덕대게로는 해안도로이어서 바다를 보면서 걸을 수 있기도 했다.

그래서 걷기 좋은 영덕대게로 옆 산책로를 따라 고개를 내려갔다. 다 내려가니 도로 옆에 홍게 조형물이 있고, 그 옆에는 국립청소년해양센터가 있었다. 홍게 조형물은 사람이 두 팔로 홍게를 들어 올리는 모습이었다. 그리고 마침 그 부근에 식당이 있었다.

그래서 국립청소년해양센터 앞에서 오전 걷기를 마치기로 하고 시계를 보니 오전 11시 45분이었다. 오전의 목적지 창포항을 1.6㎞ 남겨두었지만, 비를 맞고 걸었으니 조금 더 일찍 점심을 먹으며 쉬고 싶었다. 오전에 12.7㎞를 걸었다.

영덕군 영덕읍 창포리의 홍게 조형물

영덕군 영덕읍 국립청소년해양센터

오후 午後

점심을 먹으러 식당 문을 열고 들어가려고 하는데, 식당은 신발을 벗고 들어가게 되어 있었다. 신발과 양말이 젖어 있어서 내가 식당 입구에서 머뭇거리니 식당 주인아주머니가 친절하게도 수건을 갖다 주어서 양말까지 벗어 발을 닦고 식당으로 들어갔다.

그리고 음식은 회덮밥을 시켰는데, 비가 와서 쌀쌀하다며 식당 아주머니는 고맙게도 서더리탕을 서비스로 끓여주었다.

점심을 먹으면서 오늘의 목적지를 8㎞ 떨어진 강구항으로 정했다. 비가 계속 오니 당초 목적지인 장사해변까지 17㎞를 더 걸어가는 것은 좀 무리일 것 같았다.

친절한 식당에서 점심을 맛있게 먹고 나서 12시 반에 오후 걷기를 출발하였다. 오후가 되니 바람이 불기 시작했다. 그러니 비바람이 된 것이다.

계속 해안도로인 영덕대게로를 따라 걸어서 창포항에 도착하여 바로 사진만 찍고 통과했다. 조금 더 가서 만난 대부항은 사진 찍지 않고 통과했다. 바람은 점차 더 세게 부는데, 비바람을 맞는 바다는 이상하리만치 계속 잔잔했다.

영덕군 영덕읍 창포리 부근 영덕대게로

영덕군 영덕읍 창포항

영덕군 영덕읍 창포리 부근 바다

　영덕대게로를 따라 걸어서 강구면으로 들어가니 도로 주변에 펜션이 많았다. 지금까지 계속 해파랑길을 걸으면서 바닷가에 펜션이 생각보다 많다는 것을 느꼈다. 펜션은 서양식 민박이라고 볼 수 있는데, 약 20여 년 전부터 직장인들 사이에 은퇴하고 나서 펜션을 운영한다는 붐이 일어나기도 했다. 아무튼 그 후에 전국에 펜션이 크게 증가하였다.

　펜션의 숙박료는 천차만별이나, 취사 시설이 포함되어 있어서 그런지 펜션의 숙박료는 비싼 편이어서 나처럼 혼자 여행을 하는 사람보다는 가족 단위의 여행자들이 주로 이용한다. 요즘에는 기업형 펜션도 많고 수영장이 딸린 풀빌라(poolvilla)와 같은 고급형 펜션도 많다. 풀빌라의 경우에는 1박에 몇십만 원이라고도 한다.

　길가에 보이는 수많은 펜션과 풀빌라들을 보며 그것들이 모두 다 수지가 맞을까 하는 걱정도 들었다. 성수기에는 어떨지 모르겠지만, 해파랑길을 걸으면서 보니, 펜션 주위가 썰렁해 보였기 때문이다.

　강구면 금진1리 부근에서 등산복을 입은 남자 4명과 마주쳤다. 간단히 인사하며 스쳐 지나갔지만, 얼핏 보기에도 70세는 넘어 보였다. 해파랑길을 걷는지 물어

보진 않았지만, 배낭을 멘 모습이 왠지 해파랑길을 걷는 것으로 보였다. 비가 오는데 대단한 노익장이라고 생각되었다. 그런데 그 길은 해파랑길 코스가 아니었다. 그들도 나처럼 산길로 가기 싫어서 해안도로를 선택한 모양이었다.

계속 걸어서 영덕해파랑공원 앞에 도착하여 공원 입구를 사진 찍었다. 비가 오니 공원 안으로 들어가지 않았다. 그리고 바로 5분 뒤에 강구항에 도착하였다.

강구항은 울진군 후포항보다 훨씬 커 보였다. 강구항이 하도 커서 그 모습을 사진 한 장에 담기도 어려웠다. 홍게의 원조에 대해서는 비가 내리고 있는 상황에서 누구를 붙잡고 물어볼 수도 없었다. 아마 그곳의 사람들은 당연히 홍게의 원조가 강구항이라고 말할 것 같았다.

다만, 강구항 바로 앞에 재래식 수산시장이 있고 홍게와 대게를 취급하는 식당들도 후포항보다 훨씬 많았다. 홍게의 원조가 울진군 후포항인지 영덕군 강구항인지 잘 모르겠지만, 강구항이 후포항보다 훨씬 더 크고 복잡한 것만은 사실이었다.

내 마음 같아서는 그곳에서 장사해변까지 9㎞ 정도 더 걸어갈 수 있을 것도 같았고 시간상으로도 여유가 있었지만, 온몸이 비에 젖어 있어서 무리하지 않기로 하였다. 그래서 좀 이른 시간인 오후 2시 20분에 오늘 일정을 강구항에서 마치기로 하였다. 오늘 오전에 12.7㎞, 오후에 8.2㎞를 걸어서 총 20.9㎞를 걸었다.

영덕군 강구면 영덕해파랑공원

영덕군 강구면 강구항

영덕군 강구면 강구항 앞의 수산시장

강구항에서 우체국을 찾아 배낭 속의 겨울옷들을 택배로 서울 집으로 보냈다. 내일과 모레는 우체국 휴무이니 하루라도 빨리 배낭을 가볍게 하고 싶었다.

해파랑길 16일차

2021년 3월 13일 토요일

영덕군 강구면 강구항 — 포항시 북구 청하면 청진리 항구

오전 午前

아침 7시 50분에 해파랑길 16일차로 강구항을 출발했다. 오늘은 가능하면 포항시의 칠포항까지 30㎞ 정도를 걸을 예정이다. 어제 비 때문에 짧게 걸었으니 매일 조금씩 더 걸으려고 한다.

날씨는 맑았으나 약간 쌀쌀했다. 미세먼지가 있어 공기는 좋지 않았다. 어제 내린 비가 미세먼지를 씻어 낸 것이 아니라 미세먼지를 몰고 온 것 같았다.

강구대교로 오십천을 건넌 뒤에 동해대로(7번 국도)를 만나서 걷다가 좌회전하여 신강구길로 오십천 옆을 걸었다. 강구대교의 난간은 홍게와 대게 잡는 통발을 형상화하였다. 확실히 강구항은 홍게의 항구였다. 그리고 삼척시에도 오십천이 있었는데, 같은 이름의 오십천이 그곳 강구항에도 있었다.

영덕군 강구면 강구항의 강구대교

오십천 옆의 신강구길에는 산책로를 잘 만들어 놓았다. 산책로에서 강구항 전체를 조망할 수 있었다. 어제 비가 내리고 항구 앞이 복잡해서 항구 전체의 모습 사진을 찍지 못했는데, 오늘 아침에 마침 사진 찍기 좋은 지점이 있었다. 강구항은 상당히 큰 항구였고, 항구에는 사람들과 어선들이 이른 아침부터 매우 분주했다.

 짧은 신강구길 산책로를 아쉬워하며 강구항 바로 옆의 오포3리해변으로 갔는데, 해변엔 온통 방파제 공사 중이었다. 그래도 오포3리에서 해안도로인 강구해안길을 따라 걸으면서 아침 바다와 인사했는데, 바다엔 파도가 높은 편이었다.

영덕군 강구면 신강구길 산책로에 본 강구항

영덕군 강구면 오포3리해변의 앞바다

　강구해안길을 걸으며 서울에 있는 가족과 통화를 하느라 그만 삼사해상공원 입구를 지나쳐 버렸다. 삼사해상공원은 8만여 평에 분수대, 놀이시설 등이 있고, 동해안의 풍경을 한눈에 볼 수 있는 전망대가 있다고 한다. 되돌아가기 싫으니 어쩔 수 없이 삼사해상공원을 지나쳐서 강구해안길을 계속 걸어서 삼사리의 항구에 도착했다. 삼사리의 항구는 조그만 항구였다.
　삼사리의 항구를 지나 해안도로인 삼사길을 따라 걸으니 바다 위로 걸을 수 있는 삼사해상산책로가 설치되어 있었다. 삼사해상산책로를 걸어가서 바다 위에서 바다를 보았다. 갈매기들이 산책로 바로 옆의 바위 위에 앉아서 파도를 구경하고 있어서 나도 갈매기들처럼 파도를 구경했다.
　파도는 내가 보는 것에는 아랑곳하지 않고 계속 해안 바위에 부딪혔다. 파도는 모두 같은 모습이 아니다. 파도마다 크기가 다르고 방향도 각기 다르다. 앞에 왔던 파도가 빠져나가기 전에 뒤의 파도가 밀려오기도 하고, 여러 개가 합쳐져서 크게 몰아치기도 한다. 같은 것 같지만 다른 모습의 파도를 보고 있으니 시간 가는 줄 모르겠다.

영덕군 강구면 삼사해상산책로

　삼사리를 지나니 삼사길은 동해대로(7번 국도)와 합해졌다. 그러니 동해대로가 해안도로가 되었다. 동해대로엔 인도가 잘 되어 있었다. 동해대로를 따라 남정면 남호리의 남호해안으로 가니 파도가 더 높아졌다.

　어느 영화에서 '도박은 파도와 같다.'라는 대사가 나온다. 도박이 잘 될 때도 있고 안 될 때도 있다는 말이다. 만일 인생이 잘되기도 하고 안 되기도 하는 것이 파도와 같다면, 그럼 '인생과 도박, 파도는 모두 같나?'라는 생각이 들었다.

　인생을 살다 보면, 바둑처럼 승부처가 있다. 그 승부처에 자신의 정신과 역량을 집중해야 원하는 것을 이룰 수 있다. 그리고 더 중요한 것은 그러한 승부처가 언제이고 어떤 상황인지 알아야 한다는 것이다. 승부처가 지나고 나서, '아, 그때가 내 인생의 승부처였구나!'라고 후회하는 경우가 많기 때문이다.

　과연 내 인생의 승부처는 언제였을까? 아직도 잘 모르겠다. 이미 지나갔는지 아니면, 아직 도래하지 않았는지. 지금 해파랑길을 걷는 이 순간이 승부처라고 생각하자. 그래서 걸어가는 데 정신과 역량을 집중하자. 대학 입시를 앞둔 아들은 지금이 매우 중요한 시기이다. 아들도 여러 가지 힘들고 고민이 많겠지만, 지금이 자신 인생의 승부처라고 생각하고 슬기롭게 잘 헤쳐 나가길 바랄 뿐이다.

영덕군 남정면 남호해변

　동해대로를 따라 걷다가 구계길로 빠져서 구계리로 들어가니 구계항이 나왔다. 구계항에도 쉴 만한 곳이 없어서 바로 항구를 나왔다. 그래서 다시 만난 동해대로에는 승용차, 버스, 트럭들이 신나게 달리고 있었다. 동해대로 옆에 인도가 잘 되어 있으니, 자동차에는 전혀 신경 쓰지 않고 왼쪽 소나무 숲 사이로 바다만 보면서 계속 걸었다.

　달리는 자동차와 도로, 그리고 주변 모든 것의 주인은 지구라는 생각이 들었다. 바다와 산, 나무, 풀 등이 모두가 지구에 속하고, 하물며 인간도 지구에 속한다. 인간이 살면서 만들어 놓은 모든 것이 지구에 속한다. 모두 자연 상태로 존재하거나 인간이 지구의 것들을 가공하고 변형시켜서 만든 것이다. 우리는 지구에서 태어나서 지구의 모든 것과 함께 살아가다가 죽어도 지구를 떠나지 못하는 것이다.

　동해대로를 따라 걷다가 해파랑길 스티커를 따라 원척항으로 가는데, 동해대로를 나와서 밭길과 골목길을 지나가도록 되어 있었다. 골목길을 다 지나니 동해대로에서 들어오는 길과 만났다. 동해대로를 더 걷다가 그곳에서 들어와도 되는데, 괜히 불필요하게 밭길과 골목길로 이동한 것이다.

　아무튼 해파랑길 스티커를 따라 원척리로 들어가 오전 10시 조금 지나 조그만 원척항에 도착했다. 벤치에서 물을 마시며 쉬었다. 원척항은 조용하기도 하였다. 잠시 쉬었다가 다시 나와서 동해대로를 만났다. 오늘은 동해대로가 나의 길이 되는 모양이었다. 동해대로에는 인도가 잘 되어 있어서 걷기 좋았다.

동해대로를 따라 걸어가는데 도로 건너편에 장사해돋이휴게소가 있었다. 그곳에 가서 커피라도 한잔하고 싶었는데, 횡단보도가 없어서 국도를 건널 수 없었다. 그 휴게소도 나를 위한 휴게소가 아니었다.

영덕군 남정면 장사해돋이휴게소

동해대로를 더 걸어가다가 해파랑길을 걷는 한 가족과 마주쳤다. 부부가 초등학생과 함께 걷고 있었는데, 스쳐 지나가며 가볍게 인사했다. '초등학생이 학교에 가지 않고 어떻게 해파랑길을 걸을 수 있나?'라고 생각하다가 오늘이 토요일이라는 것이 생각났다. 아마 해파랑길을 구간별로 나누어서 휴일에 걷는 모양이었다. 그래도 해파랑길을 걷는 그 초등학생이 대단해 보였다.

동해대로를 따라 걷다가 옆으로 빠진 뒤에 다리를 건너니 왼편에 장사해변이 보였다. 멀리 장사해변의 끝에 군 수송선도 보였다. 장사해변으로 들어가서 군 수송선에 가까이 가니 '문산호'라고 하는 수송선은 장사상륙작전 전승기념관이었다. 장사해변의 전승기념관 앞에는 장사상륙작전 전몰용사 위령탑이 있었다. 위령탑 앞에서 잠시 묵념하고 전승기념관으로 들어갔다.

영덕군 남정면 장사상륙작전 전승기념관

영덕군 남정면 장사상륙작전 전몰용사 위령탑

장사상륙작전은 1950년 한국전쟁 당시에 인천상륙작전(9월 15일)에 대한 양동작전으로 9월 14일에 학도병 772명을 장사해변에 상륙시킨 작전이었다. 작전 기간 중에 139명 전사하고 92명이 부상당했다. 당시에 학도병을 태웠던 문산호의 모습을 기념관으로 복원한 것이다.

전쟁에는 유인작전 또는 양동작전이 있다. 전쟁의 승리를 위해서는 불가피한 작전 중에 하나이다. 그러나 양동작전에 투입되어 희생되는 병사들은 슬프다. 그것도 어린 학도병이라면 더욱 그렇다.

그러니 장사상륙작전 전승기념관에는 들어가지 않을 수 없었다. 입장료 3,000원을 내고 까다로운 코로나 방역 체크를 하고 기념관 안으로 들어가니, 기념관 안에는 아이들을 포함해 사람들이 많았다. 그렇다! 오늘은 토요일이다.

기념관 안에는 한국전쟁과 장사상륙작전에 대해 시간순으로 자세하게 설명되어 있었다. 미안하게도 갈 길이 바쁜 나로서는 대강 보고 나올 수밖에 없었다. 자세하게 보려면 1~2시간은 족히 걸릴 것 같았다. 기념관의 마지막 방을 나오는데, 유리판 바닥 아래에는 장사상륙작전의 전사자 이름과 군번이 있었다. 그 방을 나오려면 유리판 위를 걷지 않을 수 없었다. 그래서 유리판 위를 걸어 나왔다.

장사상륙작전 기념관의 전사자 명단

그래, 맞다! 우리는 그들의 희생과 목숨 위에 존재하는 것이다. 만일 그 영혼들이 현재 우리들의 살아가는 모습을 본다면, 자신들의 희생에 만족할까라는 생각도 해봤다. 후손들을 위해 목숨을 던진 그 영혼들이 만족할 수 있도록 우리는 잘 살아야 한다. 그것이 우리의 과제라고 생각했다.

장사상륙작전 전승기념관을 나와 동해대로를 따라 걷다가 부경1리로 들어가서 해안도로를 걸어서 오전 11시 반경에 조그만 부경항에 도착했다. 부경1리의 마을 정자에 앉아 쉬면서 언제부터인가 내 신발 안에서 나와 함께 걸어왔던 모래알들을 떨어냈다.

　아침에 초코바로 때웠더니 배가 고파왔다. 그래서 어디서 점심을 먹을까 조금 고민하다가, 당초 예정했던 대로 2.2㎞를 더 걸어가서 화진해변에서 점심을 먹기로 했다.

　해안도로인 부경길을 걷다가 지경교를 건너니 행정구역이 영덕군 남정면 부경리에서 포항시 북구 송라면 지경리로 바뀌었다. 지경리에서 해안도로인 동해대로 3378번길을 따라 걸어가니 파도가 더 높아졌다. 파도는 마치 방파제를 넘어올 듯이 치고 있었다. 갈매기 한 마리가 방파제에 앉아 파도를 보며 날아갈까 말까 고민하는 것 같았다.

　파도칠 때 생기는 물보라가 바람을 타고 물안개가 되어 날린다. 거센 파도에 가까이 걸어가면 그 물안개가 호흡을 통해 내 몸 안으로 들어온다. 결국 몸속으로 바다를 받아들이는 것이다. 포항시 지경리 해안의 높은 파도 옆을 걸어가며 나는 숨을 깊이 들이마셨다.

포항시 송라면 지경리 해안의 갈매기

지경리의 이름 없는 항구를 지나서 맞은편에서 오는 해파랑길을 걷는 한 사람과 마주쳤다. 그는 부산에서 출발한 지 10일이 되었다고 말했다. 나는 강원도 고성군에서 출발하여 16일이 되었다고 대답했다. 그러니 그는 고성군까지 16일 더 가야 하고, 나는 부산까지 10일을 더 가야 하는 것이다.

　지경리 해안길을 지나서 해안가의 나무 산책길로 걸어가니 그다음에는 바위길이 나왔다. '이 길이 맞나?'라는 의문을 가지고 해안 바위들 사이를 해파랑길 스티커만 보고 걸었다. 주변에는 호랑이 바위, 비석 바위, 고래 바위라는 바위들과 설명문이 있었다. 그러한 길이 걷기에 불편했지만 자연스럽고 좋았다. 다른 해안에도 그런 식으로 자연스러운 길을 조성하면 좋겠다는 생각도 들었다.

　자연스러운 바위길을 따라 파도가 요란한 화진해변에 도착했다. 예정대로 그곳에서 점심을 먹으려고 12시 15분에 오전 걷기를 마쳤다. 오전에 14.6㎞를 걸었다.

포항시 송라면
지경리 해안길

포항시 송라면
화진해변

🌀 오후 午後

　화진해변에서 점심을 먹으려고 식당을 찾았다. 그런데 영업하는 식당은 없었고, 점심 먹을 수 있는 곳은 치킨집 하나밖에 없었다. 치킨집에 전화를 하였더니 주인이 밖에 나가 있어서 치킨을 먹으려면 거의 1시간 정도는 기다려야 했다.

　마트에서 컵라면을 먹기 싫어서 방석항 방향으로 차도인 봉화길을 더 걸어가다가 식당이 있으면 들어가려고 하였다. 그런데 방석항 이전에는 식당이 검색되지 않고 봉화길 주변도 식당이 있을 만한 분위기가 아니었다.

　12시 반이 넘어서 배는 고픈데, 아침 식사를 초코바로 때웠는데, 화진해변에서 캠핑객들의 고기 굽는 냄새가 내 코를 자극하는데, 마트에서 초코바 사는 것을 깜빡해서 배낭 속에는 간식이 아무것도 없는데, 방석항까지는 무려 30분 정도를 더 가야 했다.

　배고픔을 참으며 차도인 봉화길을 따라 방석항 방향으로 걷다가 화진해변을 뒤돌아보니 높은 파도가 나를 놀리는 것 같았고, 날아가는 갈매기도 소리를 내며 나를 조롱하는 것 같았다.

포항시 송라면 화진리 봉화길

봉화길을 더 걸어가니 주변에 펜션만 있었다. 마을 사람에게 식당을 물어봐도 방석항으로 조금 더 가라고만 말하니 방석항을 향해 계속 봉화길을 걸을 수밖에 없었다. 그래서 결국 오후 1시가 지나 방석항에 도착하여 항구 바로 앞에 있는 식당으로 들어갔다.

식당에서 백반을 주문했다. 백반의 가격이 7,000원으로 저렴한 편이고 반찬은 가짓수도 많고 맛도 있었다. 주인아주머니는 반찬을 더 주겠다고 하였다. 배고픔을 참고 겨우 찾아 들어간 식당이 알고 보니 그 부근의 유명한 맛집이었던 것이다. 밥 한술 뜨고 나서 음식의 모습을 사진 찍지 않을 수 없었다.

◀ 포항시 방석항 식당의 점심

▼ 포항시 송라면 방석항

점심을 맛있게 먹고 나서 항구의 벤치에 앉아서 양말을 갈아 신고 바람 부는 항구를 바라보며 쉬었다.

제대로 밥을 먹지 못하면서 나는 왜 이 해파랑길을 걷고 있는 것인가? 이러한 고생을 왜 사서 하는 것일까? 젊어서는 고생을 사서 한다고 하는데, 내가 그렇게 젊지는 않다.

요즘에 아내와 문자를 주고받거나 통화를 할 때, 아내가 가장 먼저 묻는 것이 "밥은 먹었냐?", "뭐 먹었냐?"이다. 마치 어느 영화 대사처럼 '밥은 먹고 다니냐?'고 묻는 것이다.

해파랑길을 걸으며 매 끼니에 식사를 잘할 수 있으면 좋겠지만, 아침을 먹기가 가장 어렵다. 조그만 항구나 해변에는 아침에 영업을 하는 식당이 거의 없기 때문이다. 그래서 아침에는 초코바, 빵, 과자, 두유, 주스, 커피 등을 먹는다. 이것을 한꺼번에 모두 먹는 것이 아니라 전날 저녁에 마트에 가서 이러한 것들 중에 조합하여 사놓고 아침에 출발 직전에 숙박시설에서 먹는다.

그러니 점심과 저녁은 제대로 밥을 먹고 싶은 것이다. 지금까지는 그래도 점심과 저녁은 제대로 먹고 다니고 있는데, 오늘 점심은 생각대로 되지 않았다. 그래도 방석항의 식당에서 점심을 맛있게 먹은 것을 다행으로 생각했다. 오늘 점심을 제때 먹지 못한 것은 화진해변의 식당을 제대로 알아보지 않고, 그냥 '큰 해변이니 식당이 있겠지.'라는 안이한 생각이 원인이라는 생각이 들었다.

그러면서 괜히 과거의 잘못들도 생각났다. 적당히 해결하려는 태도, 낭비했던 시간, 확실한 꿈보다는 막연한 기대를 가지고 있던 젊은 시절, 꿈을 이루려고 노력하지 않았던 행동, 전면에 나서기보다 뒤에서 불평했던 습관. 과장하면 이러한 모든 것들이 지금 고생의 원인인 것처럼 느껴지기도 했다.

방석항의 바람을 맞고 잠시 쉬었다가, 오후 2시에 오후의 종착지인 칠포항을 향해 배낭을 메고 무거운 몸을 일으켰다. 갓길이 없는 해안로를 걸었다. 도로이름이 해안로였다. 그런데 오후가 되니 미세먼지가 더 심해졌다. 바람을 따라 미세먼지가 날아오는 것 같았다.

송라면 조사리 입구에 원각조사비(圓覺祖師碑)를 보았는데, 진입로는 없고 비각은 쓰러져 가고 있었다. 보아하니 조사리라는 마을 이름이 원각조사비에서 따온 것 같은데, 원각조사비를 마을 사람들이 잘 정비해 주면 좋겠다는 생각이 들었다.

원각조사는 고려 말에서 조선 초에 걸쳐 살았던 승려인데, 지금의 조사리 부근에서 출생하였다. 도(道)를 통하여 미래를 예측했다고 하는데, 입적하면서 130년 뒤에 일어날 임진왜란을 예측하였다고 한다.

그렇게 원각조사처럼 미래의 큰 사건을 예측하지는 못하더라도, 내가 앞으로 살아가야 할 방향과 길에 대해 잘 알지 못하니 나는 이렇게 떠돌아다니고 있는 것이다.

포항시 송라면 조사리의 원각조사비

해안로를 계속 걷고 난 뒤에 멋있는 월포다리를 건너서 월포해변에 도착했다. 그곳에는 가족 단위의 캠핑객들이 많았다. 아, 오늘이 토요일이지! 토요일은 숙박시설을 잡기 어려운 날이다. 그래서 오늘 예정 종착지인 칠포항 부근의 숙박시설에 전화를 해 봤는데, 연락이 되지 않았다. 칠포항까지는 7.5㎞ 더 가야 했다.

월포해변에는 파도타기와 관련된 상가가 많았다. 원래 그곳의 파도가 높은 모양이다. 바다에는 파도를 타는 사람도 있었다. 그리고 해변을 보니 확실히 요즘엔 차박이 대세인 모양이었다.

월포해변 주변에 숙박시설이 많았지만, 그곳에서 하루를 마치기에는 오늘 이동거리가 너무 짧게 된다. 칠포항 부근의 숙박시설이 전화를 받지 않으니 일단 칠포항을 향해 걸어가다가 숙박시설이 있으면 들어가기로 하였다.

포항시 청하면 월포다리

포항시 청하면 월포해변

용두교를 건너 해안로를 따라 걸으니 승용차들이 많이 지나다녔다. 그리고 바닷가에는 잘 지어진 포스코 수련원도 있었다. 수련원이라기보다는 직원들의 휴양시설처럼 보였다. 그러고 보니 그곳이 포스코의 도시인 포항시인 것이다.

　　이상하게도 해안로에 승용차가 많이 다녔다. 조금 더 가니 도로가에 주차된 차도 많았다. '왜 차가 많을까?'라는 의문을 가지고 걸으니 '이가리 닻 전망대'가 나왔다. 처음에는 순간적으로 '이가리'를 '아가리'로 잘못 보아서 '갑자기 웬 아가리이지?'라고 생각했었다. 그 부근의 동네 이름이 이가리였던 것이다.

　　이가리 닻 전망대는 포항시가 해양관광도시에 맞추어 닻을 형상화하여 만든 길이 102m의 전망대이다. 전망대가 독도를 향하게 함으로써 독도 수호의 염원을 담았다고 한다. 마침 오늘이 토요일이어서 전망대를 관람하는 사람이 많았다. 그곳에 오는데 차들이 많았는데, 그 차들은 이가리 닻 전망대를 관람하러 온 사람들이 타고 온 것이었다.

포항시 청하면 이가리 닻 전망대

포항시 청하면 이가리 닻 전망대

　사람들이 코로나 바이러스 때문에 갑갑했던 마음을 바다를 보면서 해소하려는 것 같았다. 벌써 1년 넘게 코로나 바이러스는 우리를 괴롭히고 있다. 언제쯤이면 코로나 바이러스로부터 자유로울 수 있을까?

　코로나 바이러스가 사람의 목숨을 앗아가기도 하지만, 우리 사회의 문화를 바꾸고 있다. 온라인으로 수업을 듣고 물건을 사고 일을 하고 있다. 점차 대면이 어색해지고 비대변이 자연스러워지고 있다. 사람들 중에는 만나자고 하면, "무슨 일이냐?"라든지 "꼭 만나야 하나?"라고 말하며 만남을 꺼려 하는 사람도 있다. 안 그래도 우리 사회가 점차 개인적으로 변해 가는데, 코로나 바이러스가 그러한 양상을 더욱 부채질하고 있다. 슬프게도 요즘엔 혼밥과 혼술이 대세가 되어 버렸다.

　이가리 닻 전망대를 나와 계속 갓길이 없는 해안길 더 걸어가니 청하면 청진리 부근에 숙박이 가능한 모텔이 있었다. 칠포항 부근의 숙박시설은 계속 전화를 받지 않는 상황이고, 오전에 배고픔을 참고 걸어서 그런지 몸이 많이 피곤한 상황이었다. 그래서 숙박이 가능한 청진리의 항구에서 오늘 일정을 마치기로 했다.

마을에서 해안으로 내려가 청진리의 조그만 항구에 도착하여 시계를 보니 오후 4시였다. 오늘 오전에 14.6㎞, 오후에 11.5㎞를 걸어서 총 26.1㎞를 걸었다. 숙박시설 때문에 당초 계획보다 4.0㎞를 덜 걸었다.

포항시 청하면 청진리의 항구

　참고로, 3월 11일에 영덕군 고래불로에서 주웠던 1,000원으로 그날 저녁에 축산항에서 로또 복권을 샀다. 복권을 1,000원어치만 사기 뭐해서 내 돈을 4,000원 추가하여 5,000원어치를 산 것이다. 내가 평소에 복권을 잘 사지 않는데, 길에서 주운 돈이 뭔가 행운을 가져다줄지 모른다는 기대감이 들어서였다. 그런데 오늘 저녁 추첨결과는 모두 '꽝'이었다. 길에서 행운을 기대했던 나 자신이 창피하다는 생각이 들었다. 길에도 공짜나 대박은 없는데도 말이다.

해파랑길 17일차

2021년 3월 14일 일요일

포항시 북구 청하면 청진리 항구 - 포항시 남구 해도동 형산교차로

 오전 午前

    오전 7시 40분에 포항시 청하면 청진리의 항구를 출발하였다. 날씨는 맑았는데, 미세먼지가 많이 끼어 있었다. 이른 시간인데도 항구의 방파제에는 강태공들이 제법 보였다. 강태공들은 밤을 새운 것인지 새벽에 온 것인지 방파제 위에서 낚싯대를 드리우고 있었다. 자동차를 주차하고 서둘러 포인트를 찾아가는 강태공도 있었다. 강태공들은 눈먼 고기를 낚고 있었고, 나는 눈먼 시간을 죽이러 해파랑길 17일차를 출발했다.

    오늘은 포항 시내인 남구 해도동의 형산교차로까지 29.0㎞를 걸으려고 한다. 어제 조금 짧게 걸어서 오늘은 조금 더 걸으려고 하는 것이다.

    도로이름이 해안로인 해안도로를 따라서 바다를 가까이 보며 걸었다. 그러면서 바다에 아침 인사를 하였다. 바다에는 어제와 마찬가지로 파도가 높게 치고 있었다.

포항 북구 청하면 청진리 앞 바다

　해안로에서 해안로1774번길로 바꿔 걸어서 흥해읍 오도리로 갔다. 오도리에서 오도교를 건너가다가 왼쪽으로 펜션 앞의 계단 길로 걸어가니 오도리해변이 나왔다. 주차장에는 차들이 빼곡하고 텐트들도 많았다.

　눈앞이 흐려서 선글라스를 벗어보니 선글라스에 미세먼지가 많이 끼어 있었다. 목이 좀 칼칼하였다. 시간이 갈수록 미세먼지는 더 심해지는 것 같았다.

　오도리 이후에는 잘 마련된 해안 산책로를 걸었다. 바로 내가 바라던 길이었다. 파도 소리도 더 가까이 들으며 걸을 수 있었다. 해안 산책로는 나뭇길도 있고 자연스러운 흙길도 있었다.

　걷기 좋은 해안 산책로를 걸어서 칠포리로 가니 바닷가에 뱃머리 모양의 해오름 전망대가 있었다. 전망대로 걸어 들어갔더니 뱃머리 부분에는 바로 아래로 바다가 보여서 오금이 약간 저리기도 하였다. 해오름 전망대 사진은 전망대를 지난 뒤에 뒤돌아서 찍은 것이다.

포항시 흥해읍 오도리 해안산책길

포항시 흥해읍 칠포리 해오름 전망대

해오름 전망대 앞의 동해 바다

전망대 끝에서 동해 바다를 한참 동안 바라보았다. 바다의 파랑은 아침 햇살에 희게 빛났다. 만일 어제 오후에 걸어왔으면, 그렇게 빛나는 파랑의 모습을 보지 못했을 것 같았다.

고향이 바닷가인 사람들이 부러웠다. 어릴 때부터 바다를 보고 자랐을 것이고, 나이 들어서 가슴이 답답할 때엔 고향에 가서 바다를 볼 수 있으니까. 지금 내가 보고 있는 바다는 동해 바다이지만, 바다를 계속 보고 있으니 노산 이은상이 작사한 '가고파'라는 가곡이 생각났다. 이은상의 고향은 경남 마산이어서 고향의 남해 바다를 생각하며 가고파를 쓴 것으로 알고 있다.

〈가고파〉

작사: 이은상, 작곡: 김동진

내 고향 남쪽바다 그 파란 물 눈에 보이네
꿈엔들 잊으리요 그 잔잔한 고향바다
지금도 그 물새들 날으리 가고파라 가고파
어릴 적 같이 놀던 그 동무들 그리워라
어디 간들 잊으리요 그 뛰놀던 고향동무
오늘은 다 무얼 하는고 보고파라 보고파

(이하 생략)

전망대 이후에도 걷기 좋은 산책로를 계속 걸어서 오전 9시가 다 되어서 칠포항(七浦港)에 도착했다. 어제 오후에 도착하려고 했던 곳에 도착한 것이다. 칠포항 부근에는 칠포성이 있는데, 칠포성은 예전에 왜군에 대비하여 7개의 포대가 있었다고 해서 붙여진 이름이다. 그리고 칠포성에는 수군만호(水軍萬戶)도 있던 곳이라고 한다. 칠포항의 위쪽에 칠포성의 터가 있다고 하는데, 칠포성은 해파랑길 코스가 아니고, 별도로 보고 싶지도 않아서 성으로 올라가지 않았다.

 예전에 성(城) 중에서 제대로 제 역할 한 성이 거의 없는 것 같다. 임진왜란 때를 보면, 진주성과 행주산성이 제 역할을 하였다. 한양성은 서둘러 도망가느라 지켜지지 못하였고, 평양성은 대치하였다가 결국 함락되어 버렸다. 제대로 방어도 하지 못하면서도 그러한 성을 쌓느라 백성들만 괴롭혔다. 성은 쌓는 것만이 능사가 아니라 잘 지키는 것이 중요하다.

 요즘 우리나라의 각종 법규와 제도가 예전의 성과 비슷한 측면이 있는 것 같다. 무슨 개별적인 사건이나 사고가 터지면, 그 원인을 잘 따져서 적절한 대응방법을 잘 살펴보지는 않고, 서둘러 법규와 제도를 고치거나 만드는 것부터 먼저 한다. 그래서 각종 법규와 제도가 서로 상충되고 사람들이 지키기 어려운 것들도 많다. 그러다 보니 제대로 지켜지지 못할 제도와 법규를 만들고, 또 그것들을 수정하는 데 힘을 다 빼고 있는 것 같다.

포항시 흥해읍의 칠포항

칠포항 바로 옆에 있는 칠포2리의 해안에는 낚시하는 사람들과 캠핑하는 사람들이 많았다. 자동차는 당연하게도 캠핑카와 왜건형 승용차가 많았다. 차박을 하기에는 세단형보다는 왜건형 승용차가 더 좋다. 차박을 하면 숙박시설을 찾을 필요도 없고 마음에 드는 장소에서 잠을 잘 수 있다.

내가 10여 년 전에 승용차를 바꾸려고 할 때 왜건형 승용차를 사려고 하였다. 그런데 아내의 반대로 세단형 승용차를 샀다. 만약 내가 그때 왜건형 승용차를 샀으면, 그 차를 타고 전국을 싸돌아다녔을지도 모르겠다. 그런 생각을 하면 그때 세단형 승용차를 사길 잘한 것 같다. 아무튼 오늘은 캠핑객들이 좀 부러웠다.

해안으로 잘 조성된 산책로를 따라 걸어서 칠포해변에 도착했다. 칠포해변에는 백사장에 소나무를 심고 공사를 하는지 해변에 가림막을 해 놓았다. 칠포해변은 상당히 크고 모래가 깨끗했다. 칠포해변에도 캠핑객이 있었는데, 오히려 칠포항 바로 옆의 좁은 해변보다도 캠핑객이 더 적은 것 같았다.

칠포해변에 있는 해파랑길 안내판에 따르면, 그곳에서 해파랑길의 최종 목적지인 부산 오륙도 해맞이공원까지 297.4㎞ 남은 것으로 되어 있었다. 앞으로 하루 평균 30㎞를 걸어도 10일이나 걸린다는 것이다. 아직도 갈 길이 많이 남아 있었.

집에서 쉬었다가 다시 출발한 지도 6일이 지나니 몸이 조금씩 지쳐가고 있는 상황에서 최종 목적지까지 앞으로 오늘을 포함하여 10일 정도를 더 걸어가야 한다고 생각하니 마음은 앞서면서 몸엔 힘이 더 빠지는 것 같았다.

칠포해변을 지난 뒤에는 낡아서 위험해 보이는 칠포인도교를 건너서 바닷가 산책로를 걸었다. 바다 바로 옆의 산책로는 멍석이 깔렸거나 나무로 만들어져 있어서 걷기에 좋았다. 내가 좋아하는 그런 길이 나온 것이다. 포항시는 해파랑길에 신경을 많이 쓴 것 같았다. 다른 지자체도 포항시처럼 하면 좋을 것 같았다.

포항시 흥해읍 용한리 해안산책길

걷기 좋은 해안 산책로를 걸어서 용한1리 해안으로 가는데, 까마귀 한 마리가 나를 앞서가며 계속 울어댔다. 내가 다가가면 더 앞으로 날아가서 또 울어댔다. 그러니 기분이 좀 좋지 않았다.

고구려 때에는 발이 셋인 까마귀인 삼족오(三足烏)가 숭배의 대상이었다고 하는데, 언제부터 까마귀가 불길의 상징이 되었을까? 실제로는 까마귀가 해충을 잡아먹어서 익조(益鳥)라고 한다. 까마귀에 대해서는 사람이 생각하기 나름인 것 같다. 그리고 의외로 해변에 까마귀가 많다. 그러니 까마귀를 좋게 생각하기로 했다.

영일만항로로 접어들어 가는데, 멀리 2개의 커다란 철 구조물이 흐릿하게 보였다. 항만에 있는 컨테이너 크레인이었다. 도로의 오른쪽에 공장도 많았다. 점차 포항시의 공장지대로 들어서는 것이었다.

낮이 되니 미세먼지가 더 심해지고 있다. 공장지대여서 그런지도 모르겠다. 용한1리 해안의 바다에 떠 있는 것이 있어서 자세히 보니 물개나 갈매기가 아니라 파도를 타는 사람들이었다. 그곳도 파도타기의 명소인 모양이었다.

오전 10시 30분에 어항인 포항영일만항에 도착했다. 항구에는 바다낚시를 떠나려는 사람들로 붐볐다. 바로 그 옆에는 컨테이너 부두인 포항국제컨테이너터미널이 있었다. 그 부근에 쉴 만한 공간이 없어서 바로 다음 목적지인 죽천해변을 향해 출발했다.

포항시 흥해읍 용한1리 해안

포항시 흥해읍 포항영일만항

포항시 흥해읍 포항국제컨테이너터미널

죽천해변으로 가는 길은 넓은 산업도로였다. 왼쪽으로는 컨테이너 부두가 보였고 오른쪽은 소형 공장이 있거나 공터였다. 가로수도 없는 공허한 길을 나 혼자 걸었다.

그 길로 가다가 우회전하여 공장 뒷길로 가는데, 해파랑길 스티커는 없어서 '영일만 북파랑길' 안내만 보고 걸었다. "왜 이런 길이 해파랑길에 포함된 건가?"라는 의문이 자동적으로 생기는 공장 뒤편 자갈길이었다. 자갈길에는 유리 조각도 섞여 있어 조심히 걸어야 했다.

그 길을 벗어나니 죽천 해안으로 가는 해안길인 죽천길이 나왔다. 오늘 오전에 내 몸은 더 지치는 것 같았다. 아침에 어제 저녁을 먹었던 식당에 또 들어가기 싫어서 초코바로 때워서 그런지, 7일 동안 연속으로 걸어서 그런지, 미세먼지 때문이어서 그런지 힘이 더 빠지는 것 같았다. 그 원인은 오직 미세먼지 때문이라고 여기고 싶었다.

포항시 흥해읍 영일신만항 앞 도로

죽천해변에서 점심을 먹고 나서 좀 많이 쉬어야지라는 생각을 하며 죽천길을 터벅터벅 걸었다. 흥해읍 우목리 앞바다에는 해녀들이 물질을 하고 있었다. 그런데 갑자기 휘파람 소리가 들려서 무슨 소리인가 했더니, 해녀들이 물질을 하다가 힘들 때 수면 위로 올라와서 내는 소리였다. 나도 힘들어서 그 휘파람 소리를 내고 싶었다.

오전 11시 30분에 죽천해변에 도착해서는 식당부터 찾았다. 죽천해변에 도착하기 전에 횟집이 몇 곳 있었는데, 다시 되돌아 걷기 싫었다. 그래서 죽천해변을 따라 걸으면서 식당을 찾으려고 하였다. 그런데 영업하는 식당이 없었다.

죽천해변을 벗어나자마자 허름한 식당 하나가 있었다. 간판에는 메뉴가 잔치국수, 성게국수 등이어서 먹어보고 싶었다. 그런데 안타깝게도 그 식당은 영업을 하지 않았다.

그래서 해파랑길 코스를 따라서 1.5㎞ 더 걸어 여남항으로 가기로 했다. 여남항에는 식당이 있을 것 같았다. 어제도 식당을 찾느라 점심을 늦게 먹었지만, 친절한 식당에서 점심을 맛있게 먹었다는 것을 기억하며 죽천교를 건너 왼쪽의 해안 산책로를 걸었다. 그런데 해안 산책로는 곧 식당이 있을 분위기는 아니었다. 뭔가 불길한 느낌도 들었다.

그래도 해안 산책로를 계속 걸어서 공사 중인 여남스카이워크를 지나 12시경에 여남항에 도착했다. 여남항 부근에는 식당이 많아서 안심되었다. 그곳에서 점심을 먹기로 하고 오전 일정을 마쳤다. 오늘 오전에 17.0㎞를 걸었다.

포항시 북구 여남동 해안산책길

포항시 북구 여남항

 오후 午後

 여남항 부근에는 횟집이 많았다. 그런데 오늘은 왠지 물회를 먹기 싫어서 바다가 보이는 카페에 들어가 와플과 커피를 주문하여 2층에 앉았다. 그러니 오늘 점심은 그야말로 서양식이 되었다.
 카페에서 점심을 먹으며 블로그 글을 수정하고 있으니 몸이 좀 늘어지는 것 같았다. 음악을 들으며 더 앉아 있고 싶었으나, 해파랑길이 나를 기다리고 있으니 길을 나설 수밖에 없었다.

포항시 북구 여남항 부근 카페의 점심식사

여남항을 지나니 해변엔 가족 단위로 바람 쐬러 나온 사람들이 많았다. 미세먼지로 공기가 좋지 않아도 사람들은 일요일을 즐겁게 보내고 싶은 것이리라.

그러고 보니 오늘이 화이트데이이자 우리 부부의 결혼기념일이다. 결혼한 지 벌써 28년이나 되었다. 결혼한 그날도 일요일이었는데, 날씨가 쌀쌀해서 우리 부부는 떨면서 야외 촬영을 했던 기억이 났다. 이렇게 내가 해파랑길을 걷도록 도와준 아내가 고맙기도 하고 미안하기도 했다.

날씨가 흐려지고 미세먼지가 더 심해지는 해안로를 따라 포항 시내를 향해 걸었다. 옆에 환호마을의 해변이 있고 산책로도 잘 되어 있어서 해안로는 포항시민들의 좋은 산책로인 것 같았다.

포항시 북구 환호마을의 해변

도로 건너편의 환호공원 입구가 있었다. 나는 횡단보도 앞에서 망설였다. 해파랑길 코스를 따라 공원에 들어가려면 계단을 한참 올라가야 했다. 계단은 가파르고 많았다. 나를 기다리고 있는 해안길은 많고, 내 몸은 좀 피곤한 상태여서 길 건너편의 환호공원으로는 가지 않았다.

그래서 계속 해안로를 걸어서 포항시 두호동에 들어서니 사람도 많고 자동차도 많았다. 주변에 높은 건물이 많아서 뭔가 모르게 상당히 복잡하였다. 사람들이 많은 이유는 해변에 영일대(迎日臺) 전망대가 있기 때문이었다.

영일대는 국내 최초로 113m의 해상에 지은 정자이다. 영일대 전망대는 2013년 6월에 준공되었는데, 그를 계기로 포항시의 북부해변의 명칭도 영일대해변으로 변경되었다고 한다.

가수 최백호의 노래 '영일만 친구'의 고장인 영일만에서 포항의 대표적인 정자인 영일대에 들어가지 않을 수 없는 것이다. 영일대에는 사람들이 많았다. 코로나 바이러스도 미세먼지도 사람들의 야외활동 욕구를 막지는 못하는 모양이었다.

포항시 북구 영일대 전망대

포항시 북구 영일대 정자

영일대 정자에 올라가니 넓은 바다를 더 가까이에서 볼 수 있었다. 현판 글씨는 누가 썼는지 모르겠는데 멋있어 보였다. 강릉시에서도 느꼈었는데, 바다를 바로 끼고 있는 큰 도시의 시민들이 부러웠다.

〈영일만 친구〉

작사: 김명원, 작곡·노래: 최백호

바닷가에서 오두막집을 짓고 사는 어릴 적 내 친구
푸른 파도 마시며 넓은 바다의 아침을 맞는다.
누가 뭐래도 나의 친구는 바다가 고향이란다
갈매기 나래 위에 시를 적어 띄우는
젊은 날 뛰는 가슴 안고 수평선까지 달려 나가는
돛을 높이 올리자 거친 바다를 달려라 영일만 친구야

(이하 생략)

영일대해변에서 노래 '영일만 친구'를 검색해서 들어보고 해변 끝의 포항여객선터미널로 갔다. 그곳에서 우회전하여 또 해안로를 걸어서 포항항에 도착했다. 그런데 포항항의 크기가 어마어마해서 항구의 모습을 어떻게 사진 찍어야 할지 모르겠다. 지금까지 해파랑길을 걸으면서 가장 큰 항구를 본 것이다.

앞으로 울산광역시와 부산광역시에도 가겠지만, 포항시도 넓었고 포항항도 넓었다. 아마 포항시의 인구가 1백만 명은 넘을 것이라고 생각하고 인터넷으로 검색해 보니, 인구가 50만 명 정도에 불과했다. 큰 도시의 인구가 서울의 큰 구(區)의 인구와 비슷하다는 것이 놀라웠다.

　포항항의 옆 도로인 해동로를 따라 걷는데, 항구의 길이가 끝도 없이 계속되었다. 어선이 많았고, 해안경비정과 군함도 있었다. 대형 어선이 5중으로 정박되어 있기도 했다. 동빈큰다리를 건너면서 보니 포항항이 한눈에 들어와서 포항항의 모습을 사진에 담을 수 있었다.

포항시 남구 동빈큰다리에서 본 포항항

　포항항은 지리적으로 바로 옆의 송도가 자연스럽게 방파제 역할을 해주고 있었다. 동빈큰다리를 건넌 이후 서동로를 걸어가다가 해안도로인 희망대로로 접어들었다. 희망대로 바로 옆이 송도해변이었다. 그리고 송도해변에서는 멀리 포스코 공장이 희미하게 보였다.

　송도해변이 영일대해변보다 더 넓은 것 같은데, 구경 나온 사람들은 영일대해변보다 적은 것 같았다. 해변 가운데 있는 평화의 여상(平和의 女像)을 사진에 담았다. 여상이 옷을 안 입은 줄 알았는데, 가까이에서 보니 수영복을 입고 월계수 가지를 든 모습이었다.

포항시 남구 송도해변 평화의 여상

    송도해변에서 물을 마시며 쉬었다. 나의 통상 하루 이동 거리라면 오늘은 송도해변까지가 적정하다. 송도해변에는 숙박시설이 별로 없었고, 오늘은 형산교차로까지 걷기로 계획했으니, 형산교차로를 향해 힘을 내기로 했다.

    송도해변 끝에서 형산강을 따라 강 옆의 산책로를 걸었다. 포스코 공장은 가까이에서 보니 규모가 어마어마하게 크게 보였다. 우리나라 철강산업의 본고장에 온 것이다.

포항시 남구 형산강 산책로

철강산업은 대표적인 굴뚝산업이다. 철은 철광석과 코크스(석탄의 일종), 석회석을 용광로에 함께 넣어 고온으로 가열하여 생산된다. 철은 녹이 슬어 내구성이 약한 단점이 있으나, 저렴하고 단단하면서 가공성이 뛰어나서 지금도 가장 많이 사용되는 소재 중의 하나이다.

　역사적으로는 철은 한편으로는 전쟁 무기로 사용되어 다른 부족이나 나라를 정벌함으로써 국가가 점차 제국화(帝國化)되는 데 도움이 되었으며, 다른 한편으로 농기구로 사용되면서 농업생산을 크게 증가시켜 인간의 식량 수준을 향상시켰다. 그래서 철기시대를 그 이전의 청동기시대와는 다르게 역사적으로 구분하는 것이다.

　우리나라는 예전에 철광석이 많았고 철을 많이 생산하여 '철의 나라'라고 불리었다고 한다. 그러나 지금은 철광석과 코크스를 전량 수입하여 철을 생산하고 있다. 몇 년 전 통계로 우리나라의 철 생산량이 세계 6위를 차지하고 있다고 하니 '철의 나라'의 명성을 유지하고 있는 것이다.

　그러나 요즘에는 굴뚝산업보다는 첨단산업이 더 강조되고 있다. 그러나 굴뚝산업도 첨단산업 못지않게 중요하니 함께 잘 발전하면 좋겠다. 그러면 굴뚝산업도 첨단설비를 장착할 수 있어서 좀 더 친환경적인 산업이 될 수 있을 것이라고 생각한다.

　형산강 산책로를 걸어서 포항운하관은 사진만 찍고 통과했다. 포항운하관 옆에는 유람선도 있었다. 나는 포항시에는 처음 와 봤다. 그리고 포항시에 대해 잘 알지 못하고 그냥 스쳐 지나가고 있다. 그러한 아쉬운 마음에 포항시에 대해 검색해 보았다.

　포항시는 진한시대에 근기국(勤耆國)이었고 신라시대에는 근오지현(斤烏支縣)이었다가, 삼국통일 후 임정현으로 개칭되었다. 고려시대에 영일현으로 바꿔 불리어 조선 시대까지 유지되었다. 1732년(영조 8년)에 곡식 창고인 포항창을 설치하여 함경도를 진휼함으로써 함경도와 경상도를 잇는 해로의 중심역할을 하였다. 1914년에 인근의 장기군, 흥해군, 청하군이 영일군에 합병되어 크게 확장되었고, 1949년에 포항읍이 포항시로 승격되었으며, 1970년에 포항제철(현 포스코)이 들어서면서 공업도시로 크게 발전하였다.

　피곤한 몸으로 지루한 형산강 산책로를 걷다가 개나리꽃을 보니 정신이 확 나는 것 같았다. 올봄에 처음 보는 개나리꽃이었다. 그리고 체육공원에 게이트볼장이 있는 것 같아서 가까이 보니 미니골프장도 있었다. 하나의 채로 50m 내외를 치는 것이었다. 도시에서 괜찮은 레저인 것 같았다.

포항시 남구 포항운하관　　　　　　　　　포항시 남구 형산강 산책로의 개나리

　형산강 산책로를 계속 걸어서 오후 4시경에 구 형산교 북단인 형산교차로에 도착했다. 형산교차로에서 오늘 걷기를 종료하였다. 내일 아침에 바로 그곳에서 출발할 것이다. 오늘은 오전에 17.0㎞, 오후에 12.0㎞를 걸어서 총 29.0㎞를 걸었다.

포항시 남구 형산교차로

해파랑길 18일차

2021년 3월 15일 월요일

포항시 남구 해도동 형산교차로 — 포항시 남구 호미곶면 호미곶

 오전 午前

오전 7시 30분에 해파랑길 18일차를 출발했다. 날씨는 맑았으나, 미세먼지는 여전히 많았다. 오늘은 포항시 남구 호미곶까지 갈 예정이다.

형산교차로 앞에는 출근하는 차량들로 복잡했다. 포스코의 회사 버스들도 직원들의 출근을 위해 바쁘게 지나가고 있었다. 나는 형산교차로에서 구 형산교를 통해 형산강을 건넜다.

포스코 공장의 굴뚝마다 뭔가 하얗게 올라가고 있었다. 그것이 연기가 아니라 김이길 기대했다. 구 형산교를 건너며 포스코 공장의 모습이 역광이지만 사진을 찍었다. 구 형산교를 건너가서 동해안로(31번 국도)를 따라 걸으니 오른편에는 현대제철 공장도 있었다. 포항시는 그야말로 제철의 도시였다.

포항시 남구 구 형산교에서 본 포스코의 모습

 포스코는 1973년에 그곳 영일만에 포항제철소를 준공하여 철강생산을 시작하였다. 포항제철소는 박정희 대통령의 막대한 지원 하에 설립되었고, 그 이후에는 세계적인 철강회사로 발전하였다. 1980~90년대에는 전남 광양만에 광양제철소를 준공하였고, 1998년에는 조강생산 기준으로 세계 1위의 철강회사가 되기도 하였다. 2000년 민영화되었고, 2002년 3월에 상호를 포항종합제철에서 포스코로 변경하였다.

 포스코 공장 앞의 도로인 동해안로를 따라 한참을 걸었는데, 그제야 포스코 공장 정문이 나왔다. 그 이전에 많은 차량이 들어간 문은 정문이 아니었던 것이다. 끝없이 이어지는 포스코 공장을 따라 거의 1시간 정도를 걸었다. 냉천교를 건너서 겨우 포스코 공장을 벗어날 수 있었다. 포스코 포항제철소의 규모는 엄청나게 크다는 것밖에 어떻게 표현할 수가 없다.

포항시 남구 포스코 앞의 동해안로

　동해안로를 따라 남구 청림동에 들어서니 가로수가 포도나무였다. 그리고 포도나무의 종류도 다양했다. 왜 그런가 했더니 독립운동가이면서 시인인 이육사(李陸史)가 시 청포도(靑葡萄)를 그곳에서 집필했다고 한다.
　이육사의 본명은 이원록(李源祿)이다. 일제 강점기에 독립운동 단체에 가담하고 항일운동을 하여 여러 차례 옥살이를 한 저항시인이다. 자신의 수형번호인 '264'를 따서 호를 육사(陸史)라고 하였다. 해방되기 1년 전인 1944년에 중국 북경에 있는 일본 교도소에서 옥사하였다.
　이육사가 그곳 바닷가 마을에서 '청포도'를 써서 시구 중에 '푸른 바다'와 '흰 돛단배'가 있구나 하는 생각이 들었다. 가로수 포도나무에는 아직 이파리가 나오지 않았지만, 포도가 익어가는 계절엔 멋있을 것 같았다. 그곳을 지나가며 이육사의 시 청포도를 떠올리지 않을 수 없었다.

〈청포도〉

이육사

내 고장 칠월은 청포도가 익어가는 시절.

이 마을 전설이 주저리주저리 열리고

먼 데 하늘이 꿈꾸며 알알이 들어와 박혀

하늘 밑 푸른 바다가 가슴을 열고

흰 돛단배가 곱게 밀려서 오면

내가 바라는 손님은 고달픈 몸으로

청포(靑袍)를 입고 찾아온다고 했으니,

내 그를 맞아 이 포도를 따서 먹으면

두 손을 함뿍 적셔도 좋으련.

아이야, 우리 식탁인 은쟁반에

하이얀 모시 수건을 마련해두렴.

그리고 조금 더 가니 해병부대 정문이 나왔다. 그제야 포항시가 해병대의 고향이라는 것도 생각났다. 예전에 해병대 나온 사람들로부터 포항시에서 신병교육을 받았다는 말을 들었다. 지금도 해병 신병교육대가 포항시에 있는지는 모르겠다.

계속 동해안로를 따라 걸어가니 남구 일월동(日月洞)에 안내비가 있는데, 안내비에는 그곳이 삼국유사에 나오는 연오랑 세오녀(延烏郎 細烏女)의 발상지라고 적혀 있었다. 그럼 오전에 갈 예정인 '연오랑 세오녀 기념관'과는 어떤 관계인지는 모르겠다.

포항시 남구 청림동의 포도나무 가로수

포항시 남구 일월동의 안내석

　공항삼거리에서 일월로와 일월로81번길을 지나서 오전 9시 30분에 도구해변에 도착했다. 포항 시내에서는 쉴 곳이 없었고, 어서 빨리 도심을 빠져나가자는 생각에 2시간 동안 쉼 없이 계속 걸어온 것이다.

도구해변에서 오늘 처음 바다를 만나서 인사했다. 바다를 매일 봐서 지겨우면서도 안 보면 보고 싶다. 그리고 도구해변의 바다는 파도가 거의 없이 고요했다.

도구해변에 앉아 물을 마시며 쉬었다가 연오랑 세오녀 기념관을 향해 출발했는데, 다리를 공사하고 있어서 돌다리를 건너서 국도 옆에 있는 산책로로 접어들 수 있었다. 조금 더 가서 나뭇길로 좌회전하여 해안도로인 호미로3192번길로 접어들었는데, 그곳부터는 포항시가 설정한 '호미반도 해안둘레길'에 해당되었다.

해안도로를 따라 걸으니 바다가 호수처럼 잔잔했다. 만(灣)이어서 그런가 하고 마을 주민에게 물어보니 오늘처럼 서풍이 불면 파도가 잔잔한데, 북동풍이 불 때면 그곳의 파도도 심하다고 한다. 아무튼 오늘 영일만 바다는 커다란 호수처럼 보였다. 미세먼지로 대기가 흐릿한 것이 안타까웠다.

포항시 남구 호미반도 해안둘레길 안내

호미로3192번길로 임곡1리와 임곡2리를 지나 소나무 숲의 향기를 맡으며 산책로를 올라가서 연오랑 세오녀 기념관 앞에 도착했다. 기념관은 닫혀있었는데, 닫힌 이유에 대해 아무런 설명이 없었다. 기념관 앞에는 쌍거북 바위가 있었다. 그리고 바다 쪽에는 일월대(日月臺)라는 정자가 있었다.

포항시 남구 연오랑 세오녀 기념관

포항시 남구 쌍거북 바위

포항시 남구 일월대

삼국유사에 따르면, 신라 제8대 아달라왕 즉위 4년인 157년(정유년)에 동해 바닷가에 연오랑(延烏郎)과 세오녀(細烏女) 부부가 살았는데, 어느 날 어떤 바위가 나타나서 바다에서 해초를 따고 있는 연오를 싣고 일본으로 데려갔다. 일본에서는 연오를 왕으로 삼았다. 한편, 세오는 남편을 찾아 나섰다가 남편이 벗어놓은 신발을 발견하고 역시 그 바위에 올랐다. 그랬더니 그 바위도 세오를 태우고 일본으로 데려갔다. 그리하여 부부가 다시 만났고 세오는 귀비(貴妃)가 되었다.

이때부터 신라에서는 해와 달이 빛을 잃어버렸다. 일관(日官)이 "해와 달의 정기가 우리나라에 있었는데, 지금 일본으로 갔습니다. 그래서 이런 변고가 생긴 것입니다."라고 말했다. 그래서 왕은 사신을 일본에 보내어 두 사람에게 돌아오라고 하였다. 그러자 연오가 말하길 "내가 이 나라에 도착한 것은 하늘이 시켜서 그렇게 된 것이오. 그러니 이제 어찌 돌아갈 수 있겠소, 그 대신 왕비가 짠 고운 명주 비단이 있으니, 이것을 가지고 가서 하늘에 제사를 지내면 잘 해결될 것이오." 그래서 쌍거북이 일본으로부터 비단을 싣고 와서 신라왕이 연오의 말대로 하늘에 제사를 지내자 해와 달이 예전처럼 빛이 났다. 그래서 그 비단을 임금의 창고에 보관하고 국보로 삼았으며, 그 창고의 이름을 귀비고(貴妃庫)라고 하였다. 하늘에 제사를 지낸 곳이 영일현(迎日縣)이라고 되어 있다.

나는 일월대 정자에 올라 바다를 바라보며 삼국유사의 설화를 어떻게 해석해야 하나 하는 생각이 들었다. 사실에 근거된 것인지 아니면 허구인지 말이다. 구체적인 왕 이름과 연도가 나오고 있으니 사실인 것 같기도 하고, 세상이 어지러우면 통치자는 거짓의 이야기를 퍼트려서 민심을 달랬던 것은 아닐까 하는 생각도 들었다. 그리고 혹시 그때 해와 달이 빛을 잃은 것이 요즘처럼 심한 황사 때문에 그런 것은 아니었을까라는 추측도 해봤다.

나는 설화의 진위 여부를 알 수 없으니, 계속 해파랑길을 걸을 수밖에 없었다. 연오랑세오녀공원 이후에는 해안절벽과 산죽나무 사이의 길을 걸어서 입암1리를 지나니 바로 바닷가에 좋은 산책로가 있었다. 나무다리로 되어 있거나 돌로 되어 있기도 했다. 가끔 아무것도 없어서 자갈을 밟고 지나가야 했지만, 포항시가 해파랑길을 잘 마련해 놓았다는 것을 또 느꼈다.

포항시 남구 입암리 해안산책로

바다 바로 옆의 산책로는 파도가 심하면 걷기 어려울 것 같지만, 오늘은 파도가 잔잔하니 해조류의 냄새를 맡으며 걸을 수 있었다. 입암2리를 지나니 해안 산책로는 해안절벽을 따라 잘 만들어져 있었다. 그 길을 따라 걸으며 해안 절벽 앞에 서 있는 '선바우'와 하얀색의 해안 절벽인 '힌디기'를 보았다.

선바우와 힌디기는 모두 호미반도의 화산활동에 의해 생긴 것인데, 화산열에 의해 화산 성분이 백토로 되어 흰색을 띠고 있다고 한다. 선바우는 바닷가에 서 있다고 해서 그렇게 이름이 붙여졌고, 그곳의 입암리(立岩里)라는 지명이 그 바위에서 나온 것이다. '힌디기'라는 말은 흰 언덕이라는 의미의 힌덕이 변화된 것이라고 한다.

그리고 산책로와 자갈밭을 따라서 해안을 한참 더 걸어가니 바닷가에 '먹바우'가 있었고, 넓적한 바위섬인 '하선대'가 있었다. '먹바우'의 안내문을 읽어보니, 삼국유사의 '연오랑과 세오녀' 이야기를 한참 설명하더니 맨 마지막 부분에는 연오랑과 세오녀가 일본으로 타고 갔던 배일 것이라고 쓰여 있었다.

일월동과 연오랑세오녀공원이 서로 설화의 장소라고 다투고 있는데, 그 먹바위까지 나서고 있는 것이다. 그냥 검은색의 바위라고 설명하면 될 것인데, 왜 그 바위에 '연오랑과 세오녀' 설화를 붙여 놓았는지 도저히 이해가 되지 않았다. 아예 옛날 동해의 용왕과 선녀가 놀았던 바위라고 설명되어 있는 '하선대'의 설명문이 더 괜찮아 보였다. 믿거나 말거나 말이다.

포항시 남구
입암리의 선바우

포항시 남구
입암리의 힌디기

포항시 남구 입암리의 먹바우

포항시 남구 입암리의 하선대

하선대 부근에 마침 식당이 있어서 오전 11시 30분에 오전의 걷기를 하선대 앞에서 종료하였다. 오전에 총 13.9㎞를 걸었다.

오후 午後

하선대 부근에 두 곳의 식당이 있는데, 한 곳은 식당 문이 닫혀 있었고 다른 한 곳은 식당 문은 열려 있는데 주인은 없었다. 카페도 한 곳이 있는데 전화해도 연락이 안 되었다. 그래서 문이 열린 식당 앞에서 주인을 기다렸다.

15분 정도 기다린 보람이 있어 식당 주인이 와서 점심으로 비빔밥을 맛있게 먹을 수 있었다. 특히 함께 나온 된장찌개는 시골의 맛이었다. 식당에서 식사 후에 커피까지 마시고 나서 오후 12시 20분에 오후의 해바파랑길을 출발했다.

오후에는 계속 해안을 따라 걸어서 장군바위, 구룡소, 독수리바위를 거쳐 호미곶까지 가려고 한다. 그럴 경우 오늘 이동 거리가 총 30.1㎞가 되니 오후 걷기를 좀 서둘렀다.

해안도로인 호미로2628번길을 따라 마산리와 흥환리의 항구를 거쳐 걸었다. 미역을 채취하거나 말리는 모습을 자주 보았다. 그 지역의 특산물이 미역인 것 같았다.

포항시 남구 마산리 미역 말리는 모습

나무로 된 해안 산책로가 있으니 걷기에 좋았으나, 군데군데 해안 산책로가 없는 곳이 있었다. 꼭 이빨이 빠진 것처럼 자연 그대로의 자갈밭이 있는 것이다. 잠깐 자갈밭을 걸으면 자갈 소리가 나기도 해서 걷기에 괜찮지만, 오래 걸으면 발목이 아프고 걸음의 속도가 나지 않는다. 그래서 힘이 더 드는 것이 사실이다.

포항시가 자연 그대로의 길을 걸어보라고 그런 것인지, 나무나 시멘트가 부족해서 공사를 하다가 만 것인지, 아니면 예산이 부족했기 때문인지 모르겠지만, 자갈로 된 '길이 아닌 길'을 걸었다. 그리고 가면 갈수록 자갈밭은 더 자주 나오고 길이도 길었다.

운동화 바닥이 닳아서 발바닥이 아프고 발목도 아팠다. 조그만 자갈이 신발 안으로 들어오기도 하였다. 그렇게 걸어가며 자갈밭을 사진 찍었는데, 사진을 찍는 사람의 몸 상태가 사진에 드러나지 않아서 자갈밭 사진이 잘 나왔다. 해파랑길에서 좋은 길만 걸을 수 없지만, 자갈밭을 많이 걸어서 발바닥과 발목이 아프니 힘이 더 들었다.

포항시 남구 마산리의 해안산책로

포항시 남구 흥환간이해변의 자갈밭

    동해면 흥환1리부터 호미곶까지의 해파랑길 코스는 해안길이 아니라 우물재산이라는 산을 타고 가는 것으로 되어 있다. 해파랑길 코스를 따라 걸으면 자갈밭은 걷지 않아도 될 것 같았다. 그래도 나는 내륙 산길로 가기 싫어서 해안길을 따라 걷기로 하였다. 포항시의 '호미반도 해안둘레길'을 따라가면 해안으로 호미곶까지 갈 수 있다.

    그래서 흥환1리 이후에도 해안길을 걸었다. 바닷가에 큰 돌을 시멘트로 연결시킨 길도 있었는데, 자갈밭이 자주 나와서 걷기에 불편하였다. 해안에 절벽이 많고 바다는 호수처럼 잔잔하였다. 그런데 자갈밭을 걸으니 그 좋은 경치를 구경할 겨를이 별로 없었다.

    그곳 흥환리의 해안 경치가 좋아 입암리처럼 해안 산책로를 만들어 놓으면 많은 사람들이 걸을 것 같은데, 길이 좋지 않은 것이 매우 안타까웠다. 어제부터 포항시의 해안 산책로를 걸으면서 포항시가 산책로를 잘 만들었다고 칭찬했던 말을 취소하고 싶었다. 그렇게 투덜거리며 걸어서 오후 1시 30분에 장군바위에 도착했다. 그런데 그 바위를 왜 장군바위라고 불리는지는 모르겠다.

포항시 남구 발산리 장군바위

　발산리를 지나 해안도로를 걸었는데, 바다의 고요함 때문인지, 햇빛의 따가움 때문인지, 오후의 춘곤증 때문인지 멍한 상태로 걸었다. 어디서 낮잠이라도 한숨 자면 좋겠는데, 그럴 만한 곳이 없으니 해안의 좋은 길과 안 좋은 길을 따라서 계속 걸었다.

　그러다가 나무계단을 올라가서 해안 산길을 걸어가니 다시 자갈밭이 나왔다. 주변 산속에는 까마귀들이 신나게 울어대고 있었다. 마치 울기 경연대회가 열린 듯했다. "이놈들아, 그만 울어라. 나야말로 울고 싶다!" 운동화 바닥이 닳아서 돌을 밟으면 발바닥이 아팠다. 자갈밭 이후 또 해안 산길을 걸어서 오후 2시 30분에 구룡소 전망대에 도착했다.

포항시 남구 대동배리 구룡소

구룡소(九龍沼)는 용 아홉 마리가 승천했다는 곳이다. 절벽 안쪽에 9개의 굴이 있다고 하는데, 전망대에서는 굴이 보이지 않았다. 긴 굴에서는 예전에 많은 도인(道人)들이 수도(修道)를 했다고 한다. 바위가 미끄러워서 아래로는 내려갈 수가 없어서 굴을 볼 수는 없었다.

　나뭇길을 따라 구룡소 전망대를 내려와서 땀을 식히고 앉아서 초코바를 먹으며 숨을 가다듬었다. 앞으로 독수리바위를 거쳐 호미곶까지 가야 되는데, 자갈밭을 계속 걷다 보니 속도가 나지 않아 예상했던 시간보다 많이 지체되고 있었다.

　갓길이 없는 해안차도인 호미로를 걷다가 대동배2리를 지나 다시 해안길을 걸었다. 나뭇길, 자갈밭, 시멘트길을 걷다가 갓길이 없는 차도인 구만길을 터벅터벅 걸어서 오후 4시 10분에 독수리바위에 도착했다.

포항시 남구 구만리 독수리바위

　오후 4시를 지나면 내 몸이 지치기 시작한다. 거기다가 오늘은 이동 거리가 길고, 중간에 자갈밭을 많이 걸어서 발목이 아프다. 그 시간이면 이미 호미곶에 도착했어야 하는데, 독수리바위에서 호미곶까지 3㎞를 더 걸어가야 한다.

구만길을 따라서 터벅터벅 걸어가는데, 호미곶항 직전의 방파제 위에 모여 앉아 있는 갈매기들이 연신 떠들고 있었다. 듣는 나로서는 의미를 모르는 소리이지만, 왠지 자꾸 나에게 뭐라고 말하는 소리 같았다.

그렇게 오후 4시 30분에 호미곶항에 도착했는데, 호미곶항은 매우 큰 항구였다. 그리고 문어가 많이 잡히는지 항구에는 문어 통발이 많았다.

포항시 남구
호미곶항 부근
방파제

포항시 남구
호미곶항

계속 해안도로인 구만길을 따라 걸어서 오후 4시 50분에 호미곶에 무사히 도착할 수 있었다. 호랑이 모양의 한반도에서 그곳이 호랑이의 꼬리에 해당되는 곳이라고 해서 호미곶(虎尾串)라고 불리는 것이다. 호미곶 전망대와 상생의 손을 사진 찍는 것으로 오늘의 걷기 일정을 모두 마쳤다.

바다에 있는 상생의 손을 사진 찍을 때 다섯 손가락의 끝에 갈매기가 한 마리씩 앉았다. 그 모습을 사진 찍었는데, 옆에서 한 아주머니가 그렇게 손가락 모두에 갈매기가 동시에 앉은 모습을 사진 찍는 것은 아주 운이 좋은 것이라고 말해주었다. 하기야 사진을 찍자마자 갈매기 한 마리가 날아가 버렸다.

그래서 호미곶항 직전에 모여있던 갈매기들이 그곳으로 날아와서 다섯 손가락 모두에 앉으며 나에게 오늘 수고했다고 위로해 주는 것이라고 상상했다. 그리고 자기들끼리 지저귀던 소리가 나름대로 그러한 계획을 짰던 것이라고도 상상했다. 아무튼 상상은 자유이니까!

포항시 남구 호미곶 상생의 손

포항시 남구 호미곶 전망대

오늘 오전에 13.9㎞를 걸었고, 오후에 16.2㎞를 걸어서 총 30.1㎞를 걸었다. 거리도 길었지만, 자갈밭이 많아서 시간도 많이 걸리고 힘든 하루였다. 하선대 이후의 해안길을 포항시가 잘 정비하면 바다를 느끼면서 걸을 수 있는 매우 인기 있는 산책길이 될 것인데… 걸으면서 아쉬움을 많이 느꼈다.

해파랑길 19일차

2021년 3월 16일 화요일

포항시 남구 호미곶면 호미곶 — 포항시 남구 구룡포읍 구룡포항

    6시 30분경에 해돋이를 보려고 호미곶 바닷가로 갔는데, 바다에 구름이 많아서 해돋이를 볼 수 없었다. 아쉽게도 붉게 물든 바다만 보고 모텔로 돌아왔다.

    해파랑길을 출발하면서 다시 호미곶 바닷가로 갔다. 해가 뜨는 시간에는 그곳에 해돋이를 보려는 사람들이 제법 있었는데, 오전 8시에는 아무도 없이 조용했다. 마침 바람도 없어서 바다도 조용했다. 미세먼지만 약하게 있었다. 오후에는 중국에서 황사가 몰려온다고 하니 걱정이 되었다.

    오전 8시 10분에 호미곶에서 해파랑길 19일차를 출발했다. 호미곶에서 해안도로인 호미곶길을 따라 남쪽으로 걸었다. 대보1리에서는 할머니 해녀들이 물질을 하러 나갈 준비를 하고 있었다. 허리나 다리가 좋지 않은지 할머니들의 걷는 자세가 좋지 못했다. 몸이 좋지 않은데도 바닷속으로 들어가는 것 같았다. 해녀들에게는 다행스럽게도 오늘 아침 바다가 고요했다. 뒤돌아서 해녀들의 뒷모습을 사진 찍어 주었다.

포항시 남구 대보1리의 해녀들

　어촌에서 살아가는 사람들은 방파제를 쌓아 파도를 막고, 그 안에 어선을 정박시키고 고기를 잡으러 바다로 나간다. 그리고 때로는 해녀들이 바다에서 조개류나 해조류를 딴다. 어부들도 그들만의 세계가 있는 것이다.

　사람들은 각자의 세계에서 별도의 생활방식으로 살아간다. 사람마다 나름의 특정한 세계에 속하여 살아가는 것이니, 자신이 살아보지 않은 다른 세계에 대해서는 잘 모른다. 알아도 피상적으로 아는 것이지 상세하게는 모른다.

　나는 오랫동안 금융의 세계에서 살아왔다. 이다음에 내가 몸담아야 할 세계는 어떤 세계일까? 바다도 답이 없고, 길도 답이 없다. 해파랑길은 말이 없지만, 나는 지금 해파랑길이라는 세계에서 지내고 있다. 그러니 일단은 이 해파랑길을 다 걸어서 해파랑길의 세계를 다 마치려고 한다. 그다음 내가 속할 세계에 대해서는 아직 모르겠다.

　계속 해안도로인 호미곶길을 걸어가는데, 해파랑길이 훼손되었다며 우회하라는 포항시의 안내가 있었다. 그래서 그 안내에 따라 차도인 일출로로 나갔다가 다시 해안도로로 들어가서 걸었다.

　강사2리의 항구에서 잠시 쉬었다가 해안길을 다시 걸었다. 해안에서 바다로 송수관이 연결되어 있거나 바다로 물이 쏟아져 나가는 것을 볼 수 있었다. 아마 양식장에서 바닷물을 끌어들이고, 쓰고 난 물을 바다로 버리고 있는 것이다.

▶ 포항시 강사리의 해파랑길 우회 안내문

▼ 포항시 강사리 부근의 양식장 배수구 및 송수관

 양식장에서 바닷물을 끌어들이는 것을 보니 해수담수화에 대한 생각이 났다. 해수담수화는 바닷물을 사람들이 마실 수 있는 식수로 바꾸는 것이다. 식수가 부족한 중동 국가에서 그러한 시설을 갖추고 있다. 우리나라의 어느 대기업이 중동 국가의 해수담수화 사업에 참여하고 있다. 일본에서도 태평양의 심층수를 끌어다가 식수로 변화시켜서 시중에 판매하고 있다.

우리나라는 유엔이 정한 '물 부족 국가'이다. 우리나라는 요즘에 여러 기업체에서 지하수를 끌어올려 식수로 판매하고 있다. 그러나 지하수는 한정되어 있어서 앞으로 언제까지 끌어올릴 수 있을지 모르겠다.

해수담수화로 거의 무한하게 존재하는 바닷물을 식수로 바꾸면 물 부족을 해소할 수 있을 것이다. 그럴 경우 동해의 심층수를 끌어들여서 바꾸는 것이 바람직하고, 그러려면 해수담수화 공장이 동해 가까이에 있어야 한다. 과제는 바닷물을 식수로 전환하는데 소요되는 비용이다. 기술개발을 통해 비용을 줄여서 지금의 생수 가격 정도로 판매할 수 있으면 성공일 것이다. 부산물로 소금도 얻을 수 있다.

강사2리를 지나서 또 우회하라는 안내문이 있었다. 그래서 갓길이 없는 일출로를 걷다가 해파랑길 스티커를 따라 산길로 들어섰다. 소나무 향기가 가득한 길을 걸었는데, 군부대 앞에서 길이 없어졌다. 할 수 없이 해안의 갯바위를 타고 걸어서 갔더니 군부대 반대편에 길이 있는 것이 발견되었다. 해파랑길 표시가 제대로 되어 있지 않아서 조금 고생하였다.

석병2리의 항구에 도착하여 잠시 쉬었다. 기온은 점차 올라가고 햇볕은 점차 따가워지고 있다. 바람은 조금씩 부는데도 바다는 이상하리만큼 고요하다. 바다가 유리판 같아서 그 위를 걸을 수도 있을 것 같았다.

석병2리를 지나 더 걸어가니 땅끝이라는 곳이 나왔다. 그곳이 경도(經度)상으로 호미곶보다 더 동쪽의 땅이라고 한다. 멀리서 보니 땅끝에는 뭔가 동그란 모양의 기념비가 있는 것 같았다. 그런데 중간에 양식장이 있어서 기념비로 갈 수가 없었다. 양식장 안으로 들어가서 한 외국인 근로자에게 양식장을 지나갈 수 있냐고 물으니 그 외국인이 "안 돼!"라고 말했다. 상대방의 말이 짧으니 나도 반말로 "저기 가서 사진만 찍고 올게."라고 요청했다. 그가 "안 돼, 저 위에 사장 있어."라고 말해서, 나는 그 위의 별채에 있는 사장에게 부탁하였다. 그 양식장 사장도 자기 양식장이라며 막무가내로 그곳으로 못 가게 하였다. 그래서 나는 기념비로 가지 못했다.

자기 땅이라고 지자체가 만들어 놓은 기념비에 들어가지 못하게 하니 참으로 어이가 없었다. 내가 지나가면서 양식장에 피해를 줄 것도 아닌데 말이다. 땅 주인이 지나가지 못하게 하니 별수 없이 발길을 돌릴 수밖에 없었다.

요즘의 우리 사회는 다른 사람에 대한 배려보다는 자신의 권리를 지나치게 주장하는 편이다. 남의 잘못에 대해서는 크게 질책하면서 자신의 잘못은 그냥 넘어가는 경향도 있고, 심한 경우에는 자신의 생각만이 옳고 자신과 다른 생각은 모두 틀렸다고 주장한다. 그리고 조그만 다툼도 고발과 소송으로 확대되는 경우도 많다. 우리 사회가 세련되지 못하고 있는 것이 아닌가 하는 안타까운 생각이 들었다.

포항시 남구 석병리 땅끝 부근의 양식장

마음을 가다듬고 일출로204번길을 따라 구룡포항으로 갔다. 그런데 이상하게도 호미곶 이후부터 해안에 양식장이 많았다. 개방된 양식장도 많지만, 창고 같은 곳도 많아서 어떤 물고기를 양식하는지 전혀 알 수 없었다. 어촌은 한가하고 양식장에선 연신 바닷물을 끌어들이거나 뱉어내고 있다.

점심때가 되니 기온은 영상 19도까지 올라가고 있다. 다만 바람이 세지고 있어서 더위를 식혀주었다. 오늘 오전에 물을 많이 마시며 걸었다. 점차 마시는 물의 양이 늘어나고 있다. 통상적으로 하루 걷는 동안에는 500ml 생수 하나를 마시는데, 요즘에는 생수 하나로는 부족하다. 물을 마시는데도 항상 목이 마르다.

　그리고 식사량도 많아졌다. 아침은 주로 초코바로 때우지만, 점심과 저녁은 많이 먹는다. 그래도 뱃살이 점차 빠지고 있다. 처음 출발할 때 딱 맞았던 바지가 헐거워졌다. 많이 먹는데도 항상 배가 고프다.

포항시 남구 관풍대 입구

　바닷가에 있는 관풍대(觀風臺)는 태풍 피해 때문에 들어가지 못하게 되어 있었다. 관풍대에 가 보지 못하여 아쉽기도 하였지만, 한편으로는 몸이 피곤하니 못 봐도 괜찮았다. 다만 바람을 보는 곳이라는 뜻으로 이름을 지은 선인들의 재치에 놀라울 뿐이다.

　오선 11시 20분에 삼정항에 도착했다. 오랜만에 이름 있는 항구에 도착한 것이다. 삼정항 부근에 주상절리 바위가 있어서 포항시가 포인트라고 표시한 곳에서 사진을 찍었다.

해안도로인 호미로426번길을 따라 걸으니 구룡포해변이 보였다. 구룡포해변은 크지 않고 조용한 분위기였다.

포항시 남구 삼정항 부근의 주상절리

포항시 남구 구룡포해변의 해안도로

구룡포해변을 사진에 담고 구룡포리에 들어서자 식당 간판의 메뉴에 과메기가 있었다. 과메기의 항구인 구룡포항이 가까워졌음을 느꼈다. 잔잔하던 파도도 제 소리를 내기 시작했다. 바람을 따라 황사가 몰려오는지 공기는 점차 더 안 좋아지고 있었다. 미세먼지나 황사가 많은 날씨에 걸으면 코가 답답하고 목이 칼칼하다. 그리고 사진도 선명하게 나오지 않는다.

미세먼지뿐만 아니라 해마다 봄이 되면 중국에서 황사가 불어오는데, 우리 정부는 왜 중국의 황사에 대해 적극적으로 대응하지 못하는지 모르겠다. 대부분의 환경단체들도 우리나라의 환경오염에 대해서는 큰 목소리를 내면서도 중국으로부터 오는 황사에 대해서는 침묵하고 있다.

해안길을 돌고 돌아 과메기의 고장 구룡포항에 12시경에 도착했다. 구룡포항은 상당히 큰 항구이고, 항구 주위의 거리도 매우 활기가 있었다. 오전에 14.1㎞를 걸었는데, 왠지 힘이 더 많이 들었다.

포항시 남구 구룡포항　　　　　　　　　　　포항시 남구 구룡포항의 거리

당초에는 해파랑길을 내일까지 걸은 뒤에 서울 집으로 가서 1주일 정도 쉬었다가 다시 이어서 걸으려고 하였다. 지난번의 휴식 이후에 10일 정도를 계속 걸으니 몸의 피로가 누적되는 것 같아서였다.

구룡포항에서 점심으로 해물짬뽕을 맛있게 먹으면서 고민한 결과, 해파랑길의 남은 구간을 1주일 정도 더 걸으면 완보할 수 있을 것 같은데, 집에 왔다갔다가 하기보다는 남은 구간을 계속 이어서 걷는 것이 좋겠다고 결론지었다. 걸어가다가 몸이 상당히 좋지 않거나 비가 많이 내리면, 그때 가서 중간에 하루나 이틀 정도 쉬기로 했다.

그리고 오늘 오전에 황사 때문에 목이 칼칼하였고, 예보 상으로 오후에 황사가 더 몰려온다고 한다. 그리고 어제 자갈밭을 많이 걸어서 발목이 아픈 것도 덜 풀렸다. 또 구룡포항에는 숙박시설이 많았다. 그래서 오늘은 오전만 걷기로 하고, 오후엔 쉬기로 했다. 그래서 스스로 나의 반차 휴가를 결재하였다.

해파랑길 20일차
2021년 3월 17일 수요일

포항시 남구 구룡포읍 구룡포항 — 경주시 감포읍 감포항

 오전 午前

　아침을 먹고 나서 구룡포항 안쪽의 일본인 가옥거리에 가봤다. 구룡포항은 일제 강점기인 1923년에 부두와 방파제가 조성되어 항구의 모습을 갖춘 이후 동해권역의 어업을 관할하는 항구가 되었다. 이에 따라 일본인들이 많이 몰려와서 살았다고 한다. 지금도 일본인 가옥이 남아있다.

　일본인 가옥거리 입구를 지나 일본인 가옥을 본 뒤에 계단을 올라가니 조그만 공원에 용의 형상이 있었다. 용 아홉 마리가 하늘로 올라가는 모습을 형상화한 것이다. 구룡포항이라는 이름이 구룡소에서 따온 것이었다. 그런데 그저께 보았던 구룡소(九龍沼)는 정작 호미반도의 반대편에 있다.

포항시 남구 구룡포의 용의 형상

포항시 남구 구룡포의 일본인 가옥거리 입구

　오전 8시에 해파랑길 20일차를 출발하였다. 오늘 날씨는 흐리고 조금 쌀쌀했으며, 미세먼지는 다행스럽게도 어제보다는 약해졌다. 오늘은 경주시 감포항까지 가려고 한다.

　구룡포항을 크게 돌아 병포길로 항구를 벗어났다. 해안도로를 따라 병포리 어촌을 돌아가니 어촌마을은 파도 소리 이외에는 조용하였다. 오늘 아침에는 파도 소리도 크지 않았다. 병포리 바로 옆의 하정리의 해안에서는 오징어를 말리고 있었다.

어제 오후에 쉬었더니 발목은 한층 부드러워졌다. 어제저녁에 발목을 많이 주물러 준 것도 효과가 있는 것 같았다.

바닷가에 까마귀가 의외로 많다. 까마귀가 갈매기 무리에 나타나면 온통 난리가 난다. 해변에서 까마귀와 갈매기는 서로 다투면서 살아가는 것 같다. 동물들이 먹이와 영역을 두고 싸우는 것이 일상이지만, 갈매기와 까마귀가 해변에서 서로 잘 살아가기를 바랐다.

한적한 아침의 어촌마을을 지나며 해안도로를 계속 걸었다. 구름 사이로 비치는 해가 마치 바다에 도장을 찍는 것처럼 보였다.

내 모습은 바다에 비치지 않는다. 그리고 해안도로가 콘크리트나 아스팔트이어서 내 발자국도 남지 않는다. 마을 사람들은 내가 지나갔는지도 모를 것이다. 어느 마을 사람이 우연히 나를 보았다고 해도 곧 잊을 것이다. 그래도 나는 걷는다. 나의 걸음이 다른 사람들에게는 의미가 없을지 몰라도 지금 나에게는 매우 중요한 의미이기 때문이다.

포항시 남구 하정리

포항시 남구 하정리 앞바다

하정리를 지나 국도인 동해안로를 만나서 걸어가는데, 도로 번호가 7번 국도에서 31번 국도로 바뀌어 있었다. 지도를 보니 포항 시내에서 7번 국도는 끝나고 31번 국도가 새로 시작되었다. 그동안 강원도 고성군부터 나를 따라왔고 일부는 내가 직접 걷기도 했던 7번 국도는 없어진 것이었다. 이제는 31번 국도와 새로 친해져야 한다. 31번 국도인 동해안로는 갓길이 넓지는 않았으나, 그런대로 걷기에 괜찮았다.

동해안로를 따라 걷다가 장길리 낚시공원을 300m 정도 남은 곳에서 해파랑길 이정표를 따라 좌회전하여 해안으로 갔다. 지도에는 해안으로 길이 없는데 해파랑길 이정표를 따라 걸어본 것이다.

그런데 길은 엉망이었다. 쓰레기가 많은 자갈밭이었다. 통증이 조금 풀렸던 발목이 다시 조금 아파왔다. 조심조심 약 100m 정도의 자갈밭을 통과했다. 해파랑길 코스는 가끔 엉뚱할 때가 있다.

포항시 남구 장길리 부근의 동해안로

포항시 남구 장길리 해변의 자갈밭

그러한 길을 걸어서 장길리 낚시공원에 도착했다. 길이가 100m 정도인 나무로 된 보릿돌교를 따라 걸어서 전망대 끝으로 갔더니, 다리 끝은 갯바위와 연결되어 있었다. 갯바위에는 3명의 낚시꾼이 대어를 기다리고 있었다. 다시 해안으로 들어오니 그곳에는 넓은 낚시공원이 있었다.

포항시 남구 장길리 낚시공원 보릿돌교

포항시 남구 장길리 낚시공원

　낚시공원에서 잠시 쉬었다가 동해안로(31번 국도)로 접어들었는데, 도로표지판에는 감포항이 21㎞ 남았다고 표시되어 있었다. 걷는 것을 기준으로 하면 약 24㎞ 남았다. 그러니 나름대로 감포항이 가시권에 들어온 것이었다.

　동해안로를 걷다가 구평리 마을로 들어가서 구평리의 항구를 지나가는데, 항구에서 그물 작업을 하던 한 외국인 근로자가 나를 보고 "안녕하세요."라고 인사했다. 그래서 나도 똑같이 존댓말로 인사해 주었다. 어제 반말하는 외국인에게는 나도 반말로 말했지만, 오늘은 오는 말이 고와서 가는 말도 곱게 했다.

바닷가에도 외국인 근로자가 많다. 양식장뿐만 아니라 항구에서 그물 작업하기도 하고, 어선을 타고 바다로도 나가는 것 같다. 어촌에도 젊은 사람이 없으니 외국인의 일손이 필요한 모양이다.

구평리를 지나 해파랑길 스티커를 따라가니 자갈밭이 또 나왔다. 바다에서 떠내려온 쓰레기가 가득했고, 차마 길이라고 할 수도 없었다. 그곳에는 노인 3명이 청소를 하고, 주민 1명은 수석 채취를 하고 있었다. 왜 그런 길이 해파랑길 코스로 설정되어 있는지 모르겠다. 그저께 자갈밭을 많이 걸어서 발목이 많이 아팠는데, 오늘도 두 번씩이나 그런 길을 걸었다.

인생이 장미꽃을 뿌려놓은 탄탄대로가 아니듯이 해파랑길에서도 걷기 좋은 길만 걸을 수 없다. 그러나 하루에 30㎞ 내외의 해파랑길을 걷는 사람들에게 길도 없는 길을 안내하지 않으면 좋겠다. 해파랑길 코스 설정자가 뭔가 다른 변화를 주려고 한 것이라는 생각도 들었다.

요즘에는 우리 사회에는 혁신과 개혁이 화두가 되어 있다. 그러니 기존의 것을 뭔가 다르게 변화시키려는 사람들이 많다. 뭔가 새로운 것을 추구하는 것이다. 그러한 도전과 변화가 세상을 변화시키는 원동력이다. 그러나 변화는 합리적이고 미래지향적이어야 한다. 그렇지 못하면 독선적이고 합리성이 결여되며, 나아가 변화하지 않은 것만 못하게 되는 것이다.

변화, 개선, 개편, 개혁, 혁신. 이 얼마나 좋은 말인가? 그러나 잘못 변화되면 개악(改惡)이 되고, 그것을 다시 되돌리는데 상당한 노력과 비용이 소요된다. 사회적인 영향이 큰 것을 잘못 개혁할수록 그 피해는 막대하게 된다. 그러니 바꾸는 것이 중요한 것이 아니라, 잘 바꾸는 것이 중요하다.

그런 생각을 하며 걸어서 오전 10시 40분에 모포항에 도착했다. 항구의 정자에 앉아 잠시 물을 마시고 나서 양포항을 향해 출발하였다. 양포항까지 약 8㎞ 정도 남았는데, 오늘은 아침 식사를 든든히 했으니 계획대로 양포항으로 가서 점심을 먹으려고 했다.

 모포2리를 지나서는 이번에는 백사장을 가로지르는 것이다. 백사장은 그래도 걷기에 괜찮은 편이다. 대화천을 대진교로 건너 대진리로 들어가니 리조트가 많았는데, 고급 리조트로 보였다. 리조트 주변에 젊은이들이 많았다. 요즘에 젊은이들은 그러한 곳을 좋아하는 모양이다. 대진리를 지나 영암3리의 해안도로를 걸었다.

 영암1리를 지나 영암 갓바위 둘레길을 걸었다. 꼬불꼬불 갓바위 둘레길을 돌고 돌아 해안 절벽을 보며 걸었다. 해안의 갓바위를 사진 찍고 나오는 길에 진달래를 보았다. 그 진달래가 내 마음을 달래주었다. 그저께 포항시 형산강 하구에서 개나리를 보았는데, 오늘 포항을 떠나며 갓바위 둘레길에서 금년에 처음 진달래를 본 것이다.

포항시 남구 영암 갓바위

포항시 영암 갓바위 둘레길의 진달래

갓바위 둘레길을 내려와서 신창1리 앞 항구를 지나서 금곡교를 건너며 일출암 사진을 찍었다. 그 일출암의 해돋이가 유명하다고 한다. 그리고 보니 일출암의 해돋이 사진을 어디선가 본 것도 같았다. 일출암을 사진만 찍고 이동했다.

금곡교를 건너 12시 25분에 신창간이해변에 도착했다. 해변이 상당히 큰데도, 이름에 '간이'라는 말이 들어간 이유를 모르겠다. 그곳에서 양포항은 1.6㎞를 더 가야 한다.

양포항이 그렇게 먼 곳이었나? 어제 오후에 가고 싶었는데 못 갔고, 오늘 오전에도 아직 가지 못하고 있었다. 오늘도 배가 고프고 힘이 빠져서 양포항까지 가지 못하고 신창간이해변에서 점심을 먹고 싶었다.

그런데 그 넓은 해변에 영업하는 식당이 없었다. 할 수 없이 양포항으로 가서 점심을 먹어야지 하고 걷는데, 해변 끝 부근에 추어탕 식당 두 곳이 있어서 그중의 한 곳에서 점심을 먹기로 하였다. 그리고 오늘 오전에 걷기를 마쳤다. 오전에 17.8㎞를 걸었다.

포항시 남구 신창리 일출암

포항시 남구 신창간이해변

🌀 오후 午後

신창간이해변에서 점심을 먹고 잠깐 쉬었다가 오후 1시에 출발했다. 오후에 갈 길이 많이 남아 있으니 좀 서둘렀다. 신창간이해변을 떠나면서 '지금 떠나면 또 언제 오겠어?'라는 생각으로 뒤돌아보았다. 그곳을 떠나면서 본 모습이 마지막 모습이 된다. 다른 곳에서도 마찬가지다.

점심을 먹으니 힘이 좀 나는 것 같았다. 어제부터 오려고 했던 양포항에 오후 1시 20분에 도착했다. 그런데 해파랑길 안내판 이외에는 아무도 반겨주지 않으니, 양포항을 사진만 찍고 바로 떠날 수밖에 없었다. 양포항은 제법 큰 항구인데, 거리는 썰렁한 분위기였다.

잘 만들어진 산책로를 따라 양포항을 벗어나서 양포교를 건너 동해안로를 따라 걸었다. 차도 기준으로 감포항이 10㎞ 남았다는 것에 힘을 얻었다. 그러니 해안도로로 빠지지 않고 차도인 동해안로를 따라 계속 걸으면 더 빨리 갈 수 있을 것 같았다.

포항시 남구
양포항

포항시 남구
양포리 산책로

　내 생각이 반영되었는지 해파랑길 코스는 해안으로 돌아가는 길이 아니라 계속 동해안로를 안내했다. 동해안로에는 자동차는 신나게 달리는데, 그래도 갓길이 넓으니 걷기에 괜찮았다. 계속 동해안로를 따라 걸어도 괜찮지만, 해안길로 안내하는 해파랑길 스티커를 따라 좌회전하여 계원1리로 들어갔다. 항구 주변의 해안길에는 바다에서 떠밀려 온 해초가 치워지지 않은 채 널브러져 있었다.
　해안에서 다시 산길로 접어들었다. 오전의 갓바위 둘레길과 비슷한 산책로를 돌고 돌아 계원리의 등대로 갔다. 등대로 가는 길은 좋았는데, 나오는 길이 좋지 않아서 군 참호와 보리밭 사이를 억지로 나왔다. 등대에서 나오는 길에도 산책로를 잘 만들어 놓으면, 많은 사람들이 계원리의 등대를 관광하러 올 것 같은데, 좀 안타까웠다.

포항시 남구
동해안로

포항시 남구
계원리의 등대

　동해안로를 걷다가 계원2리로 내려갔는데, 이번에는 마을에서 개 짖는 소리만 잔뜩 듣고 나왔다. 해안으로 감포항까지 길이 연결되지도 않으니 해파랑길 코스는 동해안로에서 마을로 내려갔다가 다시 동해안로로 올라오는 것으로 설정되어 있다. 계원2리 이후로는 계속 동해안로를 따라 걷기로 했다. 동해안로를 따라 걸으니, 갓길이 좁은 곳에서는 달리는 자동차에 신경을 썼지만, 왼쪽으로 바다가 간간이 보여서 괜찮았다.

　동해안로를 따라 걸으면서도 머릿속에는 온통 경주시에는 언제 들어서나 하는 것이었다. 그러다가 경주시 감포읍의 표지판을 보니 반가웠다. 드디어 천년고도 경주시에 들어선 것이었다. 신라시대의 월성(月城)이 있던 지금의 시내동지구는 토함산 너머 내륙에 있고, 해파랑길은 경주시의 해안 지역인 감포읍, 양북면, 양남면을 지나간다.

경주시 감포읍의 동해안로

    경주시에 들어서자 동해안로 옆에는 별도의 인도가 있었다. 그러한 인도를 걸으니 경주시가 마음에 들었다. 인도는 중간에 빠진 곳도 있지만, 대체로 잘 되어 있었다. 그리고 도로 주변에 펜션이 많았는데, 고급 풀빌라도 펜션 못지않게 많았다.
    멋있게 만들어진 오류고아라해변 입구를 지나 해변으로 들어가니 백사장과 송림 사이의 해변 산책로가 좋았다. 그 해변 산책로를 따라 걸어가니 바람이 세고 파도가 높았다. 동해안에는 통상적으로 오후에 바람이 더 세지는 것 같다. 그래도 바다를 가까이 느낄 수 있으니 기분이 좋았다. 내가 점점 바다 체질이 되어가고 있었다. 해변 산책로를 계속 걸어서 오류리로 들어가서 척사항에 도착했다.

경주시 감포읍 오류고아라해변 입구

경주시 감포읍 오류고아라해변 산책로

　척사항에서 해안도로를 걸으니 눈앞에 등대 같은 건물 2개가 보였다. 더 크고 아래에 부속 건물까지 있는 것이 송대말등대인줄 알았다. 그런데 다가가서 보니 그 옆에 조그만 것이 송대말등대이고, 큰 건물은 관재탑이었다. 그런데 송대말등대를 돌아서 앞으로 가니 등대에 관한 아무런 설명이 없었다. 그리고 등대의 바로 앞에는 키 큰 소나무들이 있어서 등대의 모습을 제대로 사진 찍을 수 없었다. 관람자의 입장이 전혀 고려되지 않았다.

　그래서 검색해 보니, 송대말(松臺末)은 소나무가 많은 해안 곶을 의미하는데, 등대가 위치하고 있는 그 지역이 송대말이다. 송대말등대는 1955년 관리인이 없는 무인 등대로 설치되었으나, 1964년부터 관리인이 있는 유인 등대로 승격되었다고 한다. 등대 모양을 감은사지 석탑 모양으로 만들있나고 한다.

　송대말등대를 지나니 바로 감포항이 한눈에 들어왔다. 감포항은 상당히 컸다. 드디어 오후 4시 40분에 감포항에 도착하고 오늘 일정을 모두 마쳤다. 오늘 오전에 17.8㎞, 오후에 15.1㎞를 걸어서 총 32.9㎞를 걸었다.

경주시 감포읍 관재탑

경주시 감포읍 송대말등대

경주시 감포읍 감포항

해파랑길 21일차

2021년 3월 18일 목요일

경주시 감포읍 감포항 - 울산시 북구 정자항

오전 午前

이른 아침에 해돋이를 보려고 감포항으로 갔는데, 동쪽 하늘에 구름이 많았다. 그래서 오늘은 해돋이를 보지 못하나 하고 포기하려고 했는데, 마침 해가 떠오르는 곳에는 구름이 없어서 해돋이를 볼 수 있었다. 해가 약간 흐릿했지만, 오랜만에 해돋이를 보니 기분이 좋았다.

경주시 감포항의 해돋이

오전 7시 55분에 나의 해파랑길 21일차를 시작했다. 날씨는 약간 흐리고 바람이 불고 쌀쌀했다. 오늘은 울산시 북구 정자항까지 30.8㎞를 걸어갈 예정이다. 놀다가 밀린 숙제를 몰아치며 하듯이 요즘에는 계속 하루에 30㎞ 이상 걷고 있다.

감포로2길을 걸어서 감포항을 벗어났다. 어촌에 폐가옥이 많았다. 다른 어촌에서도 폐가옥을 자주 봤었다. 요즘 농어촌 인구가 줄어든다고 하니, 사람이 살다가 더 이상 살지 않으면 폐가옥이 생길 수밖에 없다. 그런데 폐가옥이 방치되어 있으면, 보기에도 안 좋고, 안 좋은 냄새도 많이 난다. 지자체가 집 주인과 논의를 해서 철거하든지 재건축하든지 깨끗하게 잘 정리하면 좋겠다.

해안도로인 감포로2길을 따라 걸어서 감포읍 전촌1리의 끝으로 갔다. 그 이후에는 해안으로 길이 없는 것 같은데, 해파랑길 스티커가 해안으로 계속 안내하고 있었다. 그래서 해파랑길 스티커를 따라 걸었다. 해안에 무너진 콘크리트길과 모래밭을 지나서 파손된 계단을 올라가니 괜찮은 산책로가 나왔다. 산책로는 이곳저곳 정비를 해야 할 곳이 많아서 좀 불편했지만, 그런대로 괜찮은 산책로였다.

경주시 감포읍 전촌리 산책로

산책로를 내려오니 바로 전촌항이었다. 전촌항에서 해파랑길을 걷는 어느 부부와 마주쳤다. 그들은 부산에서 출발하여 강원도 고성군을 향해 가는데, 하루에 많이 걷지 못해서 오늘이 8일째 걷고 있다고 말했다. 그들은 경주에서 봉길 터널을 버스로 지났는데, 버스를 한참 기다렸다는 언질을 나에게 해 주었다. 나도 방금 지나온 해안 산책로의 주의점에 대해 말해주었다.

전촌항을 지나서 바로 전촌솔밭해변이었고, 나정인도교를 건너니 나정고운모래해변이었다. 사실은 전촌솔밭해변과 나정고운모래해변은 하나로 연결된 해변인데, 개천을 사이에 두고 마을이 전촌리와 나정리로 나누어져 해변의 이름도 다르게 된 것 같았다.

그런데 두 해변은 모래가 아니고 검은색의 몽돌로 되어 있었다. 특히 나정고운모래해변은 모래의 상태가 이름과 맞지 않았다. 아니면 해변 이름에 '고운 모래'를 넣어서 몽돌이 고운 모래가 되기를 희망하는 것 같았다.

경주시 감포읍 전촌솔밭해변

경주시 감포읍 나정인도교

    나정인도교를 지나 해안도로인 나정창말길을 따라 걷는데, 만파식적(萬波息笛)의 조각상이 있었다.

    삼국유사에 따르면, 신라 신문왕(神文王)이 아버지 문무왕(文武王)을 위하여 감은사를 짓고 추모했는데, 죽어서 바다의 용이 된 문무왕과 하늘의 신이 된 김유신 장군이 합심하여 동해의 섬에 대나무를 보내주었다. 신문왕이 그 대나무로 피리를 만들어서 불어보니 적의 군사는 물러가고, 병은 낫고, 물결이 평온해져 온 나라가 안정되었다고 한다. 그 피리가 만파식적이다.

경주시 감포항 나정리 만파식적 조각상

어느 시대이든 그 시대를 살아가는 사람들은 세상이 평온하기를 바란다. 요즘에는 코로나 바이러스가 세상을 어지럽히고 있다. 그 이외에도 부동산 문제로 세상이 혼란스럽다. 부동산 가격이 급격하게 오르고, 어느 공기업의 직원들이 부동산 투기를 하였다. 그런데 우리 사회에 어떤 문제가 생기면, 정치인들은 그것을 해결하려는 노력보다는 당리당략에 따라 문제를 확대 재생산하고 있어서 세상이 더 시끄러워지는 것 같다. 그리고 사람들 사이에서는 공공의 이익보다는 자신의 이익이 더 우선시되고 있다.

누가 세상을 평온하게 할 수 있을까? 만파식적 조각상을 보며 어서 빨리 코로나 바이러스가 물러가고 세상이 평온하기를 기원했다.

그 뒤에는 해안도로인 나정창말길을 걸어서 나정항에 도착했고, 나정항 이후에는 동해안로(31번 국도)를 따라 걸어서 30분 뒤에 가곡항에 도착했다. 그리고 계속 동해안로를 따라 걸어서 대본1리와 대본2리를 지나고 대밑길로 가서 대본3리로 간 뒤에는 이견대로 올라가려고 하는데, 올라가는 길이 없었다. 할 수 없이 동해안로를 반대 방향으로 걸어서 오전 10시 25분에 이견대(利見臺)에 도착했다.

만파식적과 이견대, 감은사, 문무대왕릉은 모두 신라의 문무왕과 그의 아들 신문왕이 관련된 것이다.

삼국통일을 완성한 문무왕은 왜구의 침입을 걱정하여 죽으면서 용이 되어 동해 바다를 지키겠다는 유언을 하였다. 그래서 아들 신문왕은 문무왕을 해중릉(문무대왕릉)에 안장했다. 신문왕은 바다의 용이 된 아버지가 절에 들어와서 돌아다닐 수 있도록 감은사(感恩寺)를 지으면서 법당 아래에 동해 쪽으로 구멍을 하나 뚫어두었다. 그 뒤에 문무왕이 용이 되어 나타나서 신문왕에게 세상을 구하고 평화롭게 할 수 있는 옥대(玉帶)를 주었다. 신문왕은 옥대를 받은 곳에 건물을 짓고 이름을 이견대라고 지었다. 이견대란 주역의 '飛龍在天 利見大人(비룡이 하늘에 있으니 대인을 만나면 이롭다)'에서 나온 말이다. 그 이후 신문왕이 이견대에서 감포 앞바다에 있는 아버지 문무왕의 해중릉을 자주 참배하였다고 한다.

신문왕은 삼국통일 후 민심을 수습하기 위하여 여러 가지 스토리를 잘 만들어 냈던 왕이었던 모양이다. 신라시대의 이견대는 언제부터인지 모르게 없어져 버렸다. 경주시에서 그곳에 건물터가 있었다는 것을 1970년에 발견하여 1979년에 새로 누각을 짓고 이견정(利見亭)이라는 현판을 걸었다.

경주시 감포읍 이견대의 이견정

다음에는 감은사지(感恩寺址)로 향했다. 해안에서 조금 내륙 쪽에 있는 감은사지로 가는 길도 해파랑길 코스이다. 동해대로를 따라 걸어서 양북면 대본삼거리를 지나자마자 오른쪽으로 감은사지로 가는 감은로가 나왔다. 멀리 석탑 2개가 보이니 발걸음이 나도 모르게 빨라지기 시작했다. 오랫동안 그리워했던 연인을 만나러 가는 기분이었다.

나는 26년 전에 자동차를 처음 산 뒤에 차를 길들여야 한다는 명목으로 장거리 여행을 하러 온 곳이 이곳 경주시였다. 그때 아내와 경주 시내의 여러 문화재를 관람한 뒤 이곳 감은사지에 왔었다. 그때 1,400여 년이 된 두 개의 석탑을 보았는데, 간결하면서도 웅장한 두 개의 석탑의 모습에 감동을 받았었다. 두 석탑은 모두 국보로 지정되어 있다.

  나는 서둘러 감은사지에 도착하여 오랜만에 두 개의 석탑(동탑과 서탑)을 보았다. 한 쌍의 석탑의 모습은 예전과 그대로였다. 오랜만에 또 보니 반가웠다. 이제 초로의 모습으로 오랜만에 다시 나타난 나에게 석탑들은 아무 말이 없었다. 대웅전 터는 예전보다 더 발굴된 것으로 보였다.

  감은사지를 둘러보고 나서 이쪽저쪽에서 두 석탑들의 사진을 찍었는데, 그중에 잘 나온 사진은 아마 집에 있는 사진과 같은 각도인 것 같았다. 아무래도 그 각도가 가장 좋은 모습인 것 같았다. 용이 된 문무왕이 드나들었다는 대웅전 터도 사진을 찍었다.

  마침 견학 온 유치원생들이 역사해설사로부터 감은사지에 대한 설명을 듣고 있었는데, 그 아이들도 다음에 커서 그곳에 다시 찾아오기를 바랐다. 혹시 그 아이들은 석탑으로부터 무슨 말을 들을 수 있을지도 모르니까.

  석탑들과 헤어지는 아쉬움을 뒤로하고 감은사지를 나와서 해파랑길 스티커를 따라서 대종천의 둑길을 걸었다. 둑길을 걸으면서도 몇 번이나 감은사 석탑들을 뒤돌아보았다. 오늘 떠나면 또 언제 볼 수 있을지 모르니까.

경주시 양북면 감은사지 3층 석탑(동탑과 서탑)

감은사지 3층 석탑(서탑)과 대웅전 터

　대종천을 대종교로 건넌 뒤에 국도를 따라 걸어서 오전 11시에 봉길대왕암해변으로 갔다. 그곳에서 바다에 있는 바위인 문무대왕릉을 사진 찍었다.
　문무대왕릉에 대해서는 역사가들 사이에서도 이견(異見)이 있다. 문무왕을 화장하여 유골을 그 부근의 바다에 뿌렸다는 설이 있으나, 다수설은 문무대왕릉이라고 하는 바위 안에 유골을 묻었다는 것이다. 예전에 어느 방송에서 문무대왕릉을 탐사하여 한가운데에 너럭바위가 있는 것을 확인했다. 그런데 그 너럭바위 아래를 적외선 촬영해도 특이한 것은 발견되지 않았다고 한다. 현재로서는 사실을 정확하게 알 수 없으나, 죽어서도 왜적을 막겠다는 문무왕의 정신은 그곳에 있는 것 같았다.

경주시 양북면 문무대왕릉

봉길대왕암해변에서 나아해변으로 가야 하는데, 해안으로는 월성 원자력 발전소가 있어서 갈 수가 없었다. 31번 국도인 나아봉길로를 따라 걸어야 하는데, 그곳에는 봉길 터널이 있었다. 그래서 해파랑길 코스는 봉길 버스정거장에서 상라 버스정거장까지 버스를 타서 봉길 터널을 지나도록 권고하고 있다.

그래서 나아봉길로를 따라 걸어가다가 봉길 정거장에서 버스를 기다렸다. 버스가 오지 않으면 터널 안을 걸어서 통과할 생각도 하고 있었다. 그런데 기다린 지 얼마 되지 않아서 버스가 왔다. 아침에 만났던 부부들은 그 터널을 지나기 위해 버스를 거의 한 시간 정도 기다렸다고 말했는데, 나는 운이 좋게도 많이 기다리지 않았다.

봉길 터널은 매우 길었다. 터널 안에는 걸을 수 있는 길도 없었다. 해파랑길 코스 안내에 따라 버스를 타기를 잘했다고 생각했다. 상라 버스정거장에서 버스를 내려 국도인 나아봉길로를 따라 걷다가 국도보다 덜 위험한 나산상라길로 바꿔서 나아해변으로 갔다. 나아해변으로 가는 길에 최근에 조기 폐쇄된 월성 원자력 발전소의 입구가 있었다.

월성 원자력 발전소 1호기는 1983년에 상업운전을 시작했다. 그런데 정부가 경제성을 문제 삼아 2018년 6월에 조기 폐쇄시켰다. 그 과정에 정부의 경제성 평가에 문제가 있다고 하니 아쉬운 생각이 든다. 참고로 월성(月城)은 신라의 경주성의 이름에서 따왔다.

11시 50분에 나아해변에 도착하니 월성 원자력 발전소 4기가 모두 보였다. 그 중에서 조기 폐쇄된 1호기가 어느 것인지는 모르겠다.

까만 몽돌로 되어있는 나아해변에서 오늘 오전 걷기를 마쳤다. 오전에 17.1km를 걸었다.

경주시 양남면 나아해변에서 본 월성 원자력 발전소

 오후 午後

  점심을 먹고 나아해변에 앉아 쉬고 있었는데, 바람이 불어서 오래 앉아 있을 수가 없었다. 그래서 12시 30분에 오늘의 목적지인 정자항을 향해 출발하였다.

  해안도로인 양남항구길을 따라 걸으니 바로 양남면 읍천항이 나왔다. 읍천항은 조그만 항구인데, 항구의 이름도 있고, 항구에는 이름으로 벤치를 멋지게 만들어 놓았다.

경주시 양남면 읍천항

경주 양남면은 해안가 주상절리로 유명한 곳이다. 읍천항 이후에 주상절리로 가는 산책길이 잘 조성되어 있었다. 출렁다리도 있고 주상절리 조망타워도 있었다.

양남주상절리는 약 2천만 년 전에 현무질의 용암이 흐르고 식으면서 만들어진 것이라고 한다. 산책로를 따라 걸어가면서 보니 주상절리가 부채꼴 모양, 누워있는 모양, 위로 솟은 모양, 기울어진 모양으로 다양했다. 아무튼 바위의 나이는 우리 인간이 결코 경험할 수는 없고 상상만 할 수 있는 시간이다.

경주시 양남면 읍천리 출렁다리

경주시 양남주상절리 부채꼴 모양

경주시 양남주상절리 누워있는 모양

경주시 양남주상절리 기울어진 모양

경주시 양남주상절리 위로 솟은 모양

산책로를 따라서 주상절리를 보고 나서 하서항을 지나 그 옆의 하서해변에 도착했다. 멋있는 다리를 건너도 하서해변은 계속되었다. 해변공원길을 따라서 하서해변 옆을 계속 걸었다. 하서해변도 검은색 몽돌로 되어 있었다. 하서해변과 그 주변은 하서해안공원으로 되어 있다.

옛사람들은 동해의 수평선을 보며 무슨 생각을 했을까? 보이지 않는 그 너머의 섬에서 왜구들이 노략질하러 오는 곳이라고 생각했을까? 많은 신라와 고구려 사람들이 동해를 통해 일본으로 이주하러 갔다고 하는데, 이주해서 살 수 있는 새로운 땅이 있는 곳이라고 생각했을까?

나는 동해 너머에 일본이 있고, 그 너머에는 태평양과 아메리카 대륙이 있다는 것을 알면서도 동해의 먼 수평선을 보면 뭔가 모를 두려움이 느껴진다. 그리고 예전의 우리의 선조들도 동해를 보며 두려움을 느끼지 않았을까 생각해 본다.

해안도로인 양남로를 따라 걸었다. 양남로 옆에는 인도가 잘 만들어져 있었다. 관성솔밭해변 입구에 사람이 건널 수 있는 다리를 만드는 공사 중이어서 잠시 차도인 양남로를 걸었다가, 걷기 좋은 소나무 산책로인 관성솔밭해변 산책로를 따라 걸어서 관성솔밭해변에 도착했다. 관성솔밭해변에도 몽돌이 많은데, 사람들의 인기가 많은지 그곳에는 텐트가 많이 쳐져 있었다.

경주시 양남면 관성솔밭해변 산책로

관성솔밭해변 이후 군부대 때문에 다시 양남로를 따라 걷다가 해안마을인 수렴리로 내려가 지경길을 걸으니 그곳이 바로 경주시에서 울산시로 바뀌는 곳이었다. 그 경계에 해파랑길 안내판도 있었다. 이제는 경주시를 떠나 울산광역시 북구 신명동으로 들어선 것이다. 멀리 고층 아파트가 보이기 시작하니 대도시에 들어선 느낌이 들었다.

울산광역시는 신라시대에 굴아화촌(屈阿火村)과 하곡현(河曲縣)으로 불렸고, 고려 때에는 울주군(蔚州郡)으로 불리다가 조선 태종 때(1413년)부터 울산군이 되었다. 1914년 일제 때 행정구역 개편 시에 언양군이 울산군에 통합되었다. 1962년에 울산시로 승격될 될 때의 인구는 8만 명 정도였으나, 계속 도시화와 공업화에 따라 인구가 증가하였고, 1995년에는 농촌지역인 울산군과 도시지역인 울산시가 통합되었으며, 1997년에는 인구가 100만 명이 넘어 광역시로 승격되었다. 현재 인구는 약 115만 정도의 우리나라 동남부의 대규모 공업도시이다.

해안도로인 신명길을 따라 걸어서 신명정자해변으로 갔다. 그 해변도 검은색 몽돌로 되어 있었다. 경주시 나아해변 이후로 해변이 계속 검은색 몽돌로 되어 있었다. 아마 주상절리와 같은 검은색 바위들이 오랜 시간에 걸쳐 파도에 깨지고 씻겨서 몽돌이 되었을 것이라는 생각이 들었다. 그 시간도 지구에서 잠깐 살아가는 우리 인간이 경험할 수 없는 시간이다.

울산시 북구 신명정자해변

낮이 되니 햇살이 따가워지고 기온이 올라갔다. 그래도 계속 바람이 불어서 괜찮았다. 하루하루를 바쁘게 살아가는 사람들에게는 내 모습이 한가하게 보일 수 있고, 마치 내가 현실을 도피하는 것처럼 보일 수 있을 것 같다. 그래도 나로서는 바쁘게 해파랑길을 걷고 있는 것이다. 그리고 내 발은 내 의지와 상관없이 계속 부지런히 움직이고 있었다.

계속 신명길을 따라 걷다가 신명교를 건너니 멀리서 보았던 고층 아파트 단지가 눈앞에 서 있었다. 40층은 넘는 것 같은데, 올려다보니 목이 아플 지경이었다. 완공된 지 얼마 되지 않은 것 같은데, 미분양인지 입주가 안 되었는지 빈집이 많아 보였다. 아무리 부동산은 개발하기 나름이라고 하지만, 해안의 고층아파트는 주변과 어울리지 않아 보였다.

그 부근에도 해안 주상절리가 있었다. 강동화암 주상절리라고 하는데, 누워있는 주상절리였다. 그 주상절리는 경주시의 양남 주상절리보다는 선명해 보이지 않았다. 그 이후의 해변이 강동몽돌해변인데, 신명정자해변과 마찬가지로 해변이 온통 검은색 몽돌이었다.

울산시 북구 강동몽돌해변 입구

강동몽돌해변은 매우 길었다. 가도 가도 해변은 끝이 없었다. 언제 해변의 끝이 나오나 하며 한참 걸은 뒤에 다리를 건너 정자1길로 접어드니 횟집이 많아졌다. 그 부근인 울산시 북구 산하동은 최근에 개발된 신도시로 보였다. 높은 아파트도 많았고, 상가도 많았다. 왼쪽으로 강동몽돌해변은 계속 되었지만, 정자항이 가까워지고 있음을 느낄 수 있었다.

횟집이 많은 정자1길을 따라 걸어서 오후 4시 15분에 정자항에 도착했다. 정자항도 상당히 큰 항구였다. 이것으로 오늘 걷기를 무사히 마쳤다. 오전에 17.1㎞, 오후에 13.7㎞를 걸어서 총 30.8㎞를 걸었다.

울산시 북구 정자1길

울산시 북구 정자항

해파랑길 22일차

2021년 3월 19일 금요일

울산시 북구 정자항 — 울산시 북구 염포삼거리

🌀 오전 午前

　오전 7시 30분에 해파랑길 22일차를 출발했다. 오늘은 울산시 동구 염포삼거리까지 31㎞ 넘게 걸어야 해서 조금 일찍 출발했다. 기온은 영상 12도인데 바람 때문에 쌀쌀하게 느껴졌다. 날씨는 흐린 편이었다.

　해안도로인 판지1길로 정자항을 떠났다. 정자항에는 해파랑길 포토존이 있었다. 서로 마주 보는 흰색과 빨간색의 고래 모양의 등대 2개가 그 포토존과 함께 보이도록 사진을 찍었다. 고래 모양의 두 등대는 정자항의 상징이라고 한다.

울산시 정자항의 해파랑길 포토존

판지1길을 걸어가는데, 20대로 보이는 남자가 반바지와 반소매셔츠 차림으로 조깅을 하였다. 나는 추워서 두꺼운 셔츠를 입었는데, '젊음이 좋긴 좋구나!'라며 속으로 그 모습이 부러웠다. '나도 저런 때가 있었나?' 하는 생각도 들었다.

　바람이 심하니 파도가 높았다. 내일 비가 온다고 예보되고 있는데, 비를 몰고 오는 바람 같았다. 벌써부터 내일 날씨가 걱정되었다. 만일 내일 비가 많이 오면 하루 쉬려고 한다. 서울에서 쉰 뒤에 10일 넘게 계속 걷다 보니 피로가 몸에 쌓여있는 것 같았다.

　구유동의 잘 만들어진 산책로를 따라 조그만 판지항으로 가니 항구 입구의 안내판에는 판지항의 전설이 적혀 있었다. 판지항 옆의 제전항에도 안내판이 있었다. 울산시에 들어서니 마을마다 항구마다 바위마다 그곳에 얽힌 전설이나 옛이야기가 안내판에 적혀있었다. 영덕군과 포항시에서는 조그만 항구는 이름도 없었는데 말이다. 그러한 전설을 모두 옮길 수 없어서 제전항 안내판의 사진을 올리는 것으로 대신한다.

　그리고 '강동사랑길'에 대한 안내판도 있었다. 강동사랑길은 울산시 북구를 7개의 구간으로 나누어서 걸을 수 있는 길인데, 해안길만이 아니라 산길도 포함되어 있었다. 그리고 울산시 북구의 해안길인 '강동누리길'에 대한 안내도 있었다. 울산시의 각종 안내가 잘 되어 있지만, 좀 복잡한 면도 있었다.

울산시 북구 제전항 설명

울산시 강동
사랑길 안내

제전항 이후의 해파랑길 코스는 산길인 옥녀봉(까치전망대)을 올라갔다가 당사항으로 가는 길을 안내하고 있었다. 그런데 지도를 보니 해안으로도 강동누리길을 따라 우가항을 지나 당사항으로 갈 수 있다. 그래서 나는 해파랑길 코스가 아니라 강동누리길을 따라가기로 했다. 강동누리길이 해안으로 완벽하게 연결되어 있지 않아도 산길보다는 훨씬 나을 것 같았다.

우가항 가는 해안길로 접어드니 자갈길이 나왔다. 자갈이 평평하게 다져져 있어서 완전한 자갈밭은 아니었다. 그래서 걷기에 괜찮았다. 그리고 흙길도 나름대로 괜찮았다. 강동누리길을 조금만 더 정비하면 아주 좋은 해안 산책로가 될 것 같은 길이었다.

걷기에 좋은 해안길인 강동누리길을 걸어서 우가항에 도착하였다. 그런데 바람이 갑자기 심하게 불었다. 바람이 심한데도 사람이 파도타기를 하듯이 해안의 한 갈매기가 날아가지 않고 공중의 한 곳에서 계속 바람타기를 하고 있었다. 갈매기가 어떻게 그렇게 바람을 잘 타는지 신기했다. 하기야 날아다니는 새가 바람을 타는 것은 기본이겠지만, 마치 그 갈매기가 조나단 리빙스턴처럼 가장 높이 날아가는 갈매기가 되기 위해 바람 타는 연습을 하는 것처럼 보였다.

나는 두 팔을 벌려 보았다. 나도 바람을 타고 싶었다. 내가 바람을 타지 못하니,

'바람아, 나를 앞으로 밀어다오.'라고 부탁도 해 보았다. 그러다가 바람을 따라가는 것이 아니라, 아예 바람이 되어 날아가고 싶었다. 일정한 방향이 없이 어디든지 자유롭게 흘러가는 그런 바람이 되고 싶었다.

  사실 바람이 되고 싶은 마음에 소설을 썼고, 바람을 실컷 맞으려고 지금 이 해파랑길을 걷고 있지만, 뭔가 모르는 마음 한구석의 응어리는 풀리지 않고 있다.

  바람은 나를 데려가지도 못하면서 바다에 내 마음 같은 수많은 파랑(波浪)만 일으키고 있고, 나는 바람을 따라가지도 못하면서 바람을 맞으며 해파랑길을 계속 걷고 있다.

울산시 북구 구유동 해안길

울산시 북구 우가항 부근의 갈매기

우가항 이후 당사항으로 가는 길도 잘 만들어진 나뭇길이나 평평한 자갈길이었다. 그렇게 걷기 좋은 길을 걷다 보니, '그런데 왜 이런 길이 해파랑길 코스가 아니지?'라는 의문이 들기도 했다.

해파랑길은 각 지자체의 걷기 좋은 산길을 걷는 것이 아니라 동해안을 따라 걷는 것이다. 바닷바람을 맞으며, 파도 소리와 갈매기 소리를 들으며, 생선 비린내를 맡으며, 바다를 보면서 걷고 싶은 사람들이 걷는 길이다.

길에는 정답이 없다. 다만 길에 대한 선택이 있을 뿐이다. 그 결과는 선택한 자의 몫이다. 그렇지만 이렇게 좋은 산책로를 두고 산길로 가는 것은 산책로에 대한 배반이고, 내 관절에 대한 배반이고, 바다에 대한 배반인 것이다.

그리고 경로를 처음 설정할 때, 그 단체의 영향력 있는 사람의 뜻대로 코스가 설정되는 경우가 많다. 그러다 보면 당초 취지와 맞지 않게 코스가 설정되기도 한다. 충무공의 백의종군로의 코스 설정에도 그러한 경우가 있는 것 같다.

시간이 오래된 예전의 길은 변경되었고 없어졌을 수도 있다. 그러나 역사적인 의미가 있는 테마길은 당시의 길에 가장 가까운 길을 코스로 설정하는 것이 바람직하고, 임의적인 단체 또는 개인이 코스를 설정하기보다는 정부가 직접 관여하는 것이 바람직하다.

그런 생각을 하며 당사동의 나무 산책로를 걷는데, 그곳에 간밤을 지새운 듯한 텐트가 있었다. 그곳에서 야영하지 말라는 지자체의 경고문도 있었다. 아무튼 그곳에 텐트를 치면 밤에는 추울 것 같지만, 그래도 바람과 파도를 느끼기에는 아주 좋을 것 같았다.

좋은 해안 산책로를 계속 걸어서 오전 9시에 당사항에 도착해서 그곳에서 해파랑길 스티커를 만났다. 약 1시간 정도 해파랑길 코스가 아니라 울산시의 강동누리길을 따라 걸었던 것이다.

당사항 이후부터는 해파랑길 코스와 함께 걸었다. 당사해양낚시공원은 막혀 있어서 들어가지 못하고, 용바위 앞에서 사진을 찍는데, 용바위는 각도가 나오지 않아 용의 동상만 겨우 사진에 담았다. 해안마을에는 용에 관한 전설이 많다.

  나는 용에 관한 전설을 접할 때마다 공룡시대에 인간이 함께 살았을 것이라는 생각이 든다. 아무리 상상이라고 해도 보지 못한 것을 상상하기는 어렵다. 그래서 아주 오래전에 인간이 실제로 용을 보았을 것이라고 생각하는 것이다. 전설 속의 용은 대부분 하늘을 날아가는 것이니 인류의 조상이 아마 바다에서 익룡을 보았을 것으로 생각된다. 그래서 해안의 마을과 항구에 용에 관한 전설이 많은 것 같다. 공룡의 멸종 시기(약 6천 5백만 년 전)와 인간의 출현시기(약 1백만 년 전)의 차이에 대해서는 과학자들이 해결해 주길 바란다.

  어물동 앞의 멋있는 금천교를 건너자마자 좌회전하여 주전해변으로 들어섰더니 잘 만들어진 해안 산책로가 있었다. 그 산책로는 철로 되어 있는데, 발판에 구멍이 숭숭 뚫려 있어서 아래로 바로 몽돌과 파도가 보였다. 그곳에서 파도를 보니 마치 파도가 나에게 바로 달려드는 느낌이 들었다. 그리고 파도가 몽돌 사이로 들어왔다가 빠져나가며 몽돌의 소리를 내고 있었다.

울산시 북구 용바위 앞 용의 동상

울산시 북구 어물동 산책로

    철 산책로를 걸은 뒤에 운곡교를 건너니 행정구역이 울산시 북구 어물동에서 중구 주전동으로 바뀌었다. 매우 긴 주전해변을 동해안로를 따라 걸으며 해변에 깔린 수많은 몽돌들을 보았다.

    '수많은'이라는 말 이외에는 다른 말로 표현하기 힘들 정도로 많은 몽돌이 있었다. 나보다 훨씬 오래전부터 존재했고 나 이후에도 매우 오랫동안 존재할 자갈들, 비슷하게 생겼지만 똑같은 것은 하나도 없는 자갈들, 스스로 움직이지 못하며 파도에 씻기고 사람에게 밟히는 자갈들. 그 자갈들을 보며 나의 길을 재촉했다.

울산시 동구 주전해변

오전 10시가 다 되어 주전항에 도착해서는 바로 출발했다. 오전 목적지인 일산해변까지 10㎞나 남았기 때문에 서두른 것이다.

주전해안길을 따라 걷다 보니 멀리 현대중공업 공장이 보였다. 오전에 현대중공업 공장을 지나 일산해변까지 가야 한다. 조급한 마음에 마을 뒤로 걷다 보니 나도 모르게 해파랑길 코스를 이탈했다.

그래도 계속 걸어서 월남참전용사들이 지은 월남정을 지나서 차도로 올라가니 현대중공업 공장 바로 옆의 차도인 미포산업로였다. 그 도로는 해파랑길 코스가 아니었다. 해파랑길 코스는 봉대산의 산길로 가는 것으로 되어 있다. 해안에 현대중공업 공장이 있어서 코스가 산길로 되어 있는 것 같았다. 지도를 보니 미포산업로를 따라 걸어도 일산해변으로 갈 수 있을 것 같아서 그냥 미포산업로를 따라 걸었다.

미포산업로 옆에는 별도 인도가 있어서 걷기에 좋았다. 현대중공업 공장에서 들려오는 소음과 냄새를 제외하면 걷기 좋은 길이었다. 그런데 공장 입구를 지나자 미포산업로에는 인도는 고사하고 갓길이 아주 좁았다. 대형트럭이 많이 다녀서 다소 위험했다.

갓길이 좁은 미포산업로를 걸어가니 앞에 터널이 나타났다. 이름하여 마성터널이었다. 되돌아가기에는 너무 많이 지나왔기에 그대로 터널을 지나가기로 했다.

터널 배수로를 따라 몸을 벽에 붙이고 걸었다. 터널 안에는 달리는 자동차의 소음이 엄청나게 컸다. 아마 자동차 운전자는 터널 안을 걸어가는 나를 보고 '이상한 놈이 다 있네, 터널 안을 걸어 다니고…….'라고 여겼을 것이다. 그래도 할 수 없다. 누가 뭐라고 해도, 그 길이 내가 가야 할 길이라고 여기고 걸어가야 했다.

마성터널의 중간에 긴급전화와 비상구가 있었지만, 그것들을 사용하면 그야말로 울산시에 비상이 걸릴 것 같았다. 1㎞ 정도 되는 터널을 무사히 통과했다. 좀 식겁했다.

울산시 동구 마성터널 입구

마성터널을 지나 봉대산에서 내려온 해파랑길 스티커를 만나니 눈물 나게 반가웠다. 안산로를 잠깐 걷다가 안산사거리에서 좌회전하여 방어진 순환도로를 걸었다. 방어진 순환도로의 왼쪽은 현대중공업 공장이었다. 그러니 방어진 순환도로는 현대중공업의 공장을 따라가는 도로인데, 포항시에서 걸었던 포스코 공장 앞의 도로 만큼이나 길었다. 12시가 넘었지만, 공장 앞의 식당으로 들어가지 않고 30분 정도 더 걸어서 일산해변으로 가서 먹으려고 하였다. 오늘은 왠지 당초 목적지로 정했던 일산해변에 가서 점심을 먹고 싶었다.

울산시 동구 방어진순환도로

울산시 동구 현대중공업

현대중공업 공장을 따라 걸으니, '우리나라에 조선(造船)업이 발달한 이유는 우리나라의 국호가 조선(朝鮮)이기 때문이다.'라는 농담 한마디가 생각났다.

이순신(李舜臣) 장군은 임진왜란이 발발하기 1년 전에 전라좌수사로 임명받아 1년간 전쟁에 대비하면서 여수에서 거북선을 비롯하여 많은 전함을 건조하였다. 그래서 그 전함으로 여러 전투에서 승리하였다. 삼도수군통제사가 되어 한산도에 진지를 옮겨서도 많은 전함(주로 판옥선)을 건조하였다. 원균(元均)이 칠천량 전투에서 패전하여 그 많은 전함을 거의 다 말아먹었다. 이순신 장군은 남은 판옥선 12척(명량해전에 투입된 판옥선은 당시 전라우수사 김억기가 가져온 1척이 포함된 13척이라는 것이 다수설)으로 명량해전에서 크게 이긴 뒤에 계속 서해와 남해에서 전함을 건조하는 데 힘썼다. 그만큼 우리 선조들의 조선술은 상당한 수준이었을 것이다. 이순신 장군이 하늘에서 현재 우리나라의 조선업의 발전된 모습을 보시고 기뻐하실 것 같았다.

1980년대 이후 세계화의 물결에 따라 전 세계적으로 교역량이 늘어나서 선박의 수요도 크게 증가하여 우리나라의 조선업이 크게 발전했었다. 그러다가 10여 년 전부터 세계화의 후유증과 무역장벽 확대에 따라 교역량이 줄어들어 선박의 수요도 줄어들었고, 거기다가 중국의 조선업 발달로 경쟁이 치열해져서 우리나라의 조선업은 한동안 큰 어려움을 겪었다고 한다. 그런데 최근에 다시 국제적으로 교역량이 늘어나고 선박의 수요도 증가하고 있다고 하니, 우리나라의 조선업이 다시 큰 활기를 되찾으면 좋겠다.

현대중공업 공장이 넓어서 그 안에서 이동할 때에도 자동차를 이용한다는 말을 들은 적이 있는데, 정말 그래야 할 것 같았다. 계속 한 시간 넘게 현대중공업 앞의 방어진 순환도로를 걸었다.

방어진 순환도로에서 좌회전하여 일산진3길을 걸어서 오후 12시 40분에 일산해변에 도착했다. 일산해변은 상당히 큰 해변이었다. 그래서 오전 걷기를 마칠 수 있었다. 오늘 오전에만 19.0㎞를 걸었다.

울산시 동구 일산해변

오후 午後

　일산해변 부근의 식당에서 해물칼국수를 맛있게 먹고 나서 해변에 앉아 좀 쉬려고 했는데, 바람이 너무 불어서 쉴 수가 없었다. 그래서 오후 1시 40분에 바로 오후 걷기를 출발했다.

　일산해변 바로 옆의 울산 대왕암공원으로 가려는데 올라가는 계단이 장난이 아니었다. 계단이 많기도 하고 가파르기까지 하였다. 바로 그 옆에서 까마귀가 '까악, 까악'하고 울어대고 있었다. 나도 모르게 내 입에서도 까마귀 울음소리가 나왔다.

　계단을 힘들게 올라가서 공원의 왼쪽 길을 따라 대왕암으로 가는데, 소나무 숲이 보기 좋았다. 소나무 숲길을 따라 걸어서 대왕암 앞에 이르니 출렁다리가 있었다. 대왕암으로 가려고 출렁다리를 건너는 데도 바람이 너무 세게 불어서 내 몸이 날아갈 것 같았다. 바다에 떨어지지 않으려고 출렁다리 난간을 잡고 대왕암으로 건너갔다. 한편으로는 그곳에서 떨어져 죽으면 용이 되지 않겠냐는 생각이 들기도 했다. 대왕암 바위는 마치 진흙으로 빚어 놓은 것 같아 보였고, 색도 주변의 바위와 다른 밝고 깨끗한 노란색이었다.

울산시 동구 대왕암 공원 계단길

울산시 동구 대왕암공원 소나무숲길

울산시 동구 대왕암

 삼국유사에 따르면, 문무왕이 나라를 지키는 용이 되고 싶다며 죽은 뒤에 문무왕의 왕비도 해룡이 되어 나라를 지키겠다는 유언을 남기고 죽었다. 그래서 왕비의 넋도 한 마리의 호국룡이 되어서 하늘을 날아 울산을 향하여 동해의 한 대암 밑으로 잠겨 용신이 되었다고 한다. 그 대암이 울산 대왕암이라는 것이다.

 그런 전설을 알고 나니 대왕암의 모습이 더 신비스러워 보였다. 그런데 바람이 세게 불어서 대왕암 바위에 서 있기 힘들었다. 오후의 걷기 일정도 있으니 서둘러 대왕암 바위를 걸어 나왔다.

슬도 방향으로 걸어가는 바닷가 산책로는 멍석이 깔려있기도 해서 걷기 좋았다. 그냥 해안의 흙길이기도 한데 오른쪽에 유채꽃도 피어 있어서 마치 제주도의 섭지코지와 비슷한 분위기였다.

걷다 보면 해파랑길을 걷는 사람들을 보게 된다. 같은 방향으로 걷는 사람들도 있지만, 대부분 마주 오는 사람들이다. 그런데 사람마다 반응이 제각각이다.

나보다 먼저 인사하는 사람, 내가 인사하면 받아주는 사람, 지금까지 걸은 일수와 유의사항들을 말해주는 사람, 내가 인사하면 마지못해 받아주는 사람, 내가 인사해도 받아주지 않는 사람, 코로나 때문인지 멀리서 나를 보고 피하는 사람 등 각양각색이다. 내가 먼저 인사해도 대답을 안 하거나 나를 피해도 기분 나쁘다고 생각하지 말자. 사람들은 해변의 몽돌들처럼 각기 다르니까.

슬도 입구에서는 사진만 찍고 들어가지 않았다. 방어진항에서 오늘의 종착지 염포삼거리까지 거리는 8㎞이지만, 주로 염포산 산길이어서 시간이 많이 걸릴 것 같아서 서둘렀다.

방어진항에서 차도를 따라 염포삼거리로 갈 수 있지만, 염포산에 있는 울산대교 전망대에 올라가 보고 싶었고, 해파랑길 코스를 너무 이탈해서 걸으면 코스가 삐질 것 같았다.

울산시 동구 슬도 가는 길

울산시 동구 슬도 입구

슬도(瑟島)는 방어진항으로 들어오는 거센 파도를 막아주는 바위섬으로 갯바람과 파도가 바위에 부딪칠 때 나는 소리가 거문고 소리 같다고 해서 슬도라고 한다.
슬도 바로 옆의 동진항을 지나 또 바로 옆의 방어진항으로 가니 오후 3시였다. 방어진항에서 잠시 쉬면서 화장실을 다녀오고, 물 한 모금 마시고, 신발 끈을 고쳐 매고, 마음을 가다듬고, 배낭을 다시 맸다.

울산시 동구 방어진항

방어진항을 나와 울산 동구의 시내 도로인 중진길과 문재로를 걸어서 방어진 순환도로를 걸었다. 문재사거리에서 방어진 순환도로를 계속 따라 걸어가도 염포삼거리에 갈 수 있다. 그러나 해파랑길 스티커를 따라 문현삼거리에서 우회전하여 봉수로를 걸어서 울산대교 전망대 입구로 들어갔다.

　　봉수로를 걸어 올라가다가 왼쪽 산길로 접어들어 화정천내봉수대를 사진 찍고 계속 올라갔다. 가다 보니 체육공원이 있는데, 체육공원에 축구장이 천연잔디로 되어 있었다. 그럼 울산에 프로축구팀도 있는데, 그 정도는 돼야지!

　　힘들게 산길을 올라가서 오후 4시에 울산대교 전망대 앞에 도착했다. 거기까지 힘들게 갔는데, 전망대 위로 올라가지 않을 수 없었다. 더군다나 입장료가 없었다. 엘리베이터를 타고 올라가니 울산 시내가 한눈에 들어왔다. 전후좌우를 둘러봐도 확실히 울산은 엄청난 공업도시였다. 서쪽의 주택지를 빼고는 거의 공장만 보였다.

울산시 동구 화정천내봉수대

　　울산대교 전망대 이후에는 염포산 능선길을 오르락내리락하며 걸었다. 콘크리트로 포장된 산길을 계속 걸었다. 송전탑이 있는 철탑삼거리를 지나 산길을 만나서도 1km 정도를 더 오르락내리락하며 걸었다. 내 다리에서 등산용 근육이 퇴화된 것 같았다.

울산시 동구
울산대교 전망대

    염포산 능선을 따라 걸으니 몸이 더 무거웠다. 무거운 배낭을 메고 무거운 몸으로 염포산 산길을 계속 걸었다. 내일 비가 온다는 것을 의식해서인지 몸이 더 찌뿌둥하였다. 내 몸이 점차 노령화되는 것 같았다. 노인들이 비가 오려고 하면, 어깨를 주무르면서 "얘야, 빨래 걷어라!"라고 하는 말을 이해할 수 있을 것 같았다.

    염포산 정상 직전에 해파랑길 코스가 염포삼거리로 빠지는 것으로 되어 있었다. 그래서 염포산 정상에 관심이 없으니 해파랑길 코스를 따라 염포삼거리 방향으로 산길을 내려갔다. 가다가 진달래꽃을 보다가 미끄러질 뻔했다. 아무리 꽃이 좋아도 조심해야 한다.

    점차 꽃이 좋아지는 것으로 보아 내 마음도 노령화되는 것 같다. 물론 예전에도 꽃을 좋아했지만, 더 좋아지는 것 같다. 노인들이 꽃을 좋아하거나 꽃무늬 옷을 즐겨 입는 것도 이해할 수 있을 것 같다.

울산시 동구 염포산 산길

울산시 동구 염포산의 진달래

  좁은 산길을 내려오니 방어진 순환도로였다. 그리고 바로 염포삼거리에 도착했다. 염포삼거리에는 염포 개항지 비석이 있었다.

  염포(鹽浦)는 조선 세종 때 이종무(李從茂)의 쓰시마 정벌 이후 일본인에게 개항해 준 삼포(三浦) 중의 하나이다. 염포 이외에는 동래의 부산포(釜山浦), 웅천의 제포(薺浦)(현재의 진해 신항만 부근)이다. 염포는 예로부터 소금밭이 많아서 염포라고 하고, 조선시대에는 염포진(鹽浦鎭)이 있어서 수군만호가 주둔하였다.

  염포삼거리에서 오늘 걷기를 무사히 마칠 수 있었다. 시계를 보니 오후 5시 10분이었다. 오전에 19.0km, 오후에 12.4km를 걸어서 총 31.4km를 걸었다.

울산시 동구 염포의 3포 개항지 비석

해파랑길 23일차
2021년 3월 20일 토요일

울산시 북구 염포삼거리 - 울산시 울주군 구 덕하역

 오전 午前

아침에 일어나 창밖을 보니 비가 내리고 있었다. 일기예보에 따르면, 오늘 하루 종일 비가 내린다고 한다. 그래서 오늘의 걷기 일정에 대해 고민을 하였다. 어제 생각으로는 오늘 비가 오면 하루 쉬려고 했었는데, 아침에 고민한 결과, 내리는 비의 양이 그리 많지 않아서 걷기로 하였다.

뭐든지 할 때까지 해 보는 것이고, 갈 데까지 가야 하는 것이 아닌가라는 생각이 들었다.

아침 일찍 서둘러서 어제의 종착지이자 오늘의 출발지인 염포삼거리에 도착하니 오전 6시 30분이었다. 아마 해파랑길을 걷는 중에 가장 이른 시간에 출발하는 것이다.

염포삼거리에서 방어진순환도로를 따라 조금 걷다가 우회전하여 아산로로 접어들었다. 아산로 옆에는 안전하게 걸을 수 있는 자전거길이 있는데 바로 태화강 둑길이다.

　비 내리는 아산로를 따라 걸으니 왼쪽 부두에는 승용차들이 많이 주차되어 있었고, 수출용 선박이 자동차의 선적을 기다리고 있었다. 오른쪽에는 공장이 보였고, 그 공장 앞에도 승용차들이 많이 주차되어 있었다. 그러니 현대자동차 공장 앞의 아산로를 지나가는 것이었다.

　아침에 편의점에서 우산을 샀다. 우비를 가지고 다니지만, 비의 양이 많지 않고 바람이 별로 불지 않으니 우비보다는 우산이 나을 것 같았다. 우산은 손으로 들고 다녀야 해서 휴대폰으로 길을 찾고 사진을 찍는 데 불편하다. 그래도 오늘은 우산을 쓰고 걸어보기로 했다. 다만 오늘은 태화강을 따라 걸어가는 코스이기 때문에 길을 찾는 데에는 어려움이 없을 것 같았다.

　태화강 건너편의 울산시 남구의 공단에는 많은 공장과 굴뚝이 연이어 보였다. 확실히 울산은 커다란 공업도시였다. 태화강은 상당히 넓은 편이고 태화강변의 산책로는 계속 이어져 있었다. 중간에 쉴 만한 곳이 전혀 없어서 비 오는 태화강변을 계속 걸었다.

울산시 북구 태화강 산책로

411

오늘의 목표는 일단 태화강전망대까지 가는 것이고, 그곳에서 더 걸을 수 있으면 구 덕하역까지 가기로 하였다. 내리는 비의 양은 줄었다 늘었다 하였다. 어제부터 감기 기운 때문인지 미세먼지 때문인지 목이 칼칼해서 어젯밤에 감기약을 먹고 잤다. 오늘 아침에도 목이 조금 좋지 않다. 그 원인이 울산의 매연 때문이 아니길 바랐다.

아산로에는 출근하는 차들로 붐볐다. 자동차 지나가는 소리가 요란했다. 출근하는 사람들이 부럽기도 하였다.

지루한 자전거길을 한 시간 정도 걸으니 그제야 벤치가 나왔다. 벤치에서 쉬면서 물을 마셨다. 발은 이미 젖어버렸다. 양말을 갈아 신었다. 비가 계속 내리면 걷기에 힘드니 비가 그쳤으면 좋겠다. 그래도 오늘은 바람이 별로 불지 않아서 다행이었다.

좀 더 걸어가니 태화강 옆의 둔치가 나왔다. 양정1교를 건너 둔치로 내려갔다. 해파랑길이기도 한 둔치 산책로에는 갈대가 많았고 차 소리가 적게 들려서 괜찮았다. 비가 줄어들면 우산을 접고, 비가 늘어나면 우산을 펴고 걸었다.

태화강은 물이 깨끗하고 주변의 산책로도 잘 되어있었다. 요즘에는 자자체가 도시 하천을 잘 관리하고 있는 것 같다. 과거에는 도시 하천이 잘 관리되지 않아서 물이 더럽고 안 좋은 냄새가 많이 났고, 하천 주변에 쓰레기도 많았었다. 그러나 요즘에는 대부분의 도시 하천이 깨끗하니 시민들이 산책하거나 가족과 함께 즐기는 공간이 되었다.

울산시 태화강 둔치 산책로

철교를 아래로 지난 뒤에 명촌대교도 아래로 지나갔다. 바로 명촌대교로 태화강을 건너면 구 덕화역이나 내일 갈 곳인 진하해변으로 갈 수 있다. 사실 그렇게 걷는 것이 해안에 있는 공장을 피해서 최대한 짧게 해안으로 가는 길이다.

그러나 해파랑길의 코스는 태화강 상류까지 13.1㎞를 더 걸어간 뒤에 태화강을 건너 야산인 울산대공원과 선암호수공원을 들렀다가 구 덕하역으로 가는 것으로 설정되어 있다. 그리고 구 덕하역에서 진하해변으로 가는 코스도 내륙길로 설정되어 있다. 그러한 코스가 동해안의 해안길을 걷는 해파랑길 취지에 맞지 않지만, 울산시에는 해안에 공장이 많으니 오늘은 일단 해파랑길 코스를 따라서 걷기로 했다.

태화강 둔치 산책로를 걷다가 내황교를 건너야 한다. 내황교를 건너지 않으면 태화강이 아니라 태화강 지류인 동천강을 따라 걷게 되기 때문이다. 내황교를 건너 태화강의 상류 방향으로 걸으니 공장지대를 벗어나 아파트도 보이고 강변에 낚시하는 사람도 있고 산책하는 사람도 있었다.

학성교와 번영교를 아래로 지난 뒤에 태화교 아래에서 휴식하면서 또 양말을 갈아 신었다. 그리고 나서 오전 9시에 태화루(太和樓)에 가니 태화루앞에는 공간이 협소하여 태화루의 전체 모습을 사진에 담을 수 없었다. 그래서 태화루를 지난 다음에 사진을 찍었다.

울산시 북구 태화강 산책로

당나라에서 불법을 구하고 돌아온 자장(慈藏) 대사가 울산에 도착하여 643년(신라 선덕여왕 12년)에 태화사(太和寺)를 세울 때 태화루도 건립했다. 태화루는 임진왜란 때 소실되었다가, 울산시가 2014년에 고려시대의 건축양식에 따라 새로 건립하였다.

울산시 중구 태화루

태화강 옆에는 상당히 큰 국가정원이 있었다. 정원에는 대나무가 많았는데, 이름하여 십리대숲이라고 한다.

비가 내리는 대나무 숲을 따라 계속 걸었다. 대나무 숲도 굉장히 넓었다. 대나무 숲을 따라 걸으니 마치 세상이 조용해진 것 같았다. 자동차 소리도 없고 새의 지저귐도 줄어들었다. 대나무를 스치는 바람 소리만 들렸다. 마치 내가 고요한 세상 속으로 들어가는 기분이 들었다.

태화강의 대나무 숲을 따라 걸으니 강 건너편에는 남산의 전망대와 태화강전망대가 보였다. 태화강전망대는 오전에 가야 할 곳이다. 태화강전망대 안에 카페 같은 것이 있으면 그곳에서 이른 점심을 먹으려고 하였다.

울산시 중구 태화강의 십리대숲

울산시 태화강에서 본 태화강전망대

　대나무 숲을 지난 뒤에 은하수다리 아래의 정자에서 쉬면서 이후에 걸을 코스에 대해 고민하였다. 해파랑길 코스는 그곳에서 태화강변을 따라 상류 방향으로 1.7㎞ 더 걸은 뒤에 삼호교를 건너서 다시 태화강의 남쪽 길을 걸어서 태화강전망대로 가는 것이다.

　은하수다리는 위에는 차도이고 아래는 인도인 복층 구조였다. 비는 계속 내리고 있었고, 은하수다리 아래에 인도가 잘 되어 있어서 바로 은하수다리를 건너서 태화강 남쪽으로 가기로 하였다. 내 고향이 경상도이고 이곳도 경상도이니, 경상도식 표현으로 '태화강변은 많이 걸었다 아이가?'라고 속으로 말하며 은하수다리를 건넜다. 이로써 태화강변을 해파랑길 코스보다 왕복 3.4㎞를 적게 걸은 것이었다.

은하수다리의 인도에는 바닥의 일부가 유리로 되어 있어서 아찔하게도 다리 아래 태화강의 모습이 보였다. 은하수다리를 건너며 태화강 상류 방향을 보니 비가 내리는 태화강은 고요하기 그지없었다. 은하수다리를 건너 하류 방향으로 조금 걸어가니 태화강전망대가 나왔다.

울산시 태화강 은하수다리

은하수다리에서 본 태화강 상류

오전 10시경에 태화강전망대에 도착하여 안으로 들어가 그곳 카페에서 브런치를 먹으려고 했는데, 카페가 오전 11시부터 영업을 한다고 하여서 안으로 들어가지 못했다. 모든 일이 뜻대로 되는 것은 아니다. 그곳에서 1시간을 기다릴 수는 없었다.

태화강전망대 이후의 해파랑길 코스는 그곳에서 산으로 올라가서 울산대공원과 선암호수공원으로 간 뒤에 구 덕하역으로 가는 것으로 되어 있다. 나는 잠시 생각하다가 해파랑길 코스가 아니라 구 덕하역으로 가장 빨리 갈 수 있는 길을 선택했다. 해파랑길을 걸으면서 불필요하게 내륙의 공원으로 들어가지 않기로 했다. 거기다가 오늘은 비가 내리고 있었고, 산길로 가다가는 점심도 못 먹을 것 같았다. 그래서 인터넷으로 지도를 검색해 보니 태화로터리에서 시내길을 따라 걸으면 구 덕하역으로 갈 수 있었다. 그럴 경우 태화강전망대에서 구 덕하역까지 9.0㎞이어서 해파랑길 코스보다 6.7㎞가 줄어들게 된다.

그래서 또 경상도 사투리로 '울산의 산은 어제 많이 올라갔다 아이가?'라고 속으로 말하며 시내길을 선택했다.

태화강전망대에서 태화로터리로 가는 태화강변의 산책로는 차도인 남산로 아래의 길인데, 비를 피할 수 있어서 우산을 쓰지 않아도 되고 스피커에서 음악까지 흘러나왔다. 그러니 기분 좋게 걸었다.

울산시 태화강 남쪽 산책로

태화강 산책로를 나온 뒤에 남산로를 따라 걸어서 오전 10시 40분경에 태화로터리에 도착했다. 로터리에서 우회전하여 봉월로를 따라 조금 걸으니 바로 중식당이 있었다. 그곳에서 이른 점심을 먹기로 하였다.
 그래서 태화로터리에서 오전 걷기를 마쳤다. 오전에 비를 맞으며 16㎞를 걸었다.

울산시 남구 태화로터리

오후 午後

 태화로터리의 봉월로 주변에서 짬뽕을 맛있게 먹고 바로 출발했다. 식당을 나와도 비는 계속 내리고 있는데, 배낭을 메고 봉월로를 따라 걸었다. 울산 남구의 거리도 서울의 거리와 다름이 없었다. 울산시 남구 봉월로에는 버스, 트럭, 승용차, 택시, 오토바이 등이 신나게 달리고 있었다. 나는 서울의 거리를 걷듯이 비가 내리는 봉월로를 따라 걸었다.

울산시 남구 봉월로

  해파랑길을 걸으면서 도시의 시내길을 걷는 것은 내키지 않는다. 등산복에 큰 배낭을 메고 걷는 내 모습을 이상하게 보는 시민들의 시선도 내키지 않고, 횡단보도가 많고 이리저리 좌회전하고 우회전하며 걷는 것도 내키지 않고, 자동차 배기가스를 맡으면서 시끄러운 자동차 소리를 듣는 것도 내키지 않고, 딱딱한 보도블록이나 아스팔트길을 걷는 것도 내키지 않고, 서울에서도 얼마든지 걸을 수 있는 시내길을 걷는 것도 내키지 않는다. 울산시에는 다소 미안하지만, 울산 시내를 빨리 벗어나고 싶은 마음으로 걸었다.

  봉월로를 걸어서 공업탑로터리에서 두왕로로 바꾸어 걸었다. 공업탑로터리 가운데 있는 공업탑을 사진 찍으려는데, 울산 남구에도 구청장 재선거가 있는지 정치인 사진들이 사방으로 건물에 걸려 있어서 정치인 얼굴을 피해서 겨우 사진을 찍을 수 있었다.

울산시 남구 공업탑

비가 내리는 남구의 시내도로인 두왕로를 따라 걸어가서 울산대공원의 동문을 지나니 개나리가 활짝 피어 있었다. 개나리도 나처럼 비에 흠뻑 젖어 있었다. 걸어가는 나의 입장에서는 비가 싫지만, 이 비는 식물에게는 잎이 나오고 꽃을 피게 하는 고마운 단비일 것이다.

기후(氣候)는 하늘의 일이니까 어쩔 수는 없지만, 농사에서는 제때에 비가 내리는 것이 중요하다. 특히 우리나라와 같은 물 부족 국가는 저수지의 역할도 매우 중요하다. 요즘에는 댐도 많고 저수지도 많아서 가뭄에도 물 걱정을 크게 하지 않는 편이다.

그러나 예전에는 비가 오지 않아 가뭄이 들면, 농사가 안되고 흉년이 들어 백성들은 기근과 질병에 허덕였던 경우가 많았다. 그러면 왕은 저수지를 만들 생각은 하지 않고, 기우제(祈雨祭)를 지내거나 '짐(朕)의 덕이 부족하여…'라며 한탄만 하였다.

울산시 남구 두왕로

봉월로와 두왕로가 해파랑길 코스가 아니고 다른 도시의 거리 모습과 차이가 없어서 사진을 별로 찍지 않았다. 중간에 여러 번 도로 옆의 버스정거장에 앉아서 쉬었다. 시내길을 걷다 보면 버스정거장이 좋은 쉼터이다. 그렇게 두왕로를 걸은 뒤에 두왕사거리에서 해파랑길 스티커를 만났다. 두왕사거리 이후부터 울산시 울주군에 속한다.

두왕사거리에서 1㎞ 정도 더 걸은 뒤에 덕하삼거리에서 오른쪽 덕하로를 따라 조금 걸으니 오늘의 종착지인 구 덕하역이 바로 있었다. 참고로 신 덕하역은 그곳에서 500m 정도 떨어진 곳에 있다.

시계를 보니 오후 12시 45분이었다. 구 덕하역 부근에 마침 모텔이 있었다. 그 이후로 온산읍까지 약 8㎞ 사이의 중간에는 숙박시설이 없었다. 그래서 덕하역에서 오늘 걷기를 서둘러 마쳤다. 비를 맞으며 걸으니 발이 불었고 몸이 무거워서 힘이 많이 들었다. 그래도 아침에 예상한 것보다는 많이 걸었다는 것에 만족했다.

오늘 오전에 16㎞를 걸었고 점심 먹고 7.1㎞를 걸어서 총 23.1㎞를 걸었다.

울산시 울주군 덕하삼거리

울산시 울주군 구 덕하역

해파랑길 24일차

2021년 3월 21일 일요일

울산시 울주군 구 덕하역   -   부산시 기장군 임랑해변

 오전 午前

    오전 7시 30분에 해파랑길 24일차를 시작했다. 날씨는 흐리고 쌀쌀했다. 어제 비를 많이 맞아서인지 아침에 일어나니 몸이 천근만근이었다.

    오늘 목표는 울주군 진하해변을 거쳐 부산시 기장군 임랑해변까지 가려고 한다. 그럴 경우 총 거리가 36.6㎞이어서 지금까지 해파랑길의 하루 이동 거리 중에서 가장 길게 된다. 그래서 임랑해변 이전에 숙박시설이 있으면 그곳에서 하루 일정을 마무리하려고 한다. 그리고 오전에 갈 예정인 진하해변까지는 내륙길로 되어 있다.

    덕화로를 따라 걷다가 청량교를 건넌 이후에도 계속 덕하로를 걸어서 청량운동장을 지났는데, 청량운동장에서는 사람들이 아침 일찍부터 축구를 하고 있었다. 일요일 아침에 조기 축구를 하는 것이었다. 축구도 부지런해야 할 수 있는 스포츠였다. 골프도 잘 치려면 연습을 많이 해야 하고 부지런해야 한다. 뭐든지 부지런하지 않고 그냥 이루어지는 것은 없는 것 같다.

코레일의 차량 정비소인 덕하차량사업소와 울주화물터미널을 지나 계속 덕화로를 걸었다. 어제 하루 종일 바다를 못 보았는데, 오늘도 오전 내내 바다를 못 보며 걷고 있다. '바다야, 너는 어디에 있는 거니?'

울산시 울주군 화물터미널 부근의 덕화로

덕하로를 따라 걸어가다가 바다가 있는 진하해변이 13.9㎞ 남았다는 자전거길 이정표를 보니 반가웠다. 진하해변에는 마침 점심 먹을 시간인 12시경에 도착할 수 있을 것 같았다.

울주군에 들어오니 해파랑길 안내가 친절하게 잘 되어 있었다. 너무 친절하니 부담되고 미안할 정도였다. 왜 그 이전에는 해파랑길 안내가 그렇게 친절하지 못하였나 라는 의문이 들 정도였다. 친절한 안내판 덕분에 길을 헤맬 염려는 없었다. 부산까지 그렇게 친절한 안내가 계속되기를 기대하였다.

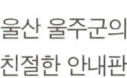
울산 울주군의
친절한 안내판

423

제네삼거리에서 14번 국도인 남창로를 따라 걸었다가, 왼쪽으로 빠져나가 대북동천로를 걸었다. 동천3교를 아래로 통과하여 청량읍 동천리로 들어가서 회야강 둑길로 갔다. 제네삼거리에서 계속 남창로를 따라 걸어도 회야강 둑길이 나오는데, 지그재그로 차도를 따라 걸어서 회야강 둑길로 간 것이었다.

회야강 둑길을 잠시 걷다가 왼쪽으로 빠져서 동천1교로 회야강을 건넜다. 그리고 남창로를 따라 걷다가 망양삼거리에서 좌회전하여 덕망로를 걷다가 회야강 둑길을 다시 만났다. 그냥 회야강 둑길을 계속 걸으면 되는데, 친절한 안내판이 시키는 대로 이리저리 왔다 갔다 좌회전하고 우회전하며 걸은 것이었다.

울주군의 해파랑길은 안내가 친절하지만, 코스가 좀 복잡하게 설정되어 있었다. 어차피 해안길도 아닌데 그냥 큰 차도나 하천의 둑길을 계속 걸으면 되는데 말이다. 해파랑길 코스가 왜 그렇게 안내하고 있는지 모르겠지만, 코스를 따라 걷지 않으면 친절한 안내판에게 혼날 것 같아서 오전에는 친절한 안내판을 따라서 걷기로 했다.

온산읍 부근의 회야강 둑길에 들어선 이후에는 계속 둑길을 걸으면 진하해변까지 갈 수 있었다. 이제는 더 이상 해파랑길 코스가 이리저리 왔다 갔다 하지 않을 것 같았다. 그리고 코스가 만일 다른 곳으로 빠져나가라고 안내해도 나는 계속 회야강 둑길을 걷기로 했다.

회야강 둑길은 시내 길보다는 훨씬 한적하여 걷기에 좋았다. 그리고 회야강 둑길의 가로수 벚나무에 꽃 몽우리가 맺혀 있었다. 아마 1주일 이후면 만개할 것 같은데, 그때에는 회야강 둑길이 주민들에게 인기 있을 것 같았다.

재작년 충무공 백의종군로를 걸을 때가 생각났다. 구례군 서시천과 섬진강의 둑길을 걸을 때 벚꽃 잎이 비와 함께 떨어지는 것을 맞으며 걷기도 했고, 길에 잔뜩 떨어진 벚꽃잎을 밟으며 걷기도 했다. 그야말로 꽃비를 맞기도 하고 꽃길을 걷기도 했던 것이었다.

울산 울주군 온산읍 회야강 둑길

　내가 만일 해파랑길을 1, 2주 늦게 시작했으면, 벚꽃을 보면서 회야강 둑길을 걸었을 텐데, 조금 아쉬웠다. 오늘은 벚꽃 몽우리만 보면서 회야강의 오른쪽 둑길을 걷다가 친절한 안내를 따라 다리를 건너서 회야강의 왼쪽 둑길을 걸었다.

　해가 비치니 기온이 급속히 올라갔다. 마침 일요일이어서 그런지 회야강 둑길에는 산책하는 사람이 많았다. 그런데 대부분 노인이었다. 젊은 사람들은 어디서 운동하거나 여가를 보낼까 하는 궁금증도 일어났다.

　요즘의 여행은 주로 자동차로 한다. 그러니 목적지로 가는 과정은 중요하지 않다. 어찌 보면 목적지로 빠르게 이동할 수 있는 길이 좋은 길이다. 목적지에서 구경하거나 시설을 이용하는 것이 중요하기 때문이다.

　그러나 걷기여행은 과정이 중요하다. 목적지는 걷기 위해 설정한 것에 불과하다. 길 주변의 바다, 산, 강, 마을, 집, 나무, 풀, 꽃, 새. 그런 것들과 함께 걷는 것이다. 내 발이 움직이지 않으면 그러한 것들은 나타나지 않고 다가오지도 않는다. 걸음에 따라 길이 바뀌고 주변의 모든 것도 바뀐다. 그러니 걷기여행은 과정의 여행인 것이다.

회야강 둑길에는 쑥이 많았고 강 주변에는 미나리 밭도 있었다. 쑥과 미나리는 우리나라의 아주 흔한 식물이다. 쑥은 아무 곳에나 땅이라면 잘 자라고, 미나리는 물가라면 도처에 널려있다.

요즘 영화 '미나리'가 세계의 여러 영화제에서 상을 받고 있다. 나는 아직 그 영화를 못 보았지만, 아마 미국에 이민 간 한국인의 애환과 갈등을 그렸을 것 같다. 우리 민족은 쑥과 미나리와 더불어 살아왔으니까, 쑥과 미나리처럼 어느 곳에나 적응을 잘하고 살아가는 것 같다. 그리고 우리의 것이 세계적인 것이 아닐까 생각한다. 서울에 가면 영화 '미나리'를 봐야겠다.

울산 울주군 회야강 옆의 미나리 밭

울산 울주군 회야강 둑길의 쑥

한참 동안 회야강 둑길을 걸어서 회야강의 하류쯤에서 서생교를 아래로 지나 계속 둑길을 걸어가는데, 강어귀에 어선들이 많이 정박되어 있는 것을 보니 바다가 가까웠음을 느낄 수 있었다.

회야강 하구에 있는 강양항에 오전 11시 40분에 도착했다. 회야강 하구에 사람만 건널 수 있는 명선교가 있는데, 올라가지는 않았다. 명선교는 온산읍 강양항과 서생면 진하해변을 연결해주는 다리였다. 주 교각은 날아가는 한 쌍의 학을 상징하는 모양이었다. 마음으로는 한번 올라가 보고 싶었으나, 몸은 그 다리에 올라가기를 반대하였다.

울산 울주군 서생면 강양항

울산 울주군 서생면에서 본 명선교

예상대로 12시 다 되어 진하해변에 도착했다. 그저께 방어진항 이후 만 이틀 만에 바다를 볼 수 있었다. 그동안 계속 울산시의 내륙길만 걸은 것이다. 울산시의 해안에 공장이 많아서 해파랑길 코스를 내륙 길로 정한 것 같은데, 그래도 내륙길을 최소한으로 걷는 것으로 해파랑길 코스를 수정할 필요가 있다고 생각한다.

오전에 17.6㎞ 걸었고, 진하해변에서 나의 오전 업무를 마쳤다.

울산 울주군 서생면 진하해변

오후 午後

바다가 보이는 횟집에서 오랜만에 물회를 먹었다. 마침 일요일이어서 진하해변에는 바다를 구경 나온 가족 단위의 사람들이 많았다. 진하해변의 앞바다에는 조그만 섬이 하나 있고, 멀리 수평선에는 몇 척의 화물선이 떠 있었다. 점심을 먹은 뒤에도 진하해변 앞바다를 한참 동안 바라보며 쉬었다. 햇살이 눈부신 바다와 멀리 펼쳐진 수평선을 바라보고, 그 바다를 구경하러 온 가족들을 바라보았다. 그러니 내가 어릴 때 아버지와 함께 보러 갔던 서해 바다가 갑자기 생각났다.

오후 1시 10분에 오후 걷기를 출발하였다. 진하해변 이후에는 잘 만들어진 해안 산책로를 따라 걸었다. 솔개공원 이후의 해안가에도 해안 절벽을 따라 나무 산책로가 잘 마련되어 있었다. 산책로는 가끔 끊겨 있기도 했지만, 대체로 잘 만들어져 있어서 걷기에 좋았다. 잠시 벤치에 앉아 쉬면서 옛 생각을 가다듬었다.

울산 울주군 진하해변 옆 산책로

내가 바다를 처음 보고 싶었던 것은 초등학교 때였다. 서울에 지하철이 생긴 지 얼마 되지 않았을 때인데, 나는 갑자기 바다가 보고 싶었다. 지하철을 타면 인천 앞바다에 1시간 남짓이면 갈 수 있으니 아버지에게 바다를 보고 싶다고 졸랐다. 그래서 어느 일요일에 아버지는 나만 데리고 지하철을 타고 버스를 갈아타서 인천 월미도로 갔었다.

그때의 월미도는 지금보다 더 형편없었다. 바다는 철책으로 막혀 있어서 바닷물은 만져보지도 못했고, 물은 맑지도 않았으며, 무엇보다도 주변의 섬들 때문에 수평선도 잘 보이지도 않았다. 나는 월미도 앞바다를 보고 실망했지만, 아버지에게는 바다를 보니 좋다고 말했다. 월미도 근처의 식당에서 점심을 먹으면서 아버지는 소주만 연거푸 드셨다.

　나는 그때 왜 바다가 보고 싶었는지 기억이 잘 나지 않는다. 아마 산골에서 태어나고 서울에서 자라서 한 번도 직접 바다를 본 적이 없어서 그랬을 것이다.

　그렇게 나에게 처음 바다를 보여주셨던 아버지는 23년 전에 돌아가셨다. 아버지가 2개월 정도를 병원에 의식이 없이 누워계시다가 돌아가셔서 나는 아버지로부터 마지막 말씀을 듣지 못하였다. 그래서 그런지 아버지는 돌아가신 지 한 달쯤 뒤에 내 꿈에 나타나셔서 나에게 '잘 살아라.'라고 말씀하였다.

　요즘에는 해파랑길을 걸으며 거의 매일 동해 바다를 보고 있다. 내가 나이 들어서 이렇게 불쑥 해파랑길을 걸으며 바다를 보고 싶었던 이유는 어릴 때 월미도 앞바다의 실망감 때문은 아니다. 굳이 따지자면, 바다와 같은 자유로움을 느끼고 싶었던 것이 아닐까 생각한다. 끝없는 수평선을 바라보고, 바다에서 불어오는 바람을 느끼며, 세상의 그 무엇에도 얽매이지 않고 마음대로 생각하고 행동하는 그러한 자유로움 말이다.

　지금 아버지는 안 계시시만, 내가 요즘에 원 없이 바다를 보고 있다고 말씀드리고 싶다. 그리고 어릴 때 아버지와 함께 본 바다의 추억은 내 눈물 속에 남아있다. 오늘 진하해변의 바다를 바라보며 아버지에게 물었다. "아버지, 저는 지금 잘 살고 있나요?"

　해안 산책로를 계속 걸어서 송정방파제로 가니 방파제 안에는 강태공들이 많았다. 항구에는 그들이 타고 와서 주차해 놓은 자동차가 어선들보다도 많았다. 송정방파제 이후에도 계속 바닷가의 잘 만들어진 산책로를 걸었다. 강원도 고성군에서 부산까지 계속 이런 길로만 연결되어 있으면 좋겠다는 생각을 또 하게 만드는 그런 걷기 좋은 산책로였다.

울산 울주군 대송리 해안 산책로

  좋은 길을 따라 계속 걸어가니 멀리 간절곶이 보였다. 오늘이 일요일이고 날씨가 좋아서 간절곶에는 사람들이 많았다. 지금이 야외 활동하기 좋은 계절인가 보다. 더 걸어가서 오후 2시 반에 간절곶에 도착했다.

  울산시 울주군 서생면 대송리에 위치한 간절곶(艮絶串)은 먼바다에서 보면 그곳이 뾰족하여 긴 간짓대(대나무 장대)처럼 보인다고 해서 붙여진 이름이다. 그리고 우리나라 육지에서는 해가 가장 먼저 뜨는 곳이라고 한다. 정동진보다 5분, 호미곶보다 1분 빠르다고 한다.

  그러니 원래 간절곶은 '간절함'과는 관련이 없는 곳이다. 그런데도 구경나온 사람들 중에는 바다를 향해 기도하는 사람이 있었다. 그 사람들은 간절곶에서 자신의 간절함을 드러내고 있었다. 아무래도 바다는 인간 기원(祈願)의 대상인 모양이다.

  누구든지 간절한 소망 한두 가지는 가지고 있다. 사람들은 그러한 소망을 바다에 말하며 자신에게 다짐하고 있는 것이었다. 요즘 나의 소망 중에 하나는 남은 해파랑길을 무사히 마치는 것인데, 이제 모레면 최종 종착지인 부산시 오륙도 해맞이공원에 도착하여 마칠 수 있을 것 같다.

간절곶의 등대는 1920년 3월 설치된 이후 지금까지 운영되고 있고, 큰 소망 우체통에 소망이나 사연을 적은 엽서를 부치면 주소지에 배달된다고 한다. 그리고 간절곶에는 이국적인 돌탑이 있었다. 그 옆의 안내문을 읽어보니, 카보다호카(Cabo da Roca)는 포르투갈 리스본주의 신트라시(市)에 있는 유럽대륙에서 가장 서쪽 끝 연안의 곶의 이름인데, 그곳에 해넘이를 상징하여 세워져 있는 돌탑과 같은 모양의 돌탑을 간절곶에 세운 것이라고 한다.

그래서 그 돌탑에게 "넌 여기에 왜 왔니?"라고 물으니, 내가 살던 세상을 떠나 바람 따라 걸어 다니는 나에게 그 돌탑은 "넌 여기 왜 왔는데?"라고 되묻는 것 같았다. 나는 잠시 생각하다가, "해파랑길을 다 걷고 나서 남파랑길까지 걸은 뒤에 내가 살던 세상으로 돌아갈 거야."라고 대답했다.

얼마 전부터 남파랑길도 걷고 싶다는 생각이 들어서였다. 그래서 지금 생각으로는 이 해파랑길을 무사히 마치면, 집에 가서 쉬었다가 남파랑길 걷기를 시작하려고 한다. 그리고 그 이후에는 다시 직장을 구해서 내가 살던 세상으로 돌아가려고 한다. 세상에는 더 이상 숨을 곳도 피할 곳도 없는 것 같다.

울산 울주군 대송리 간절곶

울산 울주군 대송리 간절곶의 등대

울산 울주군 대송리 간절곶의 소망우체통

울산 울주군 대송리 간절곶의 카보다호카 돌탑

간절곶을 지나 해안도로인 간절곶해안길을 조금 걸으니 바로 평동항이었다. 그리고 나사해안길을 걸어서 나사등대를 사진에 담고 나사항에 도착했다. 나사해변은 바로 나사항에 바로 연이어 있는데, 백사장 입구는 차들로 빼곡했다.

나는 아침에 오늘 일정을 정하면서 오늘의 목적지를 확실하게 정하지 못하였다. 임랑해변까지 갈지 아니면, 중간인 나사해변이나 신리항에서 마칠지 말이다. 오전에 구 덕하역에서 진하해변까지 17.6㎞를 걸었는데, 오후 코스인 진해해변에서 임랑해변까지 19㎞이기에 합하면 36.6㎞나 된다. 그리고 신리항에서 임랑해변 사이에는 해안에 고리 원자력 발전소가 있어서 해안으로 걸을 수 없다. 그래서 어차피 내륙 길을 걸어야 한다. 그러니 나사해변이나 신리항 부근에 숙박시설이 있으면 오늘 걷기를 마치려고도 생각했던 것이다.

그러나 나사해변에 이렇다 할 숙박시설이 없었다. 허름한 민박들만 있으나, 왠지 온수와 난방이 안 될 것 같았다. 그래서 신리항까지 더 가 보기로 하였다.

울산 울주군
평동항

울산 울주군
나사등대

차도인 해맞이로로 나와서 서생중학교 입구에서 좌회전하여 당물길로 따라 들어가니 신암방파제가 있었고, 그 이후에 신암해안길로 걸으니 그곳에도 사람들이 많았다. 오늘은 해안에 어딜 가나 사람이 많았다.

신암해안길에서 멀리 고리·신고리 원자력 발전소가 보이기 시작했다. 해안길을 더 걸어서 오후 4시가 다 되어 신리항에 도착했다. 그런데 신리항에도 마땅히 숙박할 곳이 없었다. 몸은 피곤하지만, 당초 목적지인 임랑해변까지 더 걸어가기로 하였다.

신리항에서 임랑해변까지의 해파랑길 코스는 내륙으로 더 들어가서 서생역을 들렀다가 가는 것으로 되어 있다. 그럴 경우에 거리는 8.3㎞이고 2시간 정도 걸린다. 지도를 검색해보니, 신리항에서 임랑해변까지 31번 국도인 해맞이로를 따라 신고리 원자력 발전소 옆을 따라 걸어갈 경우에는 거리가 6.0㎞ 정도로 나왔다. 그래서 오늘의 종착지를 임랑해변으로 정하고, 대신에 해파랑길 코스로 가지 않고 해맞이로를 따라 걸어가기로 했다.

신고리 원전 5, 6호기를 공사하는 곳을 지나니 신리삼거리가 나왔다. 해파랑길 코스는 그곳에서 직진하는데, 나는 좌회전하여 해맞이로로 접어들었다.

울주군의 공사 중인 신고리 원전 5, 6호

신고리 원자력 발전소 옆의 해맞이로는 갓길이 넓지 않았고, 자동차들의 속도가 빨랐다. 이번 해파랑길을 걸으면서 원자력 발전소를 많이 보고 있다. 그전에 울진에서 한울 원전과 신한울 원전을 보았고, 경주에서 월성 원전을 보았으며, 오늘 울산시 울주군에서 신고리 원전을 보았다. 그리고 오늘 조금 더 가면 부산시의 고리 원전을 볼 수 있을 것이다.

울산 울주군 신고리 원자력발전소 앞 해맞이로

나는 그전에 원자력 발전소에 큰 관심이 없었다. 그런데 정부의 신한울 원전 3, 4호기의 공사 중단과 월성 원전 1호기의 조기 폐쇄 결정 이후 조금 관심을 가졌다가, 이번 해파랑길을 걸으면서 원전을 직접 보니 더 관심이 생겨났다.

원자력 발전소의 전문적인 내용에 대해서는 잘 모르지만, 원자력 발전소는 우리나라의 주요 전기 생산설비 중 하나이다. 지금 총 25기의 원자력 발전소가 생산하는 전력은 국내 총발전량의 31% 정도를 차지한다고 한다. 원자력 발전소는 경제적 효율이 높으나, 방사능 누출의 위험을 가지고 있는 것이 사실이다. 따라서 원자력 발전소의 가장 중요한 과제는 방사능이 유출되지 않게 철저하게 관리하는 것이라고 생각한다.

그러니 원전을 새로 지을 때에는 신중하게 결정해야 한다. 그러나 짓기로 결정했으면, 안전하게 짓는 것에 집중해야 한다. 그리고 운영하는 과정에서도 안전이 최고의 가치이다. 그러니 안전에 문제가 있으면 운영을 중단하는 것은 마땅하다. 그러나 안전에 문제가 없는데도 갑자기 신규 원전의 공사를 중단시키거나 기존 원전의 운영을 중단시키는 것은 바람직하지 않다고 생각한다.

그러한 결정 과정에서 정치가들의 결정보다는 전문가들의 판단이 중요하다고 생각한다. 그리고 전문가들도 정치적인 관점을 배제하고 전문성만으로 판단해야 한다.

그런 생각을 하며 원전 앞의 해맞이로를 걸어가는데, 어디서부터 인지 모르게 부산시로 들어왔다. 신고리 원전 1~6호기는 울산시 울주군 서생면 신암리에 속한다. 그중 신고리 원전 5, 6호기는 공사 중이다. 울주군은 신고리 원전의 명칭을 새로운 울주라는 의미로 '새울' 원전으로 변경하였다.

고리 원전 1~4호기는 부산광역시 기장군 장안읍 고리에 속한다. 그러니 고리원자력본부 앞부터는 내가 부산광역시 기장군에 들어온 것이다.

부산광역시는 서울특별시에 이어 우리나라에서 두 번째로 큰 도시이고 해파랑길 코스의 마지막 도시이다. 부산광역시는 신라 때 거칠산국(居漆山國)과 동래군(東萊郡)으로 불리다가 조선시대와 일제강점기를 거쳐 일본 및 다른 나라와 교역창구 역할을 하며 발전하였다. 한국전쟁 이후 피난민 등의 인구 유입이 증가하고 지역이 점차 확대되었고, 기장군은 1995년 행정구역 개편 때 양산군과 함께 부산광역시에 편입되었다. 지금은 인구가 약 340만 명에 이르는 대표적인 국제무역항이자 상공업 도시이다.

부산 기장군 고리의 고리원자력본부

 기장군 장안읍 길천삼거리에서 해파랑길 스티커를 만났다. 그곳부터 해파랑길 코스를 따라 걸으며 월내교를 건너 좌회전하여 월내해안길을 걸으니 갈매기가 나를 맞아 주었다. 이제는 갈매기와 친구가 된 것 같았다.

 오후 5시를 지나 월내리 항구에 도착했는데, 그곳에도 숙박시설이 없었다. 임랑해변까지는 1.4km를 더 가야 하는데, 검색을 해 보아도 임랑해변에는 모텔은 없었다. 그래도 어차피 늦었으니 임랑해변까지 가서 민박이나 펜션을 찾으려고 생각했다.

 월내해안길을 걸으면서 뒤돌아보니 모두 4개(1~4호기)의 고리 원자력 발전소가 보였다. 그중에 고리 원전 1호기는 1978년 4월에 상업운전을 시작한 우리나라 최초의 상업용 원전이다. 그러니 우리나라 원전의 맏형인 셈인데, 2017년 6월에 수명이 다 되어 폐쇄되었다. 고리 원전 2, 3, 4호기는 현재 가동 중이다.

부산시 기장군 고리 원전

임랑해변 입구에는 카페가 많았다. 그리고 카페마다 자동차가 많이 주차되어 있었다. 또 젊은이들이 카페에 가득했다.

오후 5시 35분에 임랑해변에 도착하여 오늘 걷기를 마쳤다. 오전에 17.6㎞, 오후에 16.7㎞를 걸어서 총 34.3㎞를 걸었다. 오후에는 해파랑길 코스인 19.0㎞보다 2.3㎞ 짧게 걸었다.

그런데 임랑해변에서 숙박에 문제가 있었다. 민박집은 오래된 집들이어서 연락하지 않았고, 어느 펜션에 연락했더니 작은 방을 3만 원에 쓰라고 했다. 그래서 부근에서 저녁을 먹고 펜션에 들어갔더니 방은 외풍이 심해서 앉아 있기도 어려웠다. 그래서 펜션 주인에게 환불 요청을 했더니 다행히 주인이 환불해 주었다. 다른 펜션에 연락했더니 빈방이 없거나 영업을 하지 않았다.

오후 7시가 지나니 날은 어두워지고 바람이 불어 추워지는 상황에서 어쩔 수 없이 숙박시설이 많은 일광해변으로 가려고 했다. 휴대폰 배터리도 얼마 남지 않았고, 내 몸의 배터리도 다 떨어져 가는 상황에서 일광해변까지 약 8㎞는 걸어가기에는 너무 먼 거리였다. 그래서 버스를 타려고 버스 정거장에서 버스를 기다리다가 마침 지나가는 택시를 타고 일광해변으로 이동하였다.

일광해변 주변에서 숙박료 4만 원에 깨끗한 모텔을 잡을 수 있었다. 임랑해변의 펜션과 숙박료가 1만 원 차이인데도 일광해변의 모텔은 난방이 잘 되었고 시설은 천양지차(天壤之差)로 좋았다. 그 모텔 주인은 세탁기와 건조기를 사용할 수 있게 해 주어서 밀린 빨래도 할 수 있었다.

해파랑길 25일차

2021년 3월 22일 금요일

부산시 기장군 임랑해변 — 부산시 해운대구 미포항

🌀 오전 午前

아침 일찍 일광해변 부근에서 마을버스를 탔다. 버스는 20분가량 달려서 어제의 해파랑길 종착지이자 오늘의 출발지인 임랑해변으로 나를 데려다 주었다. 그래서 임랑해변에서 오전 7시 50분에 오늘의 해파랑길 25일차를 출발했다. 오늘의 목적지인 해운대구 미포항을 향해 발을 내디뎠다.

부산시 기장구 임랑해변

날씨는 좀 쌀쌀했지만, 하늘은 구름 한 점 없이 맑았고 임랑해변의 바다는 파도 없이 고요했다. 아침의 임랑해변의 신선한 갯내음은 내 몸에 쌓인 피로를 어느 정도 줄여주는 것 같았다. 내일이면 해파랑길 걷기를 마칠 수 있을 것 같다.

임랑교를 건너 차도인 일광로를 따라 어제 잠을 잤던 일광해변을 향해 다시 걸어갔다. 일광해변까지는 걸어서 2시간 정도 걸린다. 일광로에는 차는 별로 다니지 않는데, 갓길이 좁아 다소 위험했다. 일광로와 그 주변은 조용한 편이었다.

일광로를 조금 걷다가 해안길인 문오성길로 일광면 문동리에 접어드니 문동방파제가 있었다. 임랑해변 부근에 고급 카페가 많았는데, 문동리에도 고급 카페가 많았다. 그 주변이 어제 일요일에는 분주했는지 모르겠으나, 오늘 월요일 아침엔 바람 소리 이외에는 아무 소리도 없었다.

문동리의 넓은 해안에서 주민들이 미역을 말리고 있었다. 그제야 기장군이 미역으로 유명하다는 것이 생각났다. 그리고 바로 옆 마을인 칠암리로 가니 그곳에 붕장어 마을이라는 간판이 있었다. 그곳은 붕장어로 유명한 모양이다.

조그만 칠암항을 지나 문오성길이라는 해안도로를 따라 걸었다. 계속 바다를 보며 걸어가는데, 오늘 아침의 바다는 이상하리만치 고요했다. 해는 조용히 바다를 비치고 있었고, 바다 먼 곳엔 대형 화물선이 이동하고 있었고, 바다 위에는 갈매기 떼가 바람 따라 이동하고 있었고, 조용한 바닷가에서 나는 해파랑길을 따라 걸어가고 있었다.

조금 가니 신평리의 신평 소공원에는 멋진 배 모양의 전망대가 있었다. 배의 선수 부분을 전망대로 만들어 놓은 것인데, 아이디어가 좋아 보였다. 전망대가 원하는 대로 나는 전망대에 올라가서 바다를 보았다.

해파랑길 걷기는 내일이 마지막이다. 동해 바다를 볼 수 있는 날도 얼마 남지 않았다고 생각하니, 오늘은 오전부터 바다를 더 보고 싶었다. 해파랑길 걷기를 마치고 서울로 가면 동해 바다가 그리워질 것 같다.

아무튼 큰일이다. 내가 바다와 정(情)이 든 모양이다.

요 며칠 계속 생각했는데, 아무래도 남파랑길도 걸어야 할 것 같다. 남파랑길을 걸으려면 집에 가서 상황을 봐야 하고 식구들의 동의도 얻어야 한다. 그래서 가능하면 4월 초부터 남파랑길을 걸을 수 있기를 기대한다. 그런데 남해안은 리아스식 해안으로 꼬불꼬불하고 큰 섬이 많아서 남파랑길은 길이가 해파랑길의 두 배 정도인 1,470㎞이니 걱정이 앞서는 것도 사실이다.

부산시 기장군 칠암항 부근 바다

부산 기장군 일광면의 신평 소공원 전망대

전망대 이후에 해안 산책로가 일부 훼손되어 차도인 일광로 옆을 걷다가 동백리로 들어가 동백항에 도착했다. 부산시에 들어오니 울주군에서와 같은 친절한 안내판이 없어서 아쉬웠다.

　동백항을 지나 계속 해안도로인 문오성길로 걸어가는데, 4층의 대형 카페에서 한 남자가 유리창을 닦다가 지나가는 나를 한참 보더니 인사해 주었다. 그 남자는 내 또래로 보였는데, 카페 주인인 것 같았다. 통상적으로 마을 주민들은 나에게 관심이 없는데, 그렇게 인사해 주니 고마워서 나도 인사해 주었다. 그리고 그 카페가 멋있다고도 말해 주었다. 실제로도 카페가 멋이 있었다. 카페 주인도 기분이 좋은지 웃으면서 나에게 감사하다고 말해주었다.

　나는 지나가며 속으로 '저렇게 크고 많은 유리창을 혼자 다 닦으려면 오전 내내 고생하겠네.'라고 생각했다. 뭐든지 쉬운 일이 없다. 그 카페 사장도 어제 일요일에 사람들이 다녀갔던 흔적을 혼자 청소해야 하니 말이다.

　그 부근에도 대형 카페들이 많았다. 새로 짓고 있는 카페도 많았다. 그러한 카페를 차리는데 돈이 얼마나 드는지가 궁금하기도 하였다. 주인아저씨가 인사해 준 카페가 아니지만, 다른 비슷한 카페의 사진을 올려본다.

　동백리를 지나서도 일광로를 계속 걸었다. 이천리 해안의 선바위 유원지에는 텐트가 여럿 있었다. 텐트의 모습이 오랫동안 묵은 것으로 보였다. 조그만 1인용부터 커다란 것까지 텐트의 모양이 다양했다. 그곳에서 몇 날 며칠을 먹는 문제와 화장실 문제를 어떻게 해결하지? 어떠한 여행이든 먹는 것과 자는 것이 가장 중요한 과제이다. 그들이 알아서 잘 먹고 잘 잘 것인데, 내가 별걱정을 다 하고 있었다.

부산 기장군 동백리 부근 대형 카페

일광로의 산책길을 걸어서 오전 9시 30분에 이동항에 도착했다. 이동항 직전에는 폐가옥 바로 옆에 대형 고급 카페가 있기도 했다. 폐가옥도 조만간 대형 카페로 바뀔 것 같았다. 부산시에 들어온 이후에 해안에 고급 카페가 더 많이 보였다. 그리고 앞으로도 고급 카페는 더 들어설 모양이었다.

　이동항을 지나 횟집 옆의 길로 접어드니 축대 아래에는 길이라고 말하기 어려운 좁은 길이 나왔다. 축대의 길이가 상당히 길었다. 그런 길을 지나서 일광면 이천리의 조그만 항구와 강송교를 지나 일광해변에 오전 10시경에 도착했다. 2시간 넘게 걸어서 어젯밤에 잠을 잔 곳에 도착한 것이었다.

　어젯밤에는 해변으로 나오지 않아서 몰랐는데, 일광해변은 상당히 넓고 깨끗했다. 해변에는 '난계 오영수 갯마을 문학비'가 있었고, 배 모양의 전망대도 있었다. 그리고 주변에 고층아파트도 많았다. 아무래도 일광해변 부근이 기장군의 번화가인 모양이었다. 지도를 보니, 일광해변 안쪽에 기장읍이 있었다.

　오영수(吳永壽)는 1943년부터 해방될 때까지 일광면에 근무하며 살았는데, 그때의 갯마을에 대한 체험으로 1953년 소설 '갯마을'을 발표했다. 그리고 일광해변 부근에는 고산(孤山) 윤선도(尹善道)의 시비도 있었다. 윤선도는 전남 보길도에만 유배된 줄 알았는데, 그곳 기장군 일광면에도 유배되었던 것이다. 윤선도는 1618년 (광해군 10년)에 그곳에 유배되었는데, 3년 만에 동생이 찾아와서 동생과 헤어질 때 두 편의 시를 남겼고, 또 다른 한 편의 시를 남겼다.

부산 기장군 일광해변

부산 기장군 일광해변의 오영수 문학비

부산 기장군 일광해변의 배 모형 전망대

부산 기장군 일광해변의 윤선도 시비

일광해변 이후에 해파랑길 코스는 내륙의 14번 국도인 기장대로를 따라 걸어서 기장군청을 지나 죽성항과 대변항으로 가는 것으로 되어 있다. 그런데 지도를 보니 해안으로 산책로와 넓은 차도가 있으며, 차도가 없는 곳에도 해안으로 걸어갈 수 있을 것 같았다. 그래서 나는 해파랑길 코스를 뿌리치고 해안길을 선택했다. 바다를 끼고 걷고 싶었고, 그동안 해파랑길 코스 중에 내륙길에 대해 다소 불만을 가지고 있어서였다.

일광해변 이후에 잘 만들어진 나무 산책로를 걸었고, 그 이후엔 차도인 학리등대로를 따라 계속 신나게 걸어서 학리항에 잘 도착하였다. 그곳까지는 좋았다. 그런데 학리등대로의 끝엔 군부대가 있어서 더 이상 갈 수가 없었다.

군부대 앞의 안내문에는 부대를 통과하려면 전화로 연락을 하라고 되어 있었다. 그래서 안내문에 따라 군부대에 전화했는데, 초병은 통과하지 못한다는 답변뿐이었다. 초병은 군부대 이후에는 어느 종교단체가 막고 있다는 말도 하였다.

그곳에서 1㎞ 정도만 해안으로 더 걸어가면 바로 죽성항이 나오고, 그리고 대변항으로도 갈 수 있는데, 너무 안타까웠다. 그래도 어쩔 수 없이 일광해변으로 다시 되돌아갔다. 1시간 정도를 괜한 헛걸음을 한 것이었다.

지금까지 해파랑길을 걸으며 가장 긴 헛걸음이었다. 군부대와 종교단체 때문에 8㎞를 돌아서 걸어야 했다. 내가 지금까지 해파랑길을 걸으며 해파랑길 코스와 다르게 걸었던 것에 대해 해파랑길 코스가 나에게 벌을 주는 것 같은 기분도 들었다. 그것도 해파랑길 종료까지 마지막 하루를 남기고 말이다. 헛걸음했던 길이지만, 일광해변의 좋은 산책로와 그 산책로에서 본 일광해변의 전경을 사진에 담았다.

터벅터벅 일광해변으로 되돌아가서 해파랑길 스티커를 따라 삼성천 옆 산책로를 돌아 14번 국도인 기장대로로 접어들었다. 오늘 계획은 대변항에서 점심을 먹으려고 했는데, 배는 고파오고 다리는 힘은 빠지고 있었다. 헛걸음을 해서 그런지 더 힘든 것 같았다. 그래서 기장대로를 걷다가 식당이 있으면 들어가려 하였다.

부산시 기장군 일광해변 옆 산책로

부산시 기장군 일광해변 전경

    그런데 그 넓은 기장대로엔 상가 자체가 없었다. 주유소 옆 식당은 잠겼고, 기장경찰서 부근에도 식당이 없고, 기장체육관 부근에도 아무것도 없었다. 그리고 한참 더 가니 기장군청이 보였는데, 그 주변에도 상가가 잘 보이지 않았다. 도대체 경찰관들과 구청 직원들은 어디서 점심을 먹나 하는 의문이 들 정도였다.

    기장대로를 따라 걸으니 해파랑길 스티커와 리본은 기장군청 안으로 들어가라고 안내하였다. 이상하다고 생각하며 기장군청 안으로 들어갔는데, 군청 건물 뒤 주차장 이후엔 해파랑길 스티커나 리본이 없었다. 군청 직원도 군청 뒤로는 죽성항 가는 길이 없다고 말해 주었다.

지도를 보니 군청 뒤의 산길로 가면 죽성항으로 갈 수 있을 것 같았다. 그런데 오전에 헛걸음을 해서 그런지 그 산길을 도전하기 싫었다. 괜히 한숨을 쉬고 기장 군청을 나와 기장대로를 조금 더 걸으니 '부산 갈맷길'의 대체노선 안내가 있었다. 그곳에서도 죽성로를 따라 죽성항에 갈 수 있는데, 그 길이 좁고 대형트럭이 다녀서 위험하므로 바로 대변항으로 가는 길을 추천하고 있었다.

▲ 부산시 기장군청

◀ 부산시 기장군청 부근 갈맷길 안내도

어디로 가야 하나 고민을 하고 있는데, 그 부근에 마침 돼지국밥 식당이 있었다. 배가 고프니 일단 점심을 먹어야겠고 부산에 왔으니 돼지국밥을 먹어봐야 해서, 그 식당으로 들어가 점심을 먹으며 어디로 걸어갈지 정하기로 했다.

그래서 예정에 없이 기장군청 부근에서 오늘 오전 걷기를 마치기로 했다. 오전에 13.5㎞를 걸었다. 중간에 헛걸음한 거리는 제외하였다.

 ## 오후 午後

 기장군청 부근의 식당에서 돼지국밥을 먹으며 생각했다. 어제 오후부터 뭔가 잘 안 풀리고 있는 기분이 들었다. 어제 오후엔 숙박시설 때문에 차로 이동하였고, 오늘 오전에는 1시간가량 헛걸음을 하였다. 그래서 더 이상 헤매지 않기 위해서 점심을 먹고 나서 죽성항으로 가지 않고 갈맷길을 따라 바로 대변항으로 가기로 했다.

 내가 갈맷길을 걷는 것이 아니라 해파랑길을 걷는 것이지만, 해파랑길 안내는 미흡한 반면에 부산시의 갈맷길 안내는 친절하니까 친절한 갈맷길을 따라가기로 한 것이다.

 30분간 돼지국밥을 맛있게 먹고 나서 12시 30분에 갈맷길을 따라 출발하였다. 대변항에 도착한 뒤에 쉬려고 하였다. 오후에 미포항까지 가야 해서 지체할 수 없었던 것이었다.

 기장대로를 걷다가 청강사거리에서 좌회전하여 대변로를 걸어서 결국 오후 1시에 멸치의 고장 대변항에 도착하였다.

부산시 기장군 대변항

부산시 기장군 대변항의 멸치조형물

    대변항 앞 벤치에 앉아서 양말을 갈아 신고 커피를 마시며 쉬었다. 아주 오래전에 부산에 출장 와서 멸치회를 먹으러 대변항에 왔었다. 그때 멸치회와 갈치회를 처음 먹었는데, 아주 맛이 있었던 기억이 났다. 그런데 주변이 확 달라져 있어서 어디가 어딘지 잘 모르겠다. 그때는 좀 허름한 항구였던 것 같은데, 오늘 보니 항구도 커지고 깨끗해졌다.

    오늘 대변항에 와서 멸치회도 먹지 못하고 떠나서 아쉬웠지만, 오후의 일정도 남아 있으니 오후 1시 40분에 오늘의 종착지인 미포항을 향해 출발했다. 대변항을 떠나면서 아쉬운 마음에 전망대에서 대변항의 전경을 사진 찍었다. 주변에 횟집이 많은 연화1길을 따라 복잡한 대변항을 벗어났다.

    연화1길로 조금 더 가서 서암항을 지나 해안도로인 기장해안로를 조금 걸으니 부산도시공사의 오시리아 해안산책로가 있었다. 그 산책로는 해파랑길과 일치하니 따라 걸었다. 산책로는 아주 잘 만들어져 있었다.

    해파랑길을 걷다 보면 길의 차이가 크다는 것을 느낀다. 물론 길이 다 같을 수는 없지만, 오시리아 해안산책로 같은 걷기 좋은 길을 걸으면 길을 조성한 단체에게 미안할 정도이다. 그에 반하여 걷기에 어려운 길도 있다. 거듭 말하지만, 걷기 어려운 길을 잘 정비하면 좋겠다. 그러면 해파랑길을 지금보다 훨씬 많은 사람들이 걸을 것이라고 장담한다.

 오시리아 해안산책로를 따라 오랑대공원으로 가니 갯바위에 제단이 있었다. 그곳이 오랑대인 줄 알았는데, 그 제단은 용왕신을 모시는 해광사 용왕단이었다. 그 제단 옆에 오랑대는 따로 있는데, 오랑대를 사진 찍지 못하고 지나쳐 버렸다.

부산시 기장군 오랑대공원

 오랑대는 삼국유사의 '연오랑과 세오녀'의 설화와 관련이 되어 연오랑대라고 불리다가 오랑대라 불린다고 한다. 포항시에 연오랑·세오녀와 관련된 곳이 많았는데, 부산시에도 그와 관련된 곳이 있었다. 어떻게 된 것인지는 잘 모르겠다. 지자체가 설화를 자기 지역에 연결해서 이름을 짓는 것 같았다.

 걷기 좋은 오시리아 해안산책로를 걸으니 오른쪽에 크고 멋있는 리조트가 있는데, 건물이 하도 커서 전체의 모습을 볼 수도 없었다. 하나의 리조트가 아니라 부산 힐튼 호텔과 아난티 코브 리조트였다.

부산시 기장군 오시리아 산책로

국립수산과학원 옆의 산책로를 걸으니 해동용궁사가 보였다. 그래서 해안 산책로를 따라 오후 3시에 해동용궁사(海東龍宮寺) 안으로 들어갔다. 해동용궁사는 1376년 고려 공민왕의 왕사였던 나옹선사(懶翁禪師)가 창건하였다. 임진왜란 때 소실되었는데, 1930년에 중창되었다.

해동용궁사의 대웅전과 석탑을 보고 나오면서 돌다리의 문에 걸린 '해인삼매(海印三昧)'라는 붉은색 현판 글자를 보는 순간 멍한 기분이 들었다. 지금까지 해파랑길을 걸으며 계속 생각했던 '해인'을 그곳에서 만난 것이다. 내가 도(道)를 알지도 못하고 통(通)하지도 못하지만, 해파랑길을 걸으며 계속 바다를 내 마음속에 담아두고 싶은 갈망을 그 현판 글자가 알아주는 것 같았다.

그러한 마음에서 해동용궁사를 창건한 나옹화상의 대표적인 시를 찾아 올린다. '물 같이 바람 같이', '있는 듯 없는 듯' 사는 것은 아무나 할 수 있는 것이 아니다.

청산은 나를 보고 말없이 살라하고
창공은 나를 보고 티 없이 살라하네

탐욕도 벗어 놓고 성냄도 벗어놓고
물같이 바람같이 살다가 가라 하네

저산은 나를 두고 변하지 말라하고
세상은 나를 보고 다 잊고 살라하네
미움도 벗어 놓고 집착도 벗어놓고
있는 듯 없는 듯 살다가 가라 하네

나옹화상 작, 김재진 역

부산시 기장군 해동용궁사

해동용궁사약 해안삼매 현판

해동용궁사 뒤로 108계단을 올라 주차장으로 나오다가 해파랑길을 걷는 사람을 만났다. 그는 해파랑길에 대해 잘 아는 그야말로 해파랑길의 길잡이였다. 함께 해파랑길에 대해 이런저런 이야기하며 공수항에 도착했다.

　공수항 벤치에는 해파랑길을 걷는 두 사람이 쉬고 있었다. 70대로 보이는 그들은 오늘 아침에 오륙도 해맞이공원에서 출발했다고 한다. 그러니 그들에게는 오늘이 해파랑길 걷기의 첫날이었다.

　해파랑길 길잡이는 우리 모두를 공수항 부근의 커피숍으로 데리고 가서 커피를 사주었다. 커피를 마시며 우리는 30분가량 해파랑길에 대한 정보를 교환하였다. 나는 갈 길이 많이 남아서 해파랑길 길잡이에게 고마움을 표시하고 커피숍을 먼저 나왔다. 해파랑길 길잡이는 부산에 살고 있는 사람인데, 그는 고맙게도 그 이후에 내 블로그에 방문하여 나를 많이 응원해 주었다.

　기장해안로를 걸어 송정2호교를 건너서 기장군에서 해운대구로 접어들었다. 다리를 건너자마자 오후 4시 20분에 송정항에 도착하니 바로 옆이 죽도공원 입구였다. 죽도공원에는 시간 관계상 들어가지 못했다. 오늘의 목적지 미포항까지 6㎞ 정도를 더 가야 한다. 그야말로 날은 저물어 가는데 가야 할 길은 아직 많이 남아 있었다.

　죽도공원 입구 바로 옆이 송정해변이었다. 송정해변에는 오늘 처음 왔다. 송정해변의 모래가 곱고 깨끗했다. 해변도 상당히 넓었다.

　송정해변 부근에도 숙박시설이 많아서, 오늘 일정을 그곳에서 마칠 수도 있지만, 왠지 오늘 미포항까지 가고 싶었다. 미포항 바로 옆이 해운대해변이기 때문이다. 오래전에는 부산에 오면 항상 해운대해변에 가곤 했지만, 왠지 약 20년 전부터는 부산에 와서도 해운대해변에는 가지 않았다. 해운대해변이 해파랑길 코스이니 내일 가도 되지만, 오늘 꼭 가고 싶었다.

부산시 해운대구 죽도공원 입구

부산시 해운대구 송정해변

　송정해변을 지나서는 또 해파랑길 코스와 다르게 걸었다. 해파랑길 코스는 달맞이길로 와우산을 올라가는 것인데, 나는 해안도로인 송정구덕포길로 걸은 것이다. 오전에 해파랑길 코스와 다르게 걸었다가 헛걸음을 하고서도 오후에 또 다르게 걸은 것이다. 아무튼 해파랑길을 걸으며 산을 타기는 싫었다. 다행인 것은 부산시의 갈맷길은 송정구덕포길을 안내하고 있었다.

　송정구덕포길을 걷다가 갈맷길을 따라가니 구덕포역이 나오고 옛 기찻길이 나왔다. 기찻길은 해변열차길(부산 그린레일웨이)인데, 바로 옆에 산책로가 잘 되어 있어서 걷기 좋았다. 그리고 즐거운 것은 그 산책로가 미포항 바로 옆인 미포역까지 연결되어 있다는 것이다.

산책로의 왼쪽에는 바다가 보이고 안전하니 많은 부산 시민들이 산책을 하고 있었다. 그런 길이 해파랑길이 아닌 것이 이상할 정도였다. 해변열차 구덕포역을 조금 지나니, 미포역까지 3.4㎞나 남았다는 안내가 있었다. 오른쪽 산에서는 산비둘기가 연신 울어대고 왼쪽 바다에는 산 그림자가 길게 드리워지니 내 마음이 급해지고 발걸음이 빨라졌다.

해변열차 산책로를 걸으며 스스로 속도를 조절하려고 하던 차에 산책로와 연결된 청사포 다릿돌전망대가 있어서 미끄럼 방지 덧신을 신고 전망대로 갔다. 다릿돌은 청사포 해안의 다섯 개 암초가 징검다리 같아서 붙여진 이름이다.

부산시 해운대구 해변열차 산책로

부산시 해운대구 청사포 다릿돌전망대

전망대를 나와 계속 해변열차 산책로를 걸어가다가 청사포 부근의 횡단보도를 만났다. 그곳에서 오른쪽의 차도인 청사포로를 걸어 올라가면 해파랑길 코스를 만날 수 있다. 그러면 부촌이면서 카페가 많은 달맞이 고갯길을 걸을 수 있다. 그러나 나는 직진하여 계속 해변열차 산책로를 걸었다.

　멀리 바다에는 내일 가야 할 오륙도가 희미하게 보였고, 광안대교는 햇빛에 반사되어 보였으며, 해운대해변 부근의 높은 건물들도 보였다. 그런데 100층이 넘는 아파트를 비롯하여 해운대해변의 스카이라인이 놀라울 정도로 완전히 바뀌었다.

　정면의 해운대해변 쪽을 보며 걸어가는데, 서쪽 하늘로 지는 햇빛을 마주보기 때문인지 눈 안에 뭔가 들어있기 때문인지 앞이 흐릿하여 잘 볼 수가 없었다.

　계속 해변열차 산책로를 걸어서 미포역 앞에서 계단으로 내려가니 바로 미포항(尾浦港)이었다. 미포항은 임진왜란 전후에 형성되었다고 하는데, 그 지역이 소가 누워있는 형상인 와우산(臥牛山)의 해안 기슭으로 소의 꼬리에 해당된다고 해서 그러한 지명이 붙여졌다고 한다.

　오후 5시 35분에 오늘의 종착지 미포항에서 걷기 일정을 마쳤다. 오늘 오전에 13.5㎞, 오후에 16.7㎞로 총 30.2㎞를 걸었다.

부산시 그린레일웨이 산책로

부산시 해운대구 미포항

미포항에서 바로 옆의 해운대해변으로 갔다. 해가 지려는 해운대해변의 계단에 걸터앉아 둘째 형을 생각했다.

예전에 둘째 형은 직장 때문에 잠시 부산시에 살았다. 28년 전에 나는 결혼하고 첫 여름휴가를 둘째 형이 있는 부산으로 왔었다. 그래서 형의 식구와 함께 해운대해변에도 놀러왔었다. 날씨가 흐려서 해수욕을 하지 않았지만, 바람이 불고 구름 낀 해운대해변을 함께 산책하고 사진도 찍었다. 그 사진은 지금도 집에 있다. 그때 개구쟁이였던 조카들은 지금 결혼도 하고 중년이 되었다.

그런데 형은 그 이후에 서울에 올라와 살다가 20여 년 전에 갑자기 암에 걸려서 쉰 살도 못 되어 세상을 떠났다. 항상 내 편이 되어주었고, 내가 어릴 때 용돈을 자주 주었고, 함께 등산도 자주 갔었고, 나를 좋아했던 형이 세상을 떠난 이후에는 나는 부산시에 와서도 형과의 추억이 있는 해운대해변에는 오지 못하였다.

지금 살아 있다면 손녀딸을 보고 좋아했을 형, 나 혼자 산에 올라갈 때면 자꾸 생각나는 형, 해운대해변의 바람과 구름을 생각나게 하는 형, 영혼이 왠지 모르게 실크로드를 걷고 있을 것 같은 형을 해운대해변에서 눈물과 함께 생각했다.

아마 오늘 이후부터는 해운대해변에 다시 올 수 있을 것 같다.

해파랑길 26일차

2021년 3월 23일 화요일

부산시 해운대구 미포항 — 부산시 남구 오륙도 해맞이공원

 오전 午前

    오늘은 나의 해파랑길 26일차이자 마지막 날이다. 날씨는 맑았으나 조금 쌀쌀했다. 오늘은 미포항에서 오륙도 해맞이공원까지 17.8km를 걸으려고 한다. 그러면 12시경에는 최종 목적지에 도착하여 해파랑길을 마칠 수 있을 것 같았다.

    오전 7시 40분에 해파랑길 마지막 날의 걸음을 힘차게 시작했다. 28년 만에 찾아온 해운대해변을 다시 올 것을 기약하며 지나갔다. 마침 해운대해변에 '해운대에 오길 잘했다.'라는 글이 있는데, 그 글이 나에게 말하는 것 같아서 눈에 확 들어왔다.

    해운대해변을 걸어가는데, 해가 등 뒤에 있었다. 그동안 해파랑길을 걸으면서 계속 아침 해를 마주 보고 걸었는데, 그 달라진 것이 좀 어색했다. 사진을 찍을 때 역광이 아니어서 좋았다. 계속 해가 뒤에서 나를 밀어주기를 바라지만, 그것도 오늘이 마지막이다. 다음에 남파랑길을 걷게 되면 해가 계속 나를 밀어줄 것 같았다.

부산 해운대해변

　해운대해변에는 이른 아침에도 산책하는 사람이 많았다. 긴 해운대해변을 따라 서쪽으로 걸어서 그 끝에서 좌회전하여 웨스틴조선호텔 바로 앞을 지나니 동백섬으로 올라가는 계단길이 나왔다.
　동백섬 산책로는 잘 만들어져 있었다. 출렁다리를 지나 계속 동백섬 산책로를 걸으면서 철 지난 동백꽃 한 송이를 사진에 담고, 최치원 선생이 썼다는 해운대 석각(石刻)도 사진에 담고, 항상 바다를 바라보는 등대의 모습도 사진에 담고, 이른 아침이어서 문을 열지 않아 들어가지 못한 누리마루 APEC 하우스도 사진에 담고 동백섬 정상으로 올라갔다.

부산시 동백섬 산책로

부산시 동백섬의 동백꽃

부산시 동백섬의 해운대 석각

◀ 부산시 동백섬의 등대

▼ 부산시 동백섬 누리마루 APEC 하우스

　동백섬 정상에는 최치원 선생의 동상이 있었다. 해운대(海雲臺)라는 지명은 신라 때의 대학자 최치원(崔致遠) 선생이 세상을 떠도는 길에 우연히 이곳에 들러 경치가 너무 아름다워서 동백섬 벼랑의 바위에 자신의 자(字)인 해운(海雲)을 넣어 해운대라고 새긴 데에서 유래했다고 한다.

　최치원은 세상을 떠돌아다니다가 마지막에는 처자식을 데리고 합천 해인사(海印寺)로 들어갔고, 그 뒤에 선생은 갓과 신을 숲속에 남긴 채 가야산 산속으로 사라졌다고 한다. 혹자는 가야산 산신령이 되었다고도 한다.

부산시 동백섬 정상의 최치원 동상

    나는 동백섬을 내려와 마린시티1로를 따라 걸으며 해운대 관광 유람선 선착장 앞을 지나고, 마린시티의 고층아파트 앞을 지나서 해운대 영화의 거리로 들어섰다.
    영화의 거리의 해안 방파제에는 천만 명 이상의 관객을 기록한 한국 영화들의 포스터가 있었다. 마린시티 앞을 지나며 아파트가 하도 높아서 사진을 찍을 수가 없었다.
    영화를 종합예술이라고 한다. 프랑스의 뤼미에르(Lumière) 형제가 1895년 영화를 처음 만든 이후, 영화는 현대인들이 가장 좋아하는 문화의 분야가 되었다. 2시간 내외의 시간 동안에 관객에게 즐거움과 눈물, 그리고 감동을 줄 수 있다. 요즘 코로나 바이러스 때문에 영화산업이 좋지 않다고 한다. 극장 영화는 아니더라도 많은 사람들이 TV나 휴대폰으로 영화를 보고 있으니, 좋은 한국 영화가 활발하게 나오길 기대한다.
    오전 9시경에 수영만 요트 경기장에 도착하여 물을 마시며 좀 쉬었다. 요트 경기장에서 보니 마린시티가 잘 보였다. 마린시티는 예전 수영만 매립지에 들어선 대규모 아파트 단지와 각종 편의시설이다. 어떻게 바닷가에 그렇게 높은 아파트를 지을 생각을 했을까? 그러한 아이디어와 그것을 실행하는 것이 참으로 대단하다는 생각도 들었다.

◀ 부산시 해운대구 영화의 거리

▼ 부산시 해운대구 수영만 요트 경기장

　요트 경기장 끝에서 부산 영화촬영 스튜디오를 지나 해운대해변로를 걸었다. 민락교로 수영강을 건너니 행정구역이 해운대구에서 수영구로 넘어갔다. 수영강 옆의 나무 산책로를 걸었다. 산책로 오른쪽에 있는 가로수가 벚나무인데, 벚꽃이 막 피고 있었다. 며칠 뒤면 벚꽃이 만개할 것 같지만, 부산시는 지금이 봄의 한복판이라고 볼 수 있다. 그러니 내가 성공적으로 벚꽃 필 때에 맞추어서 부산시에 도착한 것이다.
　일본의 사무라이들이 벚꽃을 좋아했다는 이유로 한때는 우리나라 사람들이 벚꽃을 좋아하면 친일파라고 매도당했다. 그런데 벚나무는 중국, 일본과 함께 우리나라도 종주국이다. 특히 왕벚나무는 우리나라 제주도가 종주국이라고 한다. 그러니 벚꽃을 좋아하는 것을 그냥 그대로 봐 주면 좋겠다는 생각이다.

부산시 수영구 수영강 옆 산책로

　민락수변공원을 가로질러 광안대교의 모습을 보며 걸었다. 그리고 민락동 항구를 지나 민락수변로를 걸어가니 광안리해변이 한눈에 들어왔다. 공사 중인 광안해변공원을 옆으로 지나 오전 10시에 광안리해변에 도착했다. 광안리해변과 함께 그 뒤의 희미한 광안대교의 모습도 사진에 담았다. 광안대교의 위용이 상당해 보였다.
　지구에서 사람들이 집을 짓고 길을 내며 살아왔고, 이제는 배로 바다를 지나고 비행기로 하늘을 날기도 하고, 바다를 가로지르는 대규모 다리와 높은 아파트를 짓고 인공위성을 쏘아 올리고 있다. 그리고 손에 든 휴대폰으로 거의 모든 것을 다 하며 살아가고 있다. 모두 인간의 대단한 솜씨들이다.

부산시 수영구 광안리해변

광안리해변의 모래를 밟으며 예전에도 모래가 그렇게 곱고 깨끗했었나 라는 생각이 들었다. 하기야 예전에 광안리해변에 와서는 해변을 걷기보다는 횟집에 가서 회 안주에 술로 취했었으니 해변의 모래가 잘 기억나지 않을 수밖에 없다.

광안리해변길(테마 거리)을 걸으며 자꾸 눈이 오른쪽으로 갔다. 예전의 횟집들을 찾아보려고 그랬다. 1층에서 생선을 고른 뒤에 위층으로 올라가서 소주에 회를 먹었던 곳이었다. 해변에는 그동안 많은 건물들이 들어섰다.

평일인데도 광안리해변길을 산책하는 사람이 많았다. 낮이 되니 기온이 급격히 올라가고 햇살은 따가워지기 시작했다. 매우 길었던 광안리 해변을 지나 아파트 단지 옆의 광안해변로54번길로 들어서서 맞은편의 광안리해변을 보니 멀리 예전에 횟집이 많았던 곳이 보였다. 그 앞에 공사를 하고 있어서 지나쳤던 것이다. 그런데 생각보다 횟집이 많이 줄어들었고, 다른 건물들이 들어섰다.

광안해변로54번길을 걸어 나와 넓은 차도인 광안해변로를 접어든 뒤에 광안대교를 아래로 지나 분포교를 건너서 남구로 접어들었다. 분포교 이후에는 분포로 옆 산책로를 걸었다. 산책로 옆 바다에는 부경대학교의 선박이 있었는데, 한 척의 이름이 모비딕(白鯨)이었다. 왜 그 이름으로 지었는지는 모르겠지만, 이름을 지은 사람이 소설 모비딕을 읽어 봤는지는 모르겠다. 아마 읽어 봤으면, 배에 그 이름을 짓지 않았을 것이라는 생각이 들었다.

용호만 유람선 선착장을 지나 동산교를 건너 왼쪽의 분포로를 접어들어 조금 올라가니 동생말버스정류장이 나왔다. 그때가 오전 11시경이었다. 그곳에서 물을 마시고 잠시 쉬면서 오늘의 종착지인 오륙도 해맞이공원까지의 거리를 검색해 보니 4㎞ 정도로 나왔다.

그러니 1시간 정도 더 걸어서 당초 생각했던대로 12시경이면 해파랑길의 종착지 오륙도 해맞이공원에 도착할 수 있을 것 같았다. 동생말산책로 입구부터 오륙도 해맞이전망대까지는 부산 국가 지질공원이기도 하니 마음을 가다듬고 해파랑길의 마지막 지점을 향해 출발했다.

　지질탐방로 입구의 계단을 올라가서 동생말전망대에서 해운대 쪽을 보니 공기가 안 좋아서 마린시티와 동백섬이 흐릿하게 보였다. 그리고 구름다리 5개를 지나갔는데, 구름다리의 일련번호가 1과 2 다음에 5가 나오고, 그 뒤에 3과 4가 나왔다. 구름다리의 순서가 이상하다고 생각하다가, 번호가 걸어가는 순서가 아니라 구름다리를 만든 순서라서 그럴 것이라고 내 마음대로 결론지었다.

부산시 남구 지질탐방로 구름다리

　지질탐방로를 걷다 보니 갯바위에 낚시를 하는 사람이 있었는데, 대물에 대한 미련을 버리지 못하고 낚시하는 모습이 너무 위험해 보였다. 구리광산이 있었던 곳을 지나 이기대(二妓臺)로 내려가니 바닷가에 넓은 바위가 있고 절벽에는 이기대라는 붉은 글자가 새겨져 있었다.

　이기대는 임진왜란 때 왜군이 수영성을 함락시키고 그곳 바닷가에서 축하잔치를 열었는데, 두 기녀가 술 취한 왜장을 끌어안고 바다에 목숨을 던졌다는 곳이다.

부산시 남구 이기대 석각

부산시 남구 이기대

 이기대를 지나 공연 등을 할 수 있는 장소인 어울마당에 11시 30분을 지나 도착했을 때까지는 괜찮았다. 조금만 더 가면 목적지에 도착할 것이라고도 생각했다.
 그런데 가다 보니 해안 절벽을 따라 산길과 계단길은 계속 나타났다. 근처 군부대에서는 사이렌과 경고방송이 계속 나왔다. 그 경고방송을 들어서 기분이 좋지 않은 상태에서 산길과 계단길을 가파르게 오르락내리락하고 이리 돌고 저리 돌며 걸으니 내 몸은 점차 지쳐가고 있었다.
 12시 15분에 바위가 장롱처럼 보인다는 롱(籠)바위에 도착하여 사진을 찍고 잠시 쉬었다. 쉽게 생각했던 이기대-오륙도 지질탐방로가 나를 엄청 힘들게 하고 있었다. 온몸은 땀으로 젖어버렸다. 롱바위 너머 오륙도가 보이는 것에 희망을 가졌다.

지도를 다시 검색해 보니 동생말버스정류장에서 오륙도 해맞이공원까지의 거리 4㎞라는 것은 차도 기준이었다. 탐방로 기준으로는 6㎞ 정도는 되는 것 같았다.

부산시 남구 롱바위

롱바위 이후에도 절벽 산책로는 또 나왔다. 저곳을 돌면 마지막이겠거니 기대하며 걸어도 올라가는 길은 또 나타났다. 계속 계단길을 오르락내리락 하니 얼굴에서 육수가 뚝뚝 떨어졌다.

만약에 오후 늦게 몸이 지친 상태에서 여기를 걸었다면, 다리가 풀려서 중간에 오도 가도 못 하였을 것이라고 생각하니 그래도 점심때 지나가는 것이 다행이라고 생각했다.

거기다가 오르막내리막이어서 시간이 더 소요되었다. 해파랑길의 마지막 코스가 나를 힘들게 하고 있었다. 동생말에서 오륙도 해맞이공원으로 가는 길을 쉽게 생각했었기에 더 힘든 것 같았다. 마지막까지 마음을 놓아서는 안 되는데도 말이다.

헉헉거리며 계단을 걷다가 산길로 접어드니 내 앞에 노랑나비 한 마리가 어른거렸다. 내가 앞으로 다가가도 나비는 계속 내 앞에서 날아가고 있었다. 나는 순간 나비와 함께 가고 싶은 마음이 들어서 "나비야, 함께 가자."라고 말하니, 나비는 나와 함께 가기가 싫은지 조금 더 내 앞에서 날아가다가 다른 곳으로 날아가 버렸다. 어쩌겠는가, 내가 나비를 잡을 수도 없고 나비를 끝까지 책임지지도 못할뿐더러 나비도 자신의 살아갈 길이 따로 있으니…

오륙도 해맞이공원이 1㎞ 남았다는 표시 이후에는 평지이고 내리막이어서 호흡을 고르며 걸으니 오른쪽에 고층아파트가 보이고 정면으로는 오륙도 해맞이공원이 보였다. 그래서 오후 1시가 다 되어 오륙도 해파랑길 관광안내소 앞에 도착했다. 산책로 입구였던 동생말버스정류장에서 거의 2시간이나 걸렸다.

부산시 남구 오륙도 해맞이공원 전경

오륙도는 바닷가에 옹기종기 모여 있는 섬으로, 그 섬이 다섯으로 보이다가 여섯으로 보인다고 해서 붙여진 이름이다. 섬들의 이름은 육지에서 가까운 순서로 방패섬, 솔섬, 수리섬, 송곳섬, 굴섬, 등대섬이다. 그런데 전망대에서 보면 크게 두 개의 섬으로 보였다.

  오륙도 스카이워크로 올라가서 오륙도를 가까이 보고 나니 더 이상 갈 곳이 없었다. 그래서 다시 오륙도 해맞이공원 입구로 나왔다. 해파랑길 관광안내소 앞의 해파랑길 안내판에는 남파랑길도 함께 안내되어 있었다. 지나가는 사람에게 부탁하여 안내판과 함께 내 모습을 사진에 담았다.

  그것으로 오늘 해파랑길 마지막 코스 17.8 ㎞를 걸었다. 오륙도 해맞이공원은 원래 해파랑길의 시작점이지만, 내가 해파랑길을 반대로 걸어왔으니 나에게는 그곳이 종료점이 되는 것이다. 그래서 나는 지난 26일 동안 해파랑길 총 50개 코스를 모두 걸었다. 그리고 오륙도 해맞이공원이 세상의 끝은 아니지만, 나의 해파랑길 걷기여행이 끝나는 곳이다. 내가 만약 남파랑길을 걷게 된다면 그곳이 출발지가 될 것이다.

부산시 남구 오륙도 스카이워크 입구

오륙도 해맞이공원의 해파랑길과 남파랑길 안내판

    오후 1시가 훨씬 지나니 배가 고프고 힘도 쭉 빠졌다. 그 부근에는 점심을 먹을 식당도 보이지 않았다. 그리고 서울로 가기 위해서는 부산역으로 가야 했다. 그래서 부산역으로 가서 점심을 먹기로 하고 공원 입구에서 부산역행 버스를 타고 오륙도 해맞이공원을 떠났다.

    해파랑길 걷기를 모두 마치고, 오륙도 해맞이공원에서 부산역으로 가는 버스를 타고 가면서 생각했다. 내가 무슨 바람으로 여기까지 걸어왔나? 여기까지 오면서 걸었던 수많은 걸음은 나에게 어떤 의미로 남아있을까? 세월이 흐른 뒤에 이 추억은 또 어떻게 기억될까?

    부산역으로 가는 버스 안에서 그동안 짊어지고 다니던 배낭, 나에게 필요한 것을 지니고 있던 배낭, 뒤에서 나를 잡아당기던 배낭, 힘들 때엔 벗어버리고 싶었던 배낭, 어떤 때는 등 뒤에서 나를 밀어주던 배낭, 나의 땀 냄새에 젖어버린 배낭, 그동안 나의 친구가 되어주었던 배낭을 꼭 껴안았다.

    그리고 버스 안에서 인터넷 검색을 해서 오래전에 대학가요제에 나왔던 노래 한 곡을 들었다. 며칠 전부터 자주 듣던 노래였다.

〈바람과 구름〉

작사·작곡: 노수영, 노래: 장남들

부는 바람아 너는 나의 힘 모든 슬픔을 걷어 가다오
광활한 대지에 끝없는 바다에 오오 바람이 분다.
가는 구름아 너는 나의 꿈 높은 저곳에 데려 가다오
푸른 창공으로 영원한 곳으로 오오 구름이 간다.
나도 따라서 갈래 머나먼 저곳으로
나의 꿈을 따라서 멀리 머나먼 곳에
부는 바람아 너는 나의 힘 가는 구름아 너는 나의 꿈
푸른 희망 속에 끝없이 달리는 오오 바람과 구름

후기

　2021년 2월 19일부터 3월 23일까지 사이에 휴식 일을 제외하고 총 26일 동안 해파랑길을 걸었다. 주로 해안길을 따라 바다를 보며 바람을 맞으며 걸었지만, 산길을 걷기도 했고, 비를 맞으며 걷기도 했다. 그리고 일부 내륙의 산길은 피해서 걸었다. 그래서 내가 걸었던 거리는 해파랑길 코스의 총 길이 770㎞에는 조금 부족하지만, 그래도 나름대로 해파랑길 코스를 모두 걸었다고 자부한다.

　해파랑길을 걸으면서 동해안의 수많은 마을과 항구, 해안을 둘러보았고, 그 속에서 살아가는 사람들의 모습도 보았다. 때로는 한가로워 보이기도 하고, 때로는 힘들어 보이기도 하는 그들의 삶에 대해 자세히 알지도 못하면서 '수박 겉 핥기' 식으로 보며 지나쳤다. 항구와 해안이 하도 많아서 그 이름조차 헷갈리기도 했다. 그래도 그동안 서울에 오래 살아서 잘 몰랐던 우리나라 동해안에 대해 많은 것을 보고 느낄 수 있었던 좋은 기회였다.

　내가 해파랑길을 걸으면서 지나간 길의 종류는 참으로 다양했다. 국도를 비롯하여 지방도로, 해안도로, 산책길, 해변길, 흙길을 주로 걸었지만, 모래밭과 자갈밭도 내가 걸을 수 있도록 자신을 내주었다. 그리고 길을 걸으면서 끝없이 이어지는 바다와 하늘, 모래를 보았고, 바다가 계속 일으키는 파도와 파랑을 보았다. 파도 소리와 바람 소리, 갈매기 소리, 까마귀 소리를 듣지 못하면 잠을 이룰 수 없을 정도가 되었고, 걸으면서 맡았던 생선 비린내가 섞인 바다 냄새는 서울에 와서도 계속 느껴졌다.

집으로 돌아와서 '사단법인 한국의 길과 문화'에 해파랑길 완보 인증을 신청하였더니, 바로 그곳으로부터 완보 인증서와 배지를 받았고, 한참 이후에는 완보 액자도 받았다. 그것들이 내가 해파랑길을 걸었던 것에 대한 외형적인 결과물인 것이다.

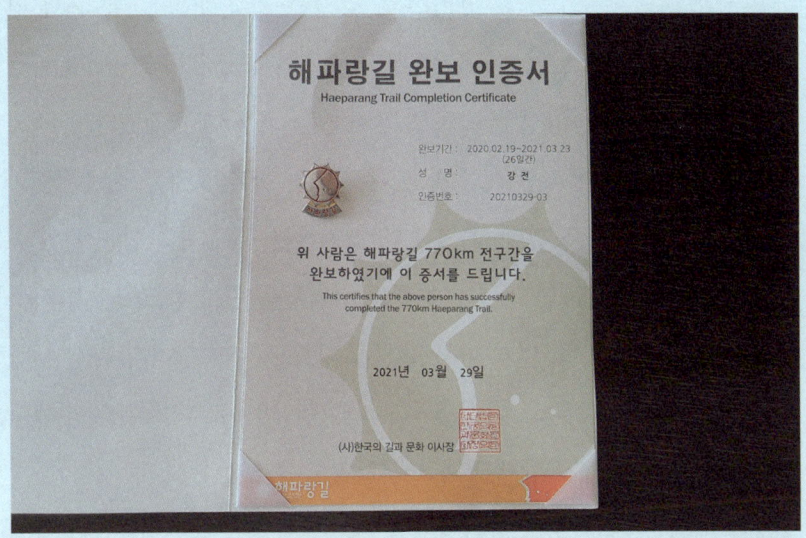

해파랑길 완보 인증서와 배지

해파랑길 완보 액자

나는 해파랑길을 걸을 때 지나갔던 길과 보았던 곳을 사진 찍고 메모하였다. 그래서 저녁이면 숙박시설에서 그것들을 정리하여 블로그에 여행기를 올렸다.

내가 만일 해파랑길을 걸으며 블로그에 여행기를 올리지 않았으면, 아마 혼자서 그렇게 오랫동안 해파랑길을 걷지 못했을 것이다. 블로그에 방문자가 있고 댓글을 달아주니 나는 혼자 걸으면서도 혼자가 아니라는 생각이 들었다. 그래서 항상 블로그 방문자들에게 감사하며 걸었다. 그리고 혼자 밥을 먹고 혼자 자면서도, 항상 내 곁에는 바다와 해 그리고 바람과 구름이 함께 있다고 느꼈다. 최소한 내 그림자는 항상 나와 함께 걸었다.

집에서 쉬면서 그동안 만나지 못했던 사람들을 만나서 그들과 식사를 하며 이야기하다 보니, 내가 한동안 세상 밖으로 나가 있다가 다시 세상 안으로 들어온 것 같은 느낌이 들었다. 아니면, 반대로 내가 바다의 세상 안에 있다가 다시 세상 밖으로 나온 것인지도 모르겠다.

내가 매일 바다를 보며 해파랑길을 걸으면서 찾으려고 했던 내 삶의 진실은 무엇이었을까? 그리고 앞으로 내가 살아갈 길(道)은 무엇일까? 그에 대해서는 아직도 모르겠지만, 해파랑길을 걸으면서 쓴 시로 내 심정을 대신한다.

〈해인(海印)〉

눈물 나도록 좋은 계절에
하늘엔 구름 한 점 없고

바다색은 더 파랗게 빛나는데,

계속 바다를 보고 또 보고

햇살, 바람, 파도를 벗 삼아

해안을 돌고 돌아 걸어도,

내 모습을 바다에 새길 수 없고

바다를 내 마음에 간직할 수도 없으나,

내 눈은 자꾸 바다로 간다.

해파랑길을 마친 뒤에 10여 일간 집에서 쉬고 나서 4월 5일부터 6월 10일까지의 기간 중에 남파랑길도 걸었다. 계속 바다를 보며 걷기여행을 하면서 생각하고 또 생각하다 보면, 내가 더 이상 길을 찾으려고 하지 않을 것 같은 생각이 들어서였다. 그리고 뭔가 길을 찾는다면, 꼭 그 길이 정답이 아니어도 좋다. 어차피 인생에 정답의 길은 없을지도 모르니까.

참고로, 남파랑길 걷기를 시작하기 위해 부산시 남구 오륙도 해맞이공원의 스카이워크로 다시 가니 스카이워크 입구의 반대편에 아래로 내려가는 계단이 있었다. 계단을 내려가서 오륙도 유람선 선착장으로 가니 그 옆에는 동해와 남해의 구분점과 해파랑길과 남파랑길의 시작지점 이정표가 있었다. 해파랑길의 마지막 날에는 완보하였다는 기쁜 마음에 서두르다 보니 그곳에 가보지 못했던 것이다. 그래서 4월 5일에 찍었던 그곳의 사진을 올린다.

오륙도 해맞이공원의 동해와 남해 구분점 표시

오륙도 해맞이공원의 해파랑길과 남파랑길 시작지점 이정표

참고문헌

- 『삼국유사』, 일연 저·김원중 옮김, 민음사
- 인터넷 백과사전, 《다음백과》

해파랑길에서 길 찾기

초판인쇄 2022년 04월 25일
초판발행 2022년 04월 28일
저　　자 강　전
발 행 인 권 호 순
발 행 처 시간의물레
등　　록 2004년 6월 5일
주　　소 경기도 파주시 숲속노을로 150, 708-701
전　　화 031-945-3867
팩　　스 031-945-3868
전자우편 timeofr@naver.com
블 로 그 http://blog.naver.com/mulretime
홈페이지 http://www.mulretime.com
정　　가 25,000원

ISBN 978-89-6511-382-9 (03980)

*이 책의 저작권은 저자에게, 출판권은 시간의물레에 있습니다.
*잘못된 책은 바꿔드립니다.